誰かについしゃべりたくなる

話のネタ・雑学の本

日本雑学研究会

幻冬舎文庫

誰かについしゃべりたくなる
話のネタ・雑学の本★目次

第1章 知ればなるほど/超意外な雑学

第2章 身の回りには不思議がいっぱい!

第3章 人体は神秘と驚異の小宇宙《ミクロコスモス》

第4章 ひと味ちがう/食べ物エピソード

第5章 ものの始まり／知られざる起源

第6章　日本の歴史と風習こぼれ話

第7章 古今東西おもしろアレコレ事情

第8章 愉快な乗りもの／珍談アラカルト

第9章
熱血熱闘スポーツ大会

第10章 目からウロコ/漢字の吃驚《びっくり》雑学

第11章　使っていて知らない/言葉の由来

第12章 自然&気象の謎/なるほど大知識

第13章 動物／もの知り生態百科

第14章　植物／未知のワンダーランド

●本文イラスト――大山高寛
●編集協力――(株)元気工房

第1章

知ればなるほど／超意外な雑学

西暦はいつから使われるようになったのか

今日われわれが用いている西暦はイエス・キリストが生まれた年を紀元（すなわち西暦1年）としている。紀元前を「B・C」と表わしたりするが、これは「before Christ」（キリスト誕生以前）を略したもの。

ところで、この西暦が使われるようになったのは、イエス・キリストの誕生から何世紀もたってからであった。西暦を考えだしたのは、数学と天文学に通じていたローマの修道院長、ディオニシウスで、6世紀半ばのことである。ディオニシウスはキリストが生まれた年を紀元（西暦1世紀）とすることにした。これが今日われわれが用いている西暦の始まりである。

したがって、それ以前には実際には西暦ではなく、たとえば西暦1年1月1日という日は誰も体験したことがなかった。西暦はまず教会で用いられ、それがヨーロッパの一般人のあいだに定着するのはそれから数世紀たってからで、18世紀になって世界中で使われるようになった。

世界でもっとも多い苗字とは？

日本人の苗字の中で、もっとも多いのは「佐藤」で、次が「鈴木」。以下、「高橋」「田中」「渡辺」「伊藤」「中村」と続く。そのベストワンの「佐藤」は、全国で200万人近くいるといわれている。英語圏の人々の苗字の中でもっとも多いのは「スミス・Smith」である。ただし、その数は明らかでない。ちなみに「Smith」は鍛冶屋という意味。西欧人の苗字には職業名に由来するものが多く、「テーラー・Taylor」（仕立屋）、「ミラー・Miller」（粉屋）、「ブッチャー・Butcher」（肉屋）などもそうである。

　では、世界でもっとも多い苗字は何だろうか。それは中国人の「張」である。中国には500あまりの苗字しかなく、「張」を筆頭に「王」「李」「趙」の四つは「四大姓」と呼ばれている。「張」姓は中国の総人口の1割あまりを占めるといわれている。つまり、1億2千万以上の人が「張」姓であり、それは日本の総人口に相当する。

時計の針はなぜ右回りなのか

時計の針はふつう右回りである。左回りの時計もないではないが、それは特殊な時計で、ほとんどの時計は右回りである。では、どうして右回りなのか。

　現在の時計（機械時計）は日時計がもとになったと思われる。北半球では太陽は東から昇って南側を通り、西に沈む。いっぽう日時計の影（針）は西↓北↓東というように右回りに移動する。南半球では太陽は東から昇り、

北側を通って西に沈むので、日時計の影（針）は西→南→東と左回りに移動する。

日時計がもとになっているのであれば、南半球では日時計の影（針）は左回りに移動するから、左回りの時計があってもよさそうである。ところが機械時計をつくったイタリア、オランダ、スイス、ドイツ、イギリスなどの国々は、ともに北半球に位置している。北半球では日時計の影（針）は右回りである。そこで、時計（機械時計）の針は右回りになったようである。

人類誕生以来の人口はどれくらいか

アメリカの生化学者で小説家のアシモフはシーザーの時代（紀元前1世紀）の地球の総人口は1億5千万人ぐらいだったと述べている。イギリスのソーンダースが1936年に、アメリカのウィルコックスが1940年に、それぞれ世界の総人口の推計を発表している。両方の推計を平均すると、1650年には総人口は約5億人。1800年が約9億人、1900年が約16億人で、現在では50億人を突破している。

では、人類誕生以来の総人口は、いったいいくらぐらいになるのだろうか。アメリカの人口数学者、ケイフィッツがその推計を行なっていて、1966年に発表している。

彼は紀元前100万年を起点に1960年までを推計しているが、それによれば1960年までの累計出生数は689億となっている。1960年以降、1年につき6～8千万人生まれているから、1960年までを689億とすれば、現在では700億を超えていることになる。

世界中で一番よくうたわれている歌は？

世界でもっとも古い歌はエジプトでうたわれていた「シャドゥーフ」という歌だといわれている。この歌は古代エジプト人が灌漑用にナイル河の水をシャドゥーフと呼ばれるはねつるべで汲みながら口ずさんでいたもので、今でもなおうたわれているそうである。

では、世界中で人々にもっともよくうたわれている歌は何だろうか。

それをつきとめるのはなかなか難しく、調べようもないが、一説にそれは「ハッピー・バースデー・トゥ・ユー」ではないかといわれている。この歌はもともと「グッドモーニング・トゥ・オール」という曲名で、１８９３年に発表されたもの。米合衆国ケンタッキー州に住むミルドレッド・ヒルが作曲し、その妹のパティ・ヒルが作詞した。

誕生日のお祝いの歌として、これをうたう人は多い。３６５日、毎日、しかもそれは一人や二人ではなく、世界中で大勢の人がこの歌をうたっているはずである。

エベレストよりも高い山とは？

　世界でもっとも高い山は？　そんな質問をされたら、たぶん多くの人がエベレストと答えるだろう。それは正解であり、正解でないともいえる。エベレストは８８４８ｍあり、地上にある山のなかでは確かにもっとも高い山である。その意味では正解だが、島にある山には海底部からひとつの山としてそびえ立っているものがある。そのなかには基底部（海底部）から測ると、エベレストをはるかに超える高さの山がある。それを世界でもっとも高い山と考えれば、エベレストが世界最高の山というのは不正解ということになる。

　エベレストを超える島の山というのは、ハワイ島にあるマウナ・ケア山である。この山は海抜は４２０５ｍ、つまり海面から出ているのは４２０５ｍだけだが、その基底部（海底部）から測ると、１万２０５ｍの高さになる。エベレストは８８４８ｍ。したがって、マウナ・ケア山はエベレストよりはるかに高いことになる。

日本で2番目に高い山はどこか

　われわれはもっとも高い山、もっとも広い湖、もっとも長い川など、いわゆるナンバーワンについてはよく知っている。ところが、それではナンバーツーはと質問されると、答えに窮する人が少なくない。

　日本でもっとも高い山は富士山。そんなことは小学生でも知っている。では2番目に高い山は？　あなたはご存知だろうか。それを知っている人は意外と少ない。

２番目に高い山は、山梨県の西部にある北岳である。高さは３１９２ｍ。その北岳の近くに間《あい》ノ岳（３１８９ｍ）があり、これは４番目に高い山で、３番目に高い山は穂高岳（３１９０ｍ）である。

もっとも長い川は信濃川で、全長３６７㎞。では２番目に長い川は？　それは利根川で３２２㎞、３番目は石狩川で２６８㎞。湖でもっとも大きいのは琵琶湖で、６７０・３㎢の面積がある。２番目に大きいのは霞ヶ浦（１６７・６㎢）、３番目はサロマ湖（１５１・９㎢）。ご存知でしたか。

花の色でいちばん多いもの

花にはいろんな色のものがある。花の色といったら、あなたはどんな色を思い浮かべるだろうか。赤、ピンク、黄、紫、白……など、花の色はそれこそいろいろある。

全国の花屋にたずねたある調査によれば、消費者がもっとも好む花の色は「ピンク」で、全体の56％を占め、次いで「赤」「紫」の順になっている。

それでは自然界では、どんな花の色がもっ

とも多いのだろうか。熱帯地方には原色の花が多いが、日本の自然のなかではじつは「白」がもっとも多い。意外と思われるかもしれないが、「白」が全体の32％前後を占めている。次に多いのが「黄」で、30％ぐらい。3位は「青色から紫色」で23％前後。すなわち、自然界の花の8割以上はこの3色でいろどられている。

花屋でもっとも人気があるのは「ピンク」あるいは「赤」などの花だそうだが、それらの色の花は品種改良種に多く、自然界ではピンクや赤の花はそんなに多くない。

日本人はなぜお辞儀をするのか

世界中には、いろんな挨拶の仕方がある。キスしたり、握手したり、抱き合ったり、手を合わせたり、お辞儀をしたり、さまざまである。世界的にみれば、握手や抱擁（キス）が一般的なようだが、日本では握手やキスをしないで、お辞儀をする。

『魏志倭人伝』には「下戸《げこ》（下層階級）が道で大人《たいじん》（身分の高い支配階級）に会うと、草むらに入って道をゆずる。そして、うずくまるか、跪《ひざまず》いて、両手を地につけ、恭敬の態

度を示す」とある。

その昔、日本人は身分の上の者に対して、ひざまずいたり、腹ばいになって敬意を表していた。そうした挨拶はやがて廃止され、立礼（立ったままでのお辞儀）に統一されることになる。

ところで、日本人はなぜお辞儀をするのだろうか。それについては、一説に日本は湿度が高く、身体が汗でベトついているので、握手やキスのように身体を触れ合わせるのは、不快感を覚えるからだろうといわれている。

照れると頭をかくのはなぜ？

照れたり、恥ずかしい思いをしたときなど、手で頭をかいたりする。照れたとき、そうした仕草をするのはどうやら日本人（と韓国人）の特徴的な動作のようである。では、どうして日本人は照れたときに頭をかくのか。

それについてはいくつかの説があるが、民俗学者の柳田国男は『火の昔』という著書のなかで、その理由を次のように説明している。

その昔、照明器具として行灯《あんどん》が用いられていた。それを掃除するのは女の役目で、行灯を掃除したとき油が手につくと、その油をむだにしないために、髪になすりつけた。それが癖になって、手を頭にもっていくようになった。

いっぽう男は昔は髪を結《ゆ》っていて、女のように櫛《くし》を持って歩いたりしなかったので、かゆいときには指を使ってかいた。

このようにして女も男も頭（髪）をさわる癖がつく。それが手で頭をかく仕草のもとになっている、と柳田国男は述べている。

1円玉は何をデザインしているのか

現在、日本では1円玉から500円玉まで、6種類のコイン（硬貨）が発行されている。そうしたコインにはそれぞれ、表や裏に植物や建物などが描かれている。たとえば5円玉には稲穂、10円玉には宇治の平等院、50円玉には菊が描かれている。1円玉にも植物（木）が描かれているが、その木はいったい何の木なのか。

1円玉は昭和30年に発行されたが、その図案は一般公募によるものである。昭和29年、1円玉（アルミ製）を新たに発行するにあたり、その図案を初めて一般から募った。2581件の応募があり、京都府の中村雅美さん（故人）という人の作品（デザイン）が選ばれた。

それが現在使われている1円玉の図案で、描かれている植物（木）は特定の木ではなく、生き生きと伸びる若木を表現したものだそうである。

10円玉にも表に木（葉）が描かれているが、こちらは常緑樹の葉を図案化したもので、それも特定の木の葉ではない。

世界で通用する日本古来の単位とは?

日本で古くから用いられてきた単位の一つに、「匁《もんめ》」がある。尺貫法における重量の単位で、中国（唐）のお金、開元通宝がそのもとになっている。すなわち「匁」は開元通宝の一枚の重さを一文目といったところから、それとつりあう重さを「匁」と呼ぶようになった。1匁はグラムに換算すると、3・75グラム。

尺貫法が廃止され、現在、重さの単位は「グラム」で表わすのが一般的だが、一部ではまだ「匁」が用いられている。どこでその単位が使われているかといえば、それは真珠の業界。宝石の単位はふつう「カラット」を用いるが、真珠業界では習慣から今もなお「匁」が使われている。しかも日本国内においてだけではなく、世界でもその単位が使われている。

世界で最初に真珠（真円真珠）の養殖に成功した日本は、真珠取引きの中心地となり、「匁」は世界的な単位となった。そして現在でも使われているというわけである。

衆議院の議席の椅子、その下には何が?

国会は衆議院と参議院に分かれており、会議場（本会議場）も別々になっていることは誰でも知っている。会議場には議員が坐る席、すなわち机と椅子がある。その椅子は映画館の椅子のように坐る部分を折りたたむようになっているが、衆議院の本会議場の椅子の下には、あるものが入った袋が備えつけられていることをご存知だろうか。テレビなどではそこまでは映らないので分からないが、じつは椅子の下には万一のために、防災頭巾が用意されている。しかもそれは衆議院の会議場のほうだけで、参議院にはない。

なぜ防災頭巾が？　それも、どうして衆議院の会議場だけなのか。実は、衆議院の本会議場の天井は、明かりとりのためにステンドグラスになっているからである。地震などでステンドグラスが壊れたりすると、議員が怪我をするおそれがある。そこで昭和61年6月から、議席に防災頭巾が備えつけられるようになったというわけである。

参議院議員は代議士にあらず!?

前項で述べたように、日本の国会は二院制で、衆議院と参議院に分かれている。そして衆議院議員は代議士と呼ばれ、いっぽう参議院議員のほうはたんに議員と呼ばれている。参議院議員はふつう代議士とはいわない。

これは戦前の国会の制度に由来する。戦前の国会は衆議院と貴族院に分かれていて、衆議院議員は現在のように国民の選挙で選ばれた。つまり国民を代表して国政を議する人と

して選ばれた。そこで「代議士」と呼ばれた。それに対し、貴族院議員は皇族・華族・勅任議員から成り、こちらは国民の選挙によって選ばれたものではなかった。彼らは国民の代表ではなかった。だから単に「議員」と呼ばれた。

昭和22年、新憲法が公布され、参議院が貴族院にとって代わり、こちらの議員も国民によって選ばれることになった。だが、旧制の貴族院議員に代わるものであるところから、呼び方だけは昔の慣習にしたがい、代議士と呼ばず、議員と呼んでいるのである。

北海道と沖縄では重さが違う

同じものを同じ秤《はかり》ではかる。そのことを北海道と沖縄でしたとしよう。するとどうなるか。同じものだから、とうぜん重さは同じになる？　そう思いがちである。ところが、じつは同じではない。わずかであるが、北海道ではかったほうが重くなる。ただし、それはデジタル式や目盛式の、バネのたわみではかる秤を用いた場合である。

同じものなのに、どうして場所によって重さが違うのか。それは北海道と沖縄とでは緯度が20度ほど違い、ものを下へ引っ張る力（重力）が異なるからである。日本列島では北海道で重力がもっとも大きく、沖縄県でもっとも小さい。北海道と沖縄における重力の差は約0・1％。したがって、同じものでも北海道は重くなり、沖縄では軽くなるというわけである。

もっとも、それほど正確さを必要としない秤、たとえば家庭の料理秤や体重計などでは、重力の差はたいして問題にはならない。

誕生日が一致する確率はどれくらいか

コインを10回投げて、表か裏が4回連続して出たら1万円もらえる。しかし出なかったら1万円とられる。そんなギャンブルにあなたは参加したいと思うだろうか。たぶん参加しないだろう。4回連続して出るなんてことは、そうめったにないと考えるからである。ところが4回連続して出る確率は意外に高く、47%にもなる。

パーティなどで23人の出席者があったとしよう。そのなかで誕生日が一組でも一致する確率はどれくらいかお分かりだろうか。先のコインと同様に、23人ぐらいで誕生日が同じなんてことは、ほとんどありえないと思うにちがいない。ところが確率的にいえば、一致する可能性は半々、つまり50%もある。逆にいえば全員の誕生日が違っている可能性は半分しかない。

23人いれば一致する確率は約50%だが、それより少なければ確率は低くなり、多ければ高くなる。もし40人いれば、誕生日が一致する確率は90%にもなる。

5月〜7月生まれは早死にしやすい!?

あなたは何月生まれだろうか。生まれ月と寿命とのあいだにはある関係があって、たとえば5月〜7月生まれの人は早死にする傾向があるという。これは帝京大学医学部の三浦悌二教授の調査・研究による。

三浦教授の調査によれば、5月〜7月生まれの人、そのなかでもとくに男性では、老年に達してからの死亡率が他の月に生まれた人に比べ高いそうである。三浦教授は老人ホームの付属病院に入院した患者をはじめ、たくさんの調査を行なっているが、いずれも5月から7月に生まれた人は他の月に生まれた人より早死にであるという結果を得ている。

どうして生まれ月によって寿命に差が出るのだろうか。ある季節に生まれた人は、内分泌の機能とその季節的な変動に他の人と違いがあるために、老人になるとその差が老化の速さの違いとなり、ひいてはガンや脳卒中の死亡率にも影響して、寿命の違いになるのではないかと三浦教授はいう。

「参拝者△△万人」を数える方法とは?

正月三が日の参拝者の数や、各種行事に集まった人々——すなわち人出が新聞やテレビなどで発表される。たとえば毎年、正月三が日の初詣の人出がもっとも多いのは明治神宮で、何百万人という数になる。では、その数はどのようにして数えているのか。一人一人をカウンター機で数えている?　それでは数えるのが大変である。

参拝者などの人出を数えているのは、その地域の警察と行事の主催者で、ふつうは1㎡あたりの人の混み具合いと、神社などのスペースから割りだす。肩がぶつかる程度の混み具合いであれば、1㎡あたり6～7人。電車のラッシュ並みの状態であれば、1㎡あたり10人ぐらい。まず1㎡あたりどれくらいの人数かを調べる。それに人が移動するスペース、入口から出口にたどり着くまでの平均所要時間を掛け、さらにそうした状態が繰り返される回数（いわゆる回転率）を掛ければ、人出の数（概算）が分かる。

学校のチャイムの由来

ロンドンの中心地に位置するイギリスの議会（国会議事堂）。それのある場所は、もともとはウェストミンスター宮殿があったところで、議事堂のそばにビッグ・ベンと呼ばれる時計塔がある。この時計は巨大な鐘をそなえており、ヘンデルが作曲したといわれる「ウェストミンスターの鐘」のメロディーをかなで、時刻を知らせてくれる。

ところで、日本の小学校や中学校などで用いられているチャイムは、ビッグ・ベンの鐘

のメロディーと同じである。どうして同じなのか。

戦後、東京・大森のある中学校の先生が、始業・終業の時間を知らせるベルの音があまりにうるさいことから、それに代わるものはないものかと考えていたところ、友人が戦時中に臨時ニュースに使われていた鐘の音はどうかとアドバイス。その鐘の音にぴったりなメロディーとして選ばれたのが「ウェストミンスターの鐘」で、それがやがて全国の学校に広まったというわけである。

面積が2番目に広い都道府県はどこ?

都道府県のなかで、もっとも面積が広いのは北海道である。それは誰でも知っている。北海道の面積は8万３４５１平方キロで、日本全土の約2割を占めている。では2番目に広いのはどこかご存知だろうか。それを知っている人は、多分そんなには多くないはずである。２番目に広いのは岩手県で、１万５２７５平方キロ。以下、福島県（1万３７８２平方キロ）、長野県（1万３５８５平方キロ）、新潟県（1万２５８２平方キロ）の順。

それではもっとも面積が小さいのは？　答えは香川県で、１８７６平方キロ。北海道の45分の1の広さしかない。次に小さいのが大阪府で、１８９１平方キロ。香川県とわずかの差でしかない。３番目に小さいのは東京都で、２１８７平方キロ。大阪府と東京都がそんなに狭いとは意外だと思う人もいるだろう。以下、沖縄（２２６５平方キロ）、神奈川県（２４１３平方キロ）、佐賀県（２４３９平方キロ）となっている。

関東地方と首都圏、どちらが広い?

世の中には、よく似ていて、その区別がよく分からないものがある。たとえば「関東地方」と「首都圏」。その両方に、東京都をはじめ千葉県や神奈川県が入ることはたぶん誰でも分かるはず。では関東地方と首都圏とでは、いったいどちらのほうが広いか。関東地方と答える人がいるかもしれない。たしかにそれぞれの言葉の持つニュアンスからは、関東地方のほうが広い感じがする。

正解はといえば、それは首都圏である。関東地方というのは、一般に東京都と神奈川、千葉、埼玉、群馬、栃木、茨城の6県を含んだ地域をいう。ちなみに伊豆諸島は東京都に属するから、関東地方である。いっぽう首都圏だが、首都圏とは首都の東京を中心にした地域のことで、もちろん神奈川県、千葉県、埼玉県は首都圏に含まれる。

じつは一般に首都圏といえば、関東地方の全域と山梨県を含めた地域を指す。したがって、首都圏のほうが関東地方より広いということになる。

肌にいい都市、よくない都市

雨はいやなものだが、肌には乾燥した空気はよくない。素肌を美しく保つには適度の湿度が大切である。気象庁予報官の平沼洋司氏は肌によい気候条件として、湿度が適当な値に保たれて変化が少ないこと、気温は皮膚のマッサージ効果があるため変化が大きいこと、皮膚を老化させる紫外線が少ないことなどを挙げている（『お天気生活事典』）。

昔から東北には美人が多いといわれている。平沼氏によれば、札幌、青森、秋田、盛岡、新潟、富山、金沢、福井、長野、京都、鳥取の各都市が前述の三つの条件、すなわち肌によい気候条件を満たしているという。その次に肌によい気候条件をそなえているのは山形、福島、奈良、松江、岡山、高松、福岡。

反対に、肌によくない気候条件のところはどこかといえば、それは太平洋側、とくに関東、大阪、名古屋の大都市だそうである。ということは、多くの人が肌によくないところで暮らしているのである。

寒いと丸顔で短身になる!?

アメリカのハンティントンという地理学者によれば、東アジアの気候は６００年周期で大きな変動をしているそうである。

すなわち、３００年かけて温暖期から寒冷期に向かい、そのあと３００年かけて、今度は寒冷期から温暖期に向かっているという。

そして温暖期には長い顔で長身の人間が多く、寒冷期には丸顔で短身の人間が多いと指摘している。

歴史学者の樋口清之氏は、その説が日本人にも当てはまるという。たとえば平安時代は寒冷期だったが、人骨を調べると、当時の人々は丸顔で短身であったという。

その300年後の室町時代は温暖期で、右の説によれば長顔で長身の人間が多いことになるが、樋口氏はその代表として足利尊氏をあげている。

さらにその300年後の江戸時代は寒冷期で、たとえば天明年間には異常低温が続き、飢饉が起きている。当時の人々は丸顔で短身であった。単なる偶然かもしれないが、奇妙に一致すると樋口氏は述べている。

長い戒名&短い戒名

「惣見院殿贈大相国一品泰巖尊儀」——これは織田信長の戒名である。読み方は「そうけんいんでんぞうだいしょうこくいっぽんたいがんそうぎ」。14字からなる長い戒名だが、豊臣秀吉、徳川家康の戒名も長い。それぞれの戒名は、秀吉が「国泰祐松《こくたいゆうしょう》院殿《いんでん》霊山《りょうざん》俊《しゅん》龍大居士《りゅうだいこじ》」、家康が「安国院殿《あんこくいんでん》徳蓮社《とくれんしゃ》崇誉道《すうよどう》和大居士《わだいこじ》」。秀吉の戒名は13字、家康のそれは14字である。

長いといえば18字というのもある。浅野長《なが》矩《のり》の戒名がそれで、「冷光院殿《れいこういんでん》前少府《ぜんしょうふ》朝散大《ちょうさんだい》夫《ふ》吹毛玄利《すいもうげんり》大居士《だいこじ》」。こんな長い戒名を持つ人はそうざらにはいない。

いっぽう、短い戒名としては2字というのがある。じつは鎌倉時代のころまでは2字戒名が多かった。

たとえば天皇のなかで最初に戒名を受けたのは聖武《しょうむ》天皇といわれており、その戒名は

「勝満《しょうまん》」の2字である。今日では2字戒名というのは少ないが、作家の幸田露伴の戒名は2字である。彼の戒名は「露伴」で、ペンネームと同じである。

幽霊の額にある三角形のもの

芝居や映画に登場する幽霊、あるいは絵に描かれる幽霊はたいてい白い着物を着ていて、額に白い三角形のものを当てている。

あの三角形のものには、どんな意味があるのか。どうして幽霊はそんなものをつけているのか。

あれは「紙冠《かみかぶり》」、「額烏帽子《ひたいえぼし》」などと呼ばれており、平安時代、陰陽師《おんみょうじ》や法師などがそれをつけて、お祓《はら》いの儀式を行なった。清少納言の『枕草子』に「見苦しきもの……、法師・陰陽師の、かみかぶりして祓へしたる」（法師で陰陽師でもある者が紙冠をして、お祓いをしているのは見苦しいものだ）とある。

中世以降になると、死者が冥土を旅するときに邪悪な霊や鬼などにとりつかれないようにと、亡くなった人の頭に三角形のものをつけるようになった。

幽霊は成仏《じょうぶつ》できない死者がこの世に現われた想像上の姿である。だから亡くなった人と同じように、三角形のものをつけているわけである。

鎌倉の大仏の重さは121トンだった!?

与謝野晶子の歌に「鎌倉やみ仏なれど釈迦《しゃか》牟尼《むに》は美男におわす夏木立かな」というのがある。

この歌は鎌倉の大仏をうたったもので、晶子は「釈迦牟尼」としているが、あの大仏は釈迦像ではなく、阿弥陀《あみだ》像である。

鎌倉の大仏は高さが11・3メートル、重さは121トンある。ところでその重さだが、どのようにしてそれをはかったのか。

鎌倉の大仏は内部が空洞になっている。その厚みから重さを計算したのだろうか。そんな方法で計算して出したものであれば、それはあくまで推定ということになる。しかし121トンというのは推定ではない。正確な重さである。

じつは昭和30年代なかば、大仏の補強工事を行なった際、大仏をジャッキでもち上げ、その下に何台もの秤《はかり》を入れてはかり、121トンの重さであることが分かったのである。

ちなみに、奈良の大仏の重さはまだ実測されたことはなく、380～450トンと推定されている。

3人で写真を撮ると凶、そのミステリー

昔はよく「3人並んで写真を撮ると、真ん中の人が早く死ぬ」といわれ、3人いっしょ

に撮ることを嫌った。

もちろん俗信だが、現在でもなお年輩者のなかにはそれを信じ、3人では撮らないという人がいる。

日本ではじめての写真館は文久2年（1862）、長崎でオープンしているが、はじめのころは「写真を撮られると命が短くなる」などと言いふらされ、だれも写真を撮りにこなかったという。写真が魂を奪い取ると信じられていたからである。ところで3人で写真を撮るべからずという迷信は、どうして生まれたのだろうか。

昔のカメラは写りがよくなかった。真ん中の人にだけピントが合い、そこで中央の人は魂が奪われると信じられていた。

また3人で撮る場合、たいてい年長者が中央に位置するが、年長者は早く亡くなる可能性が高い。

そんないくつかの理由が重なって「3人で写真を撮ると、中央の人が早く死ぬ」という迷信が生まれたらしい。

ピアノの三つの和音が意味するもの

学芸会や音楽会、あるいは学校の式典などで、子供たちがお辞儀をするとき、ピアノの「チャン・チャン・チャン」という三つの和音に合わせてする。

その和音はコードでいえば、C・G・C（ドミソ・シレソ・ドミソ）だが、どうしてその和音がお辞儀の曲になったのか。それは、じつは勘違いによる。

明治時代、日本の音楽関係者がドイツの音楽の授業を視察に行った。当時ドイツの音楽の授業では歌をうたわせる前に、曲の調べに合わせてピアノでポロ〜ンと和音を聞かせる習慣があったそうである。ハ長調の曲なら「ドミソ・シレソ・ドミソ」の三つの和音を聞かせ、ト長調ならそれに合った別の和音を聞かせた。

ところが日本の音楽関係者は三つの和音を聞いて、それを授業の合図と勘違いしたらしい。そしてその三つの和音は「起立・礼・着席」のお辞儀の合図に使えるということで、これを学校教育に取り入れた。それが今日に至っているというわけである。

その昔、本のページはどう数えたのか

本の紙の片面を数えるとき、3ページ、5ページなどと「ページ」という語を用いる。

また紙片に付した数字のことも「ページ」という。ページ（page）という語は英語で、それをそのまま日本語に取り入れたもので、漢字では「頁」と書く。

ページ（頁）という言葉が用いられるようになったのは明治になってからである。では江戸時代以前はどんな数え方をしていたのだろうか。古い時代の本は巻物、つまりロール

状だったから、ページに相当する言葉はとくに必要なかった。平安時代中期になって冊子本が登場するが、その紙数を数える言葉としては「葉《よう》」あるいは「枚」が用いられていたと思われる。

安土桃山時代になって活版印刷本が出版されるようになる。それは1枚の紙の右と左に文字を刷り、真ん中で二つ折りにして綴じたものである。その二つ折1枚を「一丁」といい、そこで「一丁・二丁」「一丁表・一丁裏」などと数えた。

「幸せがいっぱい」という名の病気

いま、病気の種類は20万とも30万ともいわれている。さらに分類しかねるものまで含めると100万を超えるらしい。

願わくば一生、病気とは無縁でいたいものだが、なかなかそうはいかない。どんな健康な人でも、ときには風邪をひいたり、歯が痛くなったりする。

ところで「幸せがいっぱい」という病気をご存知だろうか。正しくは病名というより症状名であるが、「多幸症」という名の病気がそれである。

名前だけから判断すると、かかってみたくなるような病気だが、多幸症とは身の回りがすべてうまくいっていて、自分は幸せだと思いこみ、少し現実離れした状態にある症状をいう。実際は幸せではなく、本人がただそう思っているだけである。

これは年をとったり、アルコール中毒などのために脳が萎縮し、それによってひき起こされる症状と考えられている。本人は幸せだと思っているのに、それが病気だというのは矛盾するようだが、数ある病気のなかにはそんな病気もある。

すり鉢の溝はどうやって付けるのか

昔はどこの家庭にも「すり鉢」があり、それは欠くことのできない台所用具であった。食生活や調理法の変化などによって、必要性がなくなり、最近ではすり鉢をそなえていない家庭も多い。

古来、すり鉢は備前産のものが最上とされた。「備前すり鉢投げても割れぬ」といわれるほど、備前産のものは堅硬度をそなえているからである。

ところでそのすり鉢だが、すり鉢の内側には細かい溝が刻まれている。あの溝はいったいどのようにして付けているのかご存知だろうか。外側に溝が刻まれた半球形の型を用い、それをギューッと押しつけて付ける？　それとも溝が刻まれたローラーを転がして付ける？　以上はすべて不正解。

どのようにして溝を付けているかといえば、櫛でひっかいている。髪をすいたり、髪飾りにしたりする和風の櫛を想像してもらいたい。

それと同じような形をした金属製の櫛でひっかいて、溝を付けているのである。

タバコの葉が虫に食われると……？

タバコはタバコの葉から作られる。タバコの葉はニコチンを含んでいる。ニコチンはまず根で合成され、導管を通って葉に移行し、貯えられる。ニコチンには毒性がある。タバコがニコチンを貯えているのは、虫などに食べられるのを防ぐためだと考えられている。

ところがタバコを好む虫がいる。タバコは虫に葉を食べられると、数時間のうちにニコチンの量を2倍に増やす。またタバコの茎をハサミなどで切断すると、残った葉のニコチン含量は4倍にもなる。

タバコを食べる虫は何種類かいるが、それぞれがニコチンを食べても中毒しないような仕組みをそなえている。アブラムシ（モモアカアブラムシ）も独特な方法でニコチンを避けている。

それはどんな方法なのか。前述したように、根で合成されたニコチンは、導管を通って葉に移行する。アブラムシはその導管を避けて汁を吸っている。すなわち、アブラムシがニコチン中毒にならないのは、最初からニコチンを吸っていないからである。

道元が教える正しいお手洗いの仕方

トイレにも作法がある。道元《どうげん》に『正法眼《しょうぼうげん》蔵《ぞう》』という本があり、その中で正しいお手洗いの仕方を教えている。

便所に行くときには必ず手ぬぐいを持参し、

二重に折って左肘《ひじ》にかけ、中に入ったら、そこにしつらえてある竿《さお》にかける。次に衣を竿にかけ、桶《おけ》に水を入れて、それを右手に持ち、はき物をはきかえ、かわやに入る。

桶の水を便器に少し流し、便器に向かって指を三回鳴らす。そしてしゃがんで用を足す。そのさいには黙ってすること。隣りの人と話してはならない。また壁に落書きしてもいけない。

用便が終わったら、右手に桶を持ち、左手で水をすくって、尻を拭き、さらに紙で拭く。そして最後に手を洗う。

これは大便の場合の作法だが、小便でも基本的にはさして変わらない。

作法にのっとったお手洗いは身体をきれいにするばかりか、心も、そして国土も清めることができると道元は述べている。

かぐや姫が入っていた不可思議な竹

よく知られた昔話の一つに『竹取物語』がある。竹取りの翁《おきな》が光る竹の中に女の子を見つけるところから物語は始まる。その竹だが、それはいったいどんな竹だったのか。

女の子は3寸ぐらいの大きさであった。それくらいの人間が入っている竹となると、孟《もう》宗竹《そうちく》のような太い竹を想像したくなる。しかし3寸というのは小さいという意味らしいから、必ずしも3寸というわけではない。それに昔は孟宗竹はなかった。

『竹取物語』が生まれたのは、平安時代の前期から中期のあいだ。孟宗竹が中国から伝わったのは江戸時代中期である。物語が生まれたころ日本でもっとも多く生育していたのは

淡竹《はちく》だったという。

また物語のなかで翁が「くれ竹のよよの竹とり野山にもさやはわびしきふしをのみ見し」という歌を詠《よ》む。このくれ竹は淡竹のことである。

そんなことを考え合わせると、かぐや姫が入っていた竹は淡竹とみなしてもよさそうである。

浦島太郎が乗った亀の時速

もう一つ、よく知られた昔話に「浦島太郎」というのがある。浦島太郎はある日、子供たちにいじめられている亀を助けた。亀はその恩返しに太郎を竜宮城に招待する。浦島太郎は亀に乗って竜宮城へ行く。そこで、クイズを一つ。浦島太郎が乗った亀の時速は？あなたはこのクイズに答えられるだろうか。

それを解くには、竜宮城までの距離と、そこに到着するまでに要した時間（日数）が分からなくてはならない。『正法念処経《しょうほうねんじょきょう》』という仏教の経典によれば、竜宮城は海底５００由旬《ゆじゅん》のところにあるという。

由旬は古代インドの距離の単位で、時代によってその長さはまちまちだが、現代インドでは1由旬＝約6・6km。それをもとにすれば、竜宮城は3300kmの彼方にあることになる。浦島太郎が竜宮城に着くのにかかった日数は室町時代の「御伽草子《おとぎぞうし》」によれば10日である。したがって亀の時速は、3300÷240時間＝約14kmということになる。

句読点《くとうてん》のユニークな使い方

手もとに本があったら、その最後の部分をご覧いただきたい。それが小説であれ、評論であれ、たぶん「。」（句点）で終わっているはずである。たとえば夏目漱石の『坊っちゃん』は「だから清の墓は小日向の養源寺にある。」という文章で終わっており、その最後に「。」（句点）がついている。ところが「、」（読点）で終わっている小説がある。

徳田秋声の『縮図』がそうである。この小説は「胃腸の弱い瀬川は（中略）、お茶もたて花も活け、庖丁もちょっと腕が利くところから、一廉《いっかど》の食通であり、」という文章で終わっている。つまり「、」で終わっている。そんな終わり方をしているのは、作者が執筆を中止したからである。

『縮図』は新聞に連載したものだが、情報局からクレームがつき、80回で連載を中断。秋声は82回分の途中まで書いていたが、その後、創作意欲を失ってしまった。そこで「、」で終わっているというわけである。

東映映画のオープニング・シーン

映画が始まるとき、最初にそれを製作した会社のシンボル・シーン（オープニング・タイトル）が映しだされる。たとえば松竹では富士山、東映では岩に砕ける波がスクリーンに映しだされる。あの岩に砕ける波は、いったいどこの波なのか。どこの海の波を撮影したものなのか。

東映のオープニングのシンボル・シーンは「荒磯に波」という名前で呼ばれているそうである。これは犬吠埼《いぬぼう》（千葉県）の灯台下の海岸で撮影したもの。昭和30年2月に『血鎗《ちやり》富士』（監督内田吐夢・主演片岡千恵蔵）という映画が公開された。中国抑留から帰還した内田吐夢の第1回監督作品である。この映画に初めて「荒磯に波」のシーンが登場した。

以後、そのシーンが入るものもあれば入らないものもあり、必ずそのシーンが入るようになったのは昭和32年12月に公開された『旗本退屈男・謎の蛇姫屋敷』（監督佐々木康、主演市川右太衛門）からだそうである。

サザエさんとマスオは見合い結婚!?

子供から大人まで広い層に愛読され、今なお人気が衰えない漫画『サザエさん』。題名のサザエさんはマスオの奥さんで、タラオという子供がいるということになっている。

そのサザエさんにも、もちろん独身時代があった。漫画ではマスオと結婚したあとのことが中心になっているが、新聞連載の初めのころには、彼女の独身時代のこともちゃんと描かれている。

彼女は福岡の女学校を出ており、女学校時代には「かけどびん」とあだ名されていた。ちなみに「かけどびん」とは、どんなことにも口をつっこむが、どこか間が抜けていて、

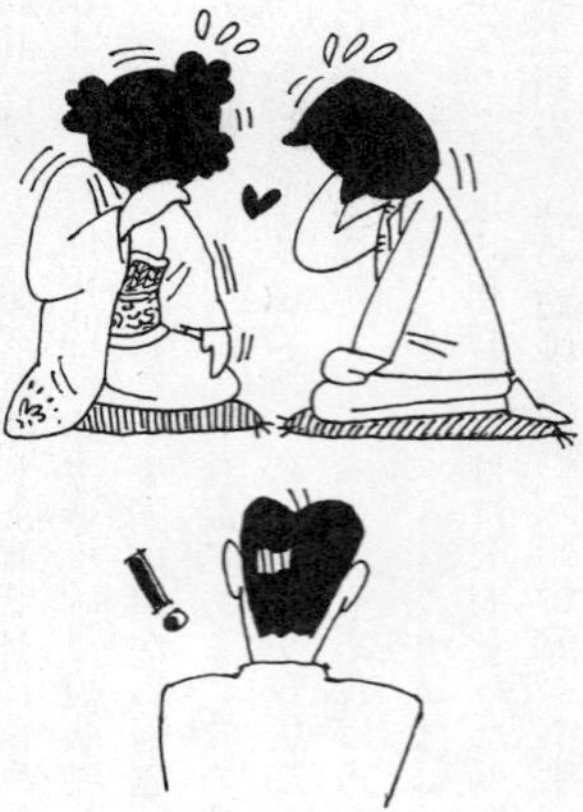

話にまとまりがつなかい人のことをいうそうである。

サザエさんは、やがてのちに夫となるマスオと出会うのだが、二人が初めて顔を合わせるのは福岡市内のデパートの食堂。サザエさんの父親、波平の友人の世話で、サザエさんはデパートの食堂でマスオと見合いをしたわけである。そして二人はたいして話もしないうちに、その場で結婚を決めてしまう。

ウクレレとノミとの深い関係

ウクレレという楽器がある。ギターに似たハワイの4弦楽器で、ハワイアン・ミュージックに用いられる。このウクレレはノミ(蚤)と関係があるのだが、それがどんな関係かご存知だろうか。

1870年代、ポルトガル人がハワイに移住したとき、マチェーテと呼ばれる4弦楽器を持ってきた。その10年ほどのちのこと、英国軍将校エドワード・パーヴィスがカラカウア王の宮廷の副侍従として仕えていたとき、誰かがマチェーテを弾いているのを耳にした。パーヴィスはその楽器に興味を持ち、弾き方を学び、やがて宮廷で弾くようになった。彼

は小柄で、おどけた仕草でマチェーテを弾いた。その様子はまるでノミがはねているように見えた。

ハワイ語でノミのことを「ウク」といい、跳びはねることを「レレ」という。パーヴィスはそこで「ウクレレ」(跳びはねるノミ)というあだ名をつけられた。そしてその楽器もウクレレと呼ばれるようになった。

世界で最も演奏時間の長い曲は何か

クラシック音楽は他の音楽に比べ、演奏時間がかなり長い。では最も長い曲は？　ワーグナーに「ニーベルンゲンの指環」という楽劇がある。これは4部から成り、第1部「ラインの黄金」の演奏時間が2時間30分、第2部「ワルキューレ」3時間40分、第3部「ジークフリート」3時間50分、第4部「神々のたそがれ」5時間20分で、全部を合わせると15時間20分になる。

フランスの作曲家、エリック・サティに「ヴェクサシオン」というピアノ曲がある。ヴェクサシオンとは「いらだち・腹立ち」という意味だが、これは2小節24拍のフレーズをただ繰り返すだけの曲である。

どれだけ繰り返すかといえば、840回。そのフレーズを1回演奏するのに要する時間は1分あまりで、840回演奏すると15〜17時間はかかる。かりに17時間とすれば、ワーグナーの「ニーベルンゲンの指環」よりも長くなり、今のところそれが長い曲のベスト1ということになる。

信用金庫はなぜ「金庫」と呼ばれるか

「銀行」という言葉は一説に、福地源一郎が『会社弁』（明治4年）のなかで、バンク(bank)の訳語として用いたのが始まりといわれている。日本の金融機関には、いわゆる銀行（普通銀行）のほかに、中小企業を対象にした信用金庫というのがある。信用金庫の取り引きの中心は地域の中小会社や商店などだが、業務上は銀行と基本的には同じである。それなのにどうして信用銀行ではなく、信用金庫という名前になったのか。

信用金庫の前身は信用組合。それが「金庫」という名前になったのは昭和26年。同年6月に信用金庫法が公布され、はじめは「銀行」の銀をとって「銀庫」という案もあったらしい。だが結局は「金庫」に落ちついた。「銀」よりも「金」のほうが人々の注目を得やすい。また地域の金融機関として銀行との違いを強調するためには、別の名前のほうがいい。そんなところから金庫という名が選ばれたという。

船の進水式でシャンペンをかける理由

船が完成すると進水式が行なわれる。その

際、シャンペンのビンを船首に叩きつけたり、薬玉《くすだま》を割ったりする。シャンペンを叩きつけるのはもとは西洋の習慣だが、日本でも行なわれている。

船の航行にとって最大の敵となるのは、海上の天候異変である。暴風雨などに遭うと、船はこわされてしまいかねない。とくに昔の木造船はそうであった。昔の人々は暴風雨を神の怒りと考え、それを静めるために人をいけにえに捧げたらしい。

しかし暴風雨に遭ってからいけにえを捧げても手遅れである。そこで航海に出る前に、いけにえを捧げ、海中に投げこんだという。それが進水式のルーツである。

その後、人をいけにえにするのは野蛮だということから、人間（の血）の代わりとして赤ワインを船にかけるようになった。そして

シャンペンが作られるようになると、今度はワインに代わってシャンペンが用いられるようになった。

タバコという苗字の人がいるらしい

日本は世界中でもっとも苗字の数が多く、一説に二十数万あるといわれている。そのな

かには変わった苗字も少なくない。「たばこ」もその一つだろう。数は少ないけれども、「煙草」（たばこ）という苗字の人がいる。また「煙草森」（たばこもり）という苗字もある。「たばこ」は漢字では「莨」とも書くが、「莨谷」（たばこたに・たばこや）という苗字の人もいる。

そのような苗字を持つ人は幕末から明治の初めにかけて、煙草の栽培・流通・販売などに関係していた人が多い。その人たちも本当は別の苗字を持っていたが、タバコの文字を用いたほうが商売上、便利だったことから、それを苗字にしたらしい。

タバコは昔はキセルで吸っていた。キセルは漢字では「煙管」と書く。では「煙管」という苗字はどうなのか。いくら苗字の数が多いからといって、そんな苗字はあるわけない？　いや、「煙管」という苗字もちゃんとある。

一は壱、二は弐、三は参、そのあとは？

領収書や小切手などで、変造を避けるために、一、二、三（あるいは1、2、3）の数字のかわりに、漢字で壱、弐、参と書いたりする。これを大字（あるいは代字）といい、すでに奈良時代から用いられていた。

奈良時代の『正税帳』には大字が使われている。大字を用いるのはふつう三（参）までで、四以上は四、五、六、七と漢数字を用いるが、大字はもちろん四以上の数字にもある。では四、五、六、七……は、それぞれどんな漢字で表わすのか。

江戸時代の著名な数学者、吉田光由《みつよし》に『塵《じん》

劫記《こうき》』という算術書があり、そのなかに大字についての解説がある。それによれば、一は壱、二は弐、三は参で、四以上は、四は肆、五は伍、六は陸、七は漆、八は捌、九は玖、十は拾と書くとある。そのほとんどは音が同じであることからの代用だが、「弐」と「参」と「伍」には本来それぞれ「二」「三」「五」という意味がある。

なぜ「タヌキの金玉は八畳敷」なのか

俗に「タヌキの金玉は八畳敷」などという。ソバ屋の店頭などに置かれている焼きもののタヌキは大きな睾丸をぶら下げているが、あれは誇張したもので、実際はあんなに大きくはない。タヌキの睾丸は人間の大人のものよりずっと小さく、その陰嚢を広げてもわずかの広さにしかならない。

それなのに、どうして「八畳敷」などといわれるようになったのか。

それは金箔を作る作業からきているといわれている。金箔を作るとき、金を叩いて薄く伸ばす。江戸時代には、その金をタヌキのなめし革《がわ》のあいだにはさんで叩いた。そしてそれがある程度の広さまで伸びると、二等分あ

るいは四等分して、それぞれをまた同じ方法で伸ばす。

これを何度も繰り返して、限界まで伸ばすと、1匁《もんめ》（約3・75グラム）の金で八畳分ぐらいの広さになるという。また陰嚢の皮に包んで叩くと、よく延びるといわれていた。そこから「タヌキの金玉は八畳敷」といわれるようになったらしい。

穴のある5円玉を熱すると、さて穴は?

金属に熱を加えると膨張することは、誰でも知っている。それでは、5円玉や50円玉のように、真ん中に穴のあいている金属を熱したら、穴はどうなるのか。小さくなるのか、それとも大きくなるのか。

膨張するのだから、穴は小さくなるとも考えられるが、また逆に大きくなるとも考えられる。実験してみれば一目瞭然だが、考えれば考えるほど分からなくなってしまう。はたして正解は？

ビンの金属製のフタがとれないとき、それを温める。すると楽にとれる。これがヒントになる。

温めるとフタがとれやすくなるのは膨張して、その穴が大きくなったからである。また、ビンの栓が抜けにくいときには、ビンの首を湯につけたり、火であぶったりすると、ビンの口（穴）は大きくなり、抜けやすくなる。

硬貨の穴もそれと同じである。硬貨はどの部分も膨張率は等しく、熱すればそのままの形でふくらみ、したがってその穴は大きくなる。

京都にある重要文化財の便所

京都の東山区に東福寺《とうふくじ》というお寺がある。臨済宗東福寺派の大本山で、京都五山の一つに数えられる大寺である。関白九条道家が一代の財力を傾けて開基した寺であり、嘉禎《かてい》2年（1236）に着工され、すべてが完成したのは文永8年（1271）であった。この寺の山門や禅堂など多くのものが国宝や重要文化財に指定されているが、「東司《とうす》」もまた重要文化財の一つになっている。

「東司」は切妻造り本瓦ぶきの細長い建物（13m×7m）だが、内部には左右両側に36個の壺が並べられていて、通称「百雪隠《ひゃくせっちん》」と呼ばれていた。すなわち「東司」はお寺で修業するお坊さんたちの便所だった。

この「東司」は室町時代の建築であり、禅宗寺院の便所の古い様式を伝える貴重な建物であることから、重要文化財に指定されている。この寺の「浴室」（蒸し風呂形式）も同じく室町時代の建築で、「東司」と同様に重要文化財に指定されている。

相手の年齢と生まれた月を知る妙案

あなたは何月何日生まれで、現在何歳だろうか。あなたにある計算をしてもらって、あなたの生まれた月と年齢を知る方法がある。それを以下に紹介しよう。

まずあなたが生まれた月に2を掛ける。次にそれに5を足す。その数に50を掛ける。そしてそれに年齢を足す。そうするといくらになっただろうか。

もしあなたが6月生まれで、25歳だとすると、875になったはずである。そこから250を引くと、あなたの生まれた月と年齢がわかる。875から250を引くと625となり、最初の「6」が生まれた月、次の「25」が年齢というわけである。

女性はあまり年齢を言いたがらないが、宴会などの席でゲームとしてこの方法を用いれば、相手の年齢と生まれた月を知ることができる。相手には生まれた月に2を掛けるところから、年齢を足すまでをやってもらい、最後の250を引く部分だけは自分でやるわけである。

透明人間は物を見ることができない!?

H・G・ウェルズに『透明人間』というSF小説があるが、あなたは透明人間になりたいと思ったことはないだろうか。透明人間になって銭湯の女湯に入り、女性の裸をたっぷりながめる。そんなことを思った人もいるだろう。

だが透明人間になったとしても、そんなことはできない。透明人間は物を見ることができないからである。

物質が透明になるということは、その物質が光を通し、さらに光の屈折率が空気の屈折率と同じでなくてはならない。光の屈折率が空気のそれと違っていると、物は透きとおって見えても、それがそこにあることが分かる。

透明人間は目も透明であり、目が透明であるということは、目も空気と同じ光の屈折率でなくてはならない。そうすると光は屈折せずに目を通り抜けてしまい、網膜の上に像を結ばない（網膜も透明なので通過してしまう）。したがって、透明人間は物を見ることができないわけである。

カニを前向きに歩かせるシステム

ほとんどのカニ（蟹）は横に歩く。カニの脚は体の横に前後接してついており、その関節は人のヒジやヒザと同じように、一平面内での運動しかできない。このため横歩きになってしまう。

ただし、体と接した部分の関節だけは回転運動ができるために、前や斜めに歩くこともできないわけではない。

カニの大半は横に歩くのがふつうだが、それを前向きに歩かせる方法がある。ちょっと残酷ではあるが、カニをぐるぐる回してみる。たとえばレコード・プレイヤーの回転盤などの上にカニをのせ、回転盤を20秒ほど回す。そしてそこから降ろすと、カニはふらつきながら前向きに歩いたりする。

人間は酔っぱらうと平衡感覚をなくして千鳥足になるが、急激に回転させられたりすると、カニも平衡感覚をなくしてしまう。そこで前向きに歩いたりする。

ちなみに、魚を同じようにぐるぐる回して水にもどすと、酔っぱらいのように水中を右に左にふらつく。

第2章

身の回りには不思議がいっぱい!

節分にはなぜ豆をまくのか

節分（立春の前日）の夜、「鬼は外、福は内」ととなえ、豆をまく。俗説では、豆をまくのは鬼の目（すなわちマメ＝魔目）をつぶすためだといわれている。その豆は生の豆ではなく、煎《い》った豆を用いる。どうして煎った豆なのか。

節分の夜の豆まきは室町時代に始まっている。日本では古くから悪鬼をはらう「鬼やらい」の儀式が宮中や社寺で行なわれていたが、豆は用いられていなかった。では、なぜ豆が用いられるようになったのか。

節分の夜の豆まきは、古くから農村で行なわれていた豆占いの行事と、鬼やらいの儀式がミックスして生まれたものと考えられている。

豆占いとは、12粒の豆（大豆）を炉の灰の上に並べ、焼け具合いによって、その年の月々の天候などを占う行事である。年のはじめに行なった。また豆を煎ると、音を立ててはじける。じつは鬼は爆音・破裂音が苦手とされており、豆の破裂音は鬼に対するおどしともなる、と考えられたのだ。

カラスの鳴き声が不吉と言われるわけ

鳥の中で人にもっとも嫌われているのはカラスだろう。カラスをペットにしているという話は、あまり聞いたことがない。鳴き声は大きいし、全身黒ずくめで、まったく可愛いところがない。ところで、カラスには人の死と結びついた俗信が多い。「カラスが鳴くと人が死ぬ」というのもその一つ。カラスに人

の死を予知できるとは思えないが、この俗信は全国各地に今でも生き残っている。

一体、どうしてそういう俗信が生まれたのだろうか。それは墓の供え物と関係があるようである。人が亡くなると墓に埋葬し、昔は団子などを供えた。現在でも故人が好きだった食べ物を供えたりするが、墓の近くには林や森があり、そこにはカラスがいて、供え物をねらう。とくに団子はカラスの好物である。墓地はカラスにとっては餌場であった。

そんなところからカラスと墓地、そして葬式や人の死が結びつき、「カラスが鳴くと人が死ぬ」という俗信が生まれたようである。

女性に特有のボールの投げ方とは?

ボールを投げるとき、女性は男性と違った投げ方をする。たいていの女性がいわゆる「女の子投げ」、すなわち砲丸投げのモーションに似た動作で腕を前に押しだして投げる。

腕の骨の構造が男性と女性とでは違っていて、そのために女性はそのような投げ方しかできないのだろうか。「女の子投げ」を見ていると、そんな気にもなるが、骨の構造は男も女も同じである。では何が原因なのか。

男性でも利き腕でないほうでボールを投げると、たいてい利き腕で投げるのとは違った投げ方、すなわち「女の子投げ」に似た投げ方をする。それは、利き腕でないほうで投げることを普段あまりしないからである。

女性が「女の子投げ」をするのもそれと同様で、男の子は野球をしたりして、「男の子投げ」を経験と練習によって身につけるが、女の子はそうした機会が少ないために、「男の子投げ」がなかなかできない。しかし練習しだいでは、女性も「男の子投げ」ができるようになる。

氷があると炭酸飲料は泡が出やすい!?

サイダーやコーラなどの炭酸飲料をグラスに注ぐと、泡が出る。その泡は液体中に溶けこんでいる炭酸ガス（二酸化炭素）が分離（気化）したものである。グラスに注ぐだけでも泡は出るが、そのグラスに氷を入れて注ぐと、泡は勢いよく出る。どうして氷が入っているとそうなるのか。

液体中に溶けこんでいる炭酸ガスは普通の状態では比較的安定しているが、物理的衝撃が加わると、液体から分離しやすくなる。ビ

ールビンを振ってから栓を抜くと、泡が吹きだすのはこのためである。炭酸飲料を氷の入ったグラスに注ぐと、グラスや氷にぶつかって刺激を受ける。そこで泡が出る。

さらに氷などに触れて、温度が急激に下がると、液体の体積が収縮し、それが炭酸ガスにとっては刺激となる。すなわちグラスに氷が入っていることによって、炭酸ガスはより多くの刺激を受けることになり、したがって泡がよく出るというわけである。

急須《きゅうす》の蓋《ふた》にはなぜ小さな穴があるのか

お茶を飲むときに用いる急須の蓋には、小さな丸い穴があいている。ヤカンの蓋にも同じように小さな穴がある。その穴はいったい何のための穴なのか。蒸気を逃がすための穴だと思っている人もいるかもしれない。

ヤカンの穴にはそうした役割もあるが、それだけではない。だいいち急須ではお湯を沸騰させたりはしない。だから、わざわざ穴をあけて蒸気を逃がす必要はない。

では、どうして急須やヤカンの蓋には穴があいているのか。

それは穴があいていないと、なかのお湯（お茶）が出にくいからである。急須にお湯を入れて、穴を指でふさいで湯呑みに注ぐと、あまりよく出ない。それは急須の中の上のほうにある空気の圧力が、外側の空気の圧力より小さくなっているからである。穴から指をはなすと、そこから空気が入り、外の空気の圧力と等しくなる。

だから穴があいていると、お湯（お茶）は注ぎ口からよく出る。

真空パックは〝真空〟ではない!?

食料品は酸素に触れると酸化し変質する。そこで密閉容器に入れて酸素を断てば、変質を防ぎながら長期間保存することができる。真空パックはその一つの方法だが、実は真空パックは本当は「真空」ではない。真空管も同じように「真空」ではない。真空とは、いかなる物質もまったくない状態（空間）をいう。完全な真空は現代の技術をもってしても作りだすことができない。真空パックや真空管の真空は低圧（減圧）のことで、その中にはたくさんの気体分子が残っている。

1気圧の気体だと、1平方センチメートルの体積に1兆個の3千万倍もの分子があり、現在もっとも高性能の真空ポンプを使ってその分子を吸いだしても、3万個の分子が残ってしまうそうである。

真空は人工的に作りだすことはできないが、宇宙には真空に近い空間がある。それは銀河系の外にあって、その空間は1平方メートルに原子が1個しかないようなところで、ほとんど真空状態である。

アルミ缶の底はなぜへコんでいるのか

コーヒーやジュース、ビールなどの缶ものにはスチール缶とアルミ缶がある。また構造的には二つの種類がある。胴体と底がひと続きになっていてフタだけが別のものと、胴体・上ブタ・下ブタがそれぞれ別になっているものの二つで、前者を2（ツー）ピース缶、後者を3（スリー）ピース缶という。スチール缶は3

ピース構造になっており（ただし上ブタの部分には開けやすいようにアルミが使われている）、アルミ缶は2ピース構造になっている。

果汁、コーヒー、お茶などは高温で熱して殺菌したあと減圧する。そこで外圧に強いスチール缶が用いられている。炭酸を含むコーラやビールなどは炭酸によって内圧がかかるので、ふくらんでも大丈夫なようにアルミ缶が用いられている。またアルミ缶は底がドーム状にへこんでいるが、それは内圧に対するためである。底が平らだと、ふくらんだとき座りが悪くなってしまう。

アルミホイルの片面が光っている理由

ラップフィルムとともに、欠かすことができない台所用品の一つになっているアルミホイル。それをよく見ると、片面はピカピカに光っているのに、もう一方の面は光沢がない。すなわち艶消しになっている。どうして片面だけが光っているのか。

それは単に表と裏を区別するために、表面に光沢をもたせているのだろうか。それとも、そのようにしたほうが、ホイル焼きなどをしたとき、よく焼けるからなのか。

そのどちらでもなく、それはアルミホイルの製造上の理由による。家庭用アルミホイルの厚さはおよそ15ミクロン（1ミクロンは千分の一ミリ）で、アルミ板を何度もローラーにかけ、必要な厚さになるまで薄く伸ばしていく。その際、手間をはぶくために、2枚重ねて伸ばしている。

そうすると、ローラーに当たっている面はローラーで磨かれる。アルミホイルの片面がピカピカに光っているのは、そのためである。

一升瓶の中の水を早く抜く方法

一升瓶に水がいっぱい入っているとする。その水を外に出すとき、あなたはどうするだろうか。多分、たいていの人は瓶を逆さにして、外に出すはずである。ところが逆さにしても、瓶の中の水はなかなか抜けない。完全に水が抜けるまでには時間がかかる。試してみれば、そのことがよく分かる。砂時計の砂のように、水はあまり落ちない。

瓶の中の水を早く抜く方法はないものか。じつはちょっと工夫をこらせば、早く抜くことができる。どうするかといえば、瓶を逆さにして、さらにその瓶を回転させればいい。

そうすると、すみやかに水が抜けていく。

それは一体なぜなのか。瓶をぐるぐる回転させると、瓶の水の中に1本の渦巻きが生じる。それが、水が早く抜ける原因である。この渦によって空気が瓶の中に入り、水が抜けやすくなるのである。

電子レンジの台はなぜ回転するのか

電子レンジに調理する食品を入れ、スイッチを入れると、食品をのせた台（ターンテーブル）が回転する。回転するからターンテーブルというわけだが、ではどうして回るのか。なぜ回らなければならないのか。

電子レンジは電波（電磁波）で食品を加熱している。電子レンジにはマグネトロンという一種の真空管がある。ここから電波（高周波のマイクロ波）が発射され、それが食品のなかに含まれている水分を激しく振動させる。その結果、水の分子同士がぶつかり合って摩擦熱を発し、食品を内部から加熱する。

マグネトロンから発射された電波は回転羽によって攪拌《かくはん》され、レンジ内を乱反射しながら食品に達するが、電波が食品にまんべんなく当たらず、当たり具合にムラがあると、食品は均一に加熱されない。熱い部分と冷たい部分ができてしまったりする。

ターンテーブルを回転させるのは、調理する食品にムラなく電波を当てるためである。

ブラウン管のそばで毛が逆立つわけ

テレビのスイッチを入れる。そのとき手を画面のそばに近づけると、画面に引きつけられるような感じがして、毛が逆立ったりする。また小さなホコリが付着したりする。

画面（ブラウン管）の奥には電子銃と呼ばれるものがあり、スイッチを入れると、そこから電子ビームが発射される。ブラウン管の表面には蛍光体が塗られていて、電子ビームが衝突すると蛍光体が光り、像が映しだされる。するとブラウン管の表面のガラスに電子がたまり、マイナスの電気を帯びた状態になる。

人間の体やホコリはプラスとマイナスの電気を同じだけ持っていて、電気的には中性だが、マイナスの電気を帯びたブラウン管に手を近づけると、人間の体内やホコリの内部で電子が移動して、中性の状態だった電気がプラスとマイナスに分かれる。その分かれたプラスの電気と、ブラウン管が帯びたマイナスの電気が引きつけ合うため、毛やホコリが引きつけられるというわけである。

TV画面で車輪が逆回転して見える謎

テレビを見ていると、幌馬車の車輪や扇風機の羽根が止まって見えたり、逆回転しているように見えたりすることがある。これは車輪や羽根の回転速度と、テレビの画面の数との関係による。

テレビは1秒間に30枚の画面を映しだしている。その画面と画面とのあいだは、何も映らない。つまり〝暗〟である。ところが人間の目には残像現象があるために、ふつうの状態では、画面と画面とのあいだの〝暗〟の部分は感じない。

ところで、幌馬車の車輪は輻《や》が放射状に並んでいる。その輻が〝暗〟のあいだにどのように動くかによって、止まって見えたり、逆回転して見えたりする。

すなわち画面と画面との〝暗〟のあいだに、一つの輻が隣りの輻の位置にぴったり移動していれば止まって見える。そして、それより早く回っていれば輻は正しく回転しているように見え、反対に隣りの位置に移動するところまでいかないと、逆回転しているように見えてしまう。

ラジオの周波数はなぜ半端な数なのか

新聞のラジオ欄には、それぞれのラジオ局の周波数が書かれている。その周波数に注目してもらいたい。どれも中途半端な数字なはずである。たとえば東京のキー局に例をとれば、NHK第一が594キロヘルツ、第二が693キロヘルツ、TBSラジオ954キロヘルツ、文化放送1134キロヘルツ、ニッポン放送1242、ラジオ日本1422キロヘルツ。

いずれも半端な数字ばかりである。どうしてそんな数字になったのか。実はそれらのヘルツ数にはある共通点がある。それは何だかお分かりだろうか。どのヘルツ数も9で割りきれる。つまり9の倍数になっている。

ラジオの中波（AM放送）の周波数は、電波法によって531〜1602キロヘルツの間と決められている。だが互いに近すぎる周波数だと混信などの原因になるので、各ラジオ局の周波数を9の倍数とした。そのために、半端な数字になったというわけである。

蛍光灯の端はなぜ黒っぽくなるのか

蛍光灯は古くなると、端のほうが黒くなってくる。黒さを増してくると、やがて点滅を繰り返すようになり、ついには切れてしまう。端の黒さが蛍光灯の取りかえの目安になるが、では長いあいだ使っていると、どうして黒くなるのか。

ふつうの電球は電線の中を電気が流れていて、電線を光らせている。いっぽう蛍光灯はいわゆる放電灯で、放電によって蛍光体を光らせている。すなわち蛍光灯に電気が通ると、両端の電極から電子が放電され、その電子が管内の水銀電子と衝突して紫外線を発生する。それが管の内面に塗られた蛍光体に当たって、目に見える可視光に変換される。

両端の電極には、放電を容易にするために放電物質（バリウムなどの酸化物）が塗ってあるが、使っているうちに、蛍光灯の熱などによって、それがはがれてしまう。蛍光体の端が黒っぽくなるのはそのためで、その正体は放電物質がはがれ落ちたものである。

熱い風呂をかき混ぜてはいけない!?

熱い風呂に入っているとき、じっとしていると、そんなに熱く感じない。ところが湯をかき混ぜたり、体を動かしたりすると熱く感じられ、耐えられなくなって飛びだすということにもなりかねない。同じ湯なのに、なぜ湯をかきまわすと熱く感じられるのか。

熱く感じるのは、べつに錯覚ではない。実際に皮膚が熱く感じている。それは皮膚のまわりの湯が熱いからである。風呂（湯）に入ると、体が温まる。体が温まるのは、見方を変えれば、体が湯の熱を奪っているからである。熱を奪われた湯は、そのぶん温度が低くなる。

風呂の中で動かずにじっとしていると、湯の熱は体に奪われ、皮膚のまわりの湯はその温度が低くなる。だから熱い湯でもじっとしていれば、なんとか入っていられる。

ところが湯をかき混ぜたりすると、熱を奪われた湯が追いはらわれ、外側の熱い湯が入りこんで皮膚に触れるので、再び熱く感じるといった次第である。

リンス入りシャンプーの仕組みとは?

髪をシャンプーで洗ったあと、リンスをす

る。シャンプーには陰（マイナス）イオンの界面活性剤が用いられており、その物質は髪の毛に付着している脂汚れなどを落としてくれるが、そのために髪の毛はカサカサになり、櫛《くし》の通りが悪くなったりする。そこでリンスを用いる。

リンスの主剤は陽（プラス）イオンの界面活性剤であり、シャンプーによってマイナスの電気を帯びている髪にプラスの電気を帯電させることで打ち消すわけである。リンスは脂分を補う働きもある。

ところで、リンス入りシャンプーというのが売られている。シャンプーに含まれている界面活性剤は陰イオン、リンスのそれは陽イオン。陰イオンのシャンプーと陽イオンのリンスをそのまま混ぜると、結合して沈澱する。そこでリンス入りシャンプーは、陰イオンと陽イオンが結合しないような状態にして作られている。ただし効果のほうは、シャンプーとリンスを別々にしたときより減少する。

パールのマニキュア、その光沢の正体

女性の化粧品の一つにマニキュアがある。手の爪を化粧するもので、足の爪にするものはペディキュアという。足にマニキュアをするなどと言ったりする人がいるが、マニキュアのマニは「手」という意味だから、そうした言い方は誤りである。ちなみに、ペディキュアのペディは「足」という意味。

真珠のような光沢を持った「パール」という色のマニキュアがある。そのマニキュアには光沢を出すためにあるものが加えられている。それは何だかお分かりだろうか。そのあ

るものとは太刀《たち》のような形をした魚、タチウオの皮である。タチウオは表面がピカピカ光っている。タチウオの表皮はグアニンと呼ばれるアミノ酸の細かい結晶でおおわれており、それが光を反射してピカピカ光る。その表皮を溶かして再結晶をさせたものを魚鱗箔《ぎょりんぱく》、あるいは天然パールエッセンスといい、昔からパール調の光沢の材料として使われてきた。

パーマをかけるとウェーブがもつ理由

髪に長もちするウェーブをつけること、あるいはその方法をパーマネント・ウェーブといい、略してパーマといっている。パーマによってつけたウェーブは長もちする。

パーマをかけるとき2種類の液を用いる。髪をカールに巻き、第1液をかける。この液はアルカリ性。髪の毛は主にケラチンというタンパク質からできており、そのケラチンはジスフィルド結合と呼ばれるもので結合している。髪をカールに巻き、アルカリ性の第1液をかけると、ジスフィルド結合が切れる。

次に酸性の第2液をかけて中和する。そうするとジスフィルド結合がふたたび結合し、髪の毛は曲がったまま固定される。これがパーマの仕組みである。

現在のパーマはいわゆるコールド・パーマだが、その方法を考案したのはイギリスの化学者のスピークスマン。1936年、それまでの加熱によるパーマに対し、常温で薬液を使い、ケラチンの結合を切ってウェーブをつける原理を完成させた。

「落ちない口紅」はなぜ落ちないのか

女性の必需品の一つに口紅がある。最近、「落ちない口紅」なるものが発売されている。落ちないというのは、たとえばコーヒーなどを飲んだとき、カップにつかないということだが、カップにつかない口紅がどうして唇につくのか。

口紅が落ちてしまうのは、摩擦や熱などによって色素が唇からはがれるため。口紅は色素と油(オイルベース)が主成分で、従来の口紅は唇の表面に色素がのっているような状態であった。だから落ちやすかった。落ちない口紅には、色素と油のほかに超高分子アルギン酸というのが加えられている。これは被膜形成能力が高く、水分との反応が迅速。

唇には水分が含まれており、口紅を塗ると超高分子アルギン酸が水分と反応して、唇にしっかりと定着するベールを作り、口紅の外側にもベールをつくる。だから唇によくつき、グラスやカップなどに移りにくいというわけである。

純金を24Kというのはなぜか

金のネックレスや、万年筆の金のペン先な

どには「24K」「18K」といった表示がされている。このKはカラット（karat）の頭文字。カラットといえば、宝石の重さを表わす単位でもあるが、カラットはkaratとcaratの二通りの書き方があり、一般に宝石はC、金はKで表わす。宝石のカラットは重さを表わし、1C＝200㎎。金のカラットは24Kを純金とし、それに対する金の含有率を表わす。

すなわち18Kというのは、金の含有率が24分の18であることを示している。

　では、純金はなぜ24Kなのか。どうしてそんな半端な数なのか。カラットという言葉はギリシア語のケラーティオに由来する。ケラーティオとは「いなご豆」のことである。

　その昔、重さを量るとき、その豆が秤《はかり》の分銅として用いられ、純金の取引きなどでは、いなご豆24個の重さがひとつの基準になっていたらしい。そこで、純金を24カラットとするようになったといわれている。

ダイヤモンドはなぜ硬いのか

　自然にある物質の中で、もっとも硬いのはダイヤモンドであることはよく知られている。物質は原子という基本粒子からできている。

ダイヤモンドの基本粒子は炭素原子。じつは鉛筆の芯に使われている黒鉛も炭素原子でできている。つまりダイヤモンドと鉛筆の芯は、同じ元素（原子）でできている。それなのにダイヤモンドは硬く、鉛筆の芯がやわらかいのはなぜか。それはダイヤモンドと鉛筆の芯では原子の配列が異なるからである。

ダイヤモンドは炭素原子が正四面体の各頂点に配列し、それが次々に結合した構造をしている。つまり四か所で隣の原子とがっちり結びついている。そのために強い硬度を得ている。

いっぽう鉛筆の芯（黒鉛）は平面上に6個の原子が六角形に並び、それがつながって平板状になり、その平板が積み重なった構造をしている。そうした構造をしているために、外部から加えられる力に対する抵抗力（すなわち硬度）が弱い。

色が変わるサングラスのメカニズム

光の強さに応じてレンズの色が変わるサングラスがある。太陽の光のもとではレンズが黒くなり、家の中に入るとその色が消えて、ふつうのメガネと同じようになる。いったいどうして色が変わるのか。レンズにどのような仕掛けがあるのか。

光量に応じて色を変えるレンズを「調光レンズ」という。調光レンズには銀とハロゲンが用いられている。ガラス（レンズ）を製造するとき、銀とハロゲンを加える。そうするとガラスの中で銀とハロゲンが結合して、ハロゲン化銀となる。こうしてできたガラス（レンズ）に強い光が当たると、光分解が起

き、ハロゲンと銀に分解し、銀が光をさえぎるので黒くなる。反対に光をさえぎると、ハロゲンと銀がまた結合し、ハロゲン化銀にもどってしまう。その結果、ガラス（レンズ）は透明になる。

色の変化は温度も関係する。温度が高いとハロゲンと銀の結合・分解の反応が速い。だから冬より夏のほうが、光が当たるとすぐに色がつき、光がさえぎられると、すぐに色が消えやすい。

どうして消しゴムで字が消えるのか

紙の上に鉛筆で書いた字を消しゴムでこすると消える。そんなことは誰でも知っている。ではどうして消えるのか。そのワケを説明できる人は、意外と少ないはずである。あなたは説明できるだろうか。

紙の表面は一見、つるつるに見える。さわっても引っかかりはない。だが実際は凸凹がある。鉛筆で紙の上に書いた字は、紙の凸凹に鉛筆の芯の細かい粒子が引っかかったものである。だから字を消すには、その細かい粒子を取りのぞき、さらにそれが再び紙に戻らないように包みこむことができればいいわけである。

その両方が可能なのが消しゴムである。消しゴムは紙の凸凹に引っかかった粒子を取りのぞくとともに、それを中に丸めこんでしまうので、字をきれいに消すことができる。

ちなみに、鉛筆で書いた字を消すのにゴムが使えることを発見したのは、18世紀のイギリスの化学者、プリーストリーである。彼はいろいろな発見をしているが、酸素の発見もそのひとつである。

便利な付箋、その仕組みとは?

本や書類などに、目印のために貼りつける小さな紙片のことを「付箋」という。あるいは「不審紙」ともいう。いろんなサイズや色の付箋があるが、付箋を紙に貼るとペタッとくっつき、はがすときれいにはがれる。どうしてくっつけたり、はがしたりできるのか。

付箋にそんなことができるのは、使われている糊が特殊なものだからである。付箋の糊には、石油から作ったアクリル系の特殊粘着剤が使われている。それは、いわば丸い小さな粒の集まりで、付箋からはがれないように、プライマー剤で付箋を加工し、丸い粒をくっつけ固定している。

付箋を紙などに貼りつけると、丸い粒は楕円形になって紙にくっつくが、はがすと元の丸い粒にもどる。だから、きれいにはがせるというわけである。

ちなみに、この特殊な糊(粘着剤)はアメリカの文具メーカー、3M《スリーエム》社の研究所の所員、スペンサー・シルバーが開発したものである。

セットの色鉛筆の先端が削ってあるわけ

文房具屋で黒の鉛筆を買う。その鉛筆はふつう削られていないので、使うときにはまず削らなければならない。ところが同じ鉛筆でも、赤、青、緑など何色もの鉛筆が箱などに入ってセットになったものは、たいてい削って売られている。

そのわけは……。黒鉛筆はたとえ一度にまとめて何本も買っても、ふつうは１本ずつしか使わないので、１本だけ削ればいい。ところがセットの色鉛筆は一度に何本（何色）も使ったりするので、その全部を一度に削るのは面倒である。そこでメーカーのほうで、いわば親切心から削ってあげているということらしい。

なお、ふつうの黒鉛筆はたいがい六角形だが、色鉛筆は丸い形（円柱形）をしている。それは、色鉛筆の芯はふつうの鉛筆の芯より太くて、やわらかく、芯のまわりを同じ厚さの木で支えたほうが、芯は折れにくいからである。そこで色鉛筆は丸い形になっているそうである。

接着剤でものがくっつく原理

一滴たらしただけで瞬時に接着してしまう瞬間接着剤というのがある。いろんな種類の瞬間接着剤があるが、そもそも接着剤によって、ものとものがくっつくのはなぜなのか。その仕組みをお分かりだろうか。

接着剤がものをくっつける仕組みには、大別して二つがある。一つはアンカー（投錨）効果と呼ばれているものである。表面がすべすべしたものでも、顕微鏡などで見ると小さな凹凸がある。その凹凸に接着剤が入りこみ、食いこんで引っかかり、ちょうどかすがいのようになり、離れにくくなる。船がアンカー（錨）を海底に打ちこむのと同じような効果を持つことから、それをアンカー効果という。

もう一つは分子結合による。分子同士には引き合う力がある。接着剤でものをくっつけると、くっつけられたもの（被着体）の分子と、接着剤の分子との間に引き合う力が強く働く。接着剤は主にこの二つの作用によってものをくっつけている。

ノーカーボン紙はどうできているのか

領収書や請求書など、昔はカーボン紙を用いて複写していたが、最近ではノーカーボン紙が多く用いられている。ノーカーボン紙はボールペンなどでいちばん上の紙に文字や数字を記入しただけで、それが下の紙にちゃんと写る。なんとも不思議な紙だが、その仕組みは一体どうなっているのか。

ノーカーボン紙は一見ふつうの白い紙のよ

うに見えるが、いちばん上の紙の裏には無色の染料が入った小さなカプセル（マイクロカプセル）が塗られている。そして下の紙の表面には酸性の物質が塗られている。

上からボールペンなどの硬いもので書くと、マイクロカプセルがつぶれ、中の染料が出て、下の紙の酸性物質と反応し、発色するというわけである。

これは1枚複写の場合だが、2枚複写の場合には、2枚目の紙の表には酸性物質が塗られており、裏には染料入りのマイクロカプセルが塗られている。そして3枚目の表面に酸性物質が塗られている、というわけ。

夜光塗料はなぜ光るのか

時計などに使われている夜光塗料は、まわりが暗くなると光を発する。どうして光が出るのか。

夜光塗料は蓄光塗料と発光塗料の二つに分けられる。蓄光塗料は硫化亜鉛を主にしたもので、それに光を当てると、硫化亜鉛がその光を一時たくわえておいて、徐々にそれを放出する。蓄光塗料は蛍光灯や広告文字などに使われている。その蓄光塗料に微量のラジウ

ムを入れたものが発光塗料で、ラジウム線の刺激によって硫化亜鉛が光る。発光塗料は夜間標識や時計（夜光時計）の文字盤などに用いられている。

夜光時計を長く使っていると、発光力が弱くなってくる。それは硫化亜鉛には変化はないが、ラジウムのほうが弱まってくるからである。だから光が弱くなった夜光時計を電灯などに当てると、硫化亜鉛がその光をたくわえるので、また明るく光る。しかしたくわえた光が出てしまうと、またもとの弱い光になる。

シール状ハガキの仕掛け

文面を他人に見えないようにしたシール状のハガキがある。それは、はがす時きれいにはがれるが、もう一度くっつけようとしても、くっつかない。その仕掛けとは？

シール状のハガキの接着方法には、圧力によって接着する方法と、熱を加えて接着する方法がある。圧力によるものは、紙の表面に乾燥剤を細かくしたものが塗られていて、デコボコの状態になっている。それにものすごい強い圧力を加え、デコボコを噛み合わせることでくっつけている。

どれくらいの圧力かといえば、ハガキ1枚に約75トンもの力が加えられている。はがしたら二度とくっつかないのは、押えつける力が足りないからである。

表面がつるつる光ったタイプのものがあるが、これは表面にフィルムが貼ってあり、熱を加えてくっつけている。しかし室温ではくっつかない。だから一度はがしてしまったら、圧力によるものと同様に、再びくっつけることはできない。

形状記憶シャツはなぜ型くずれしない?

洗濯をしてもシワにならず、縮まず、型くずれせず、しかも必要な折り目（プリーツ）は洗濯後も消えない。そんなシャツ（ワイシャツ）が開発され、「形状安定シャツ」「形状記憶シャツ」などのネーミングで売られている。この新しいシャツは着用と洗濯を繰り返しても、30回くらいまではノーアイロンでの着用が可能である。では、どうしてシワにならず、縮んだりしないのか。

綿の繊維分子は均一ではない。密な部分と密でない部分があり、その密でない部分がシワや縮みを生じさせている。形状安定（形状記憶）シャツにはいくつかの加工法がある。

その代表的なものの一つでは、ホルマリンガス処理が行なわれている。すなわち縫製されたシャツをホルマリンガスの中に入れ、綿の繊維の分子相互間に橋を架けるような形の結合（架橋結合）を作る。こうして分子の密度を洗濯前後で同様にキープすることにより、シワや縮みを防いでいるわけである。

モーニングの背中にあるボタンの秘密

モーニング・コートと呼ばれている洋服がある。男性用の礼服で、上衣は黒のドスキンやメルトンなどで作る。裾《すそ》はひざまでで、ズボンは縞《しま》のあるものがふつうである。またネクタイはシルバーグレーか白を正式とするが、日本では黒に白縞のものが慣用されている。

モーニング・コートはもともと朝餐会のための礼服であった。そこでモーニング・コートと呼ばれるようになった。そのコートには背中にボタンが二つついている。それは何のためのものなのか。単なる飾りなのか。

モーニング・コートはフロック・コートが変化したものである。フロック・コートは丈の長いコートで、歩くとき前裾が邪魔になる。そこで前裾の端にボタンホールをあけ、両裾をもち上げ、背中につけたボタンにとめていた。モーニング・コートはフロック・コートの前の部分をなくしたもので、背中についているボタンはフロック・コートの名残りというわけである。

買った靴下の中の白い紙は何のため?

靴下を意味する英語のソックス（socks）はギリシア語のsykhosに由来し、それは本来、古代ギリシアで女性が履いたサンダル型の靴を意味していた。この靴を男性が履くのは恥ずかしいものだと考えられ、男性では喜劇役者たちが笑いを誘うものとして履いた。そのsykhosがラテン語でsoccusとなり、英語に入ってsocksとなった。なおsocks (sock) には、喜劇役者たちがそれを履いたところから喜劇という意味もある。

さてその靴下だが、紳士用の靴下を買うと、片方に白い薄紙が入っていることがある。あの紙はいったい何のための紙かお分かりだろうか。湿気を取るためのもの？　静電気を防ぐためのもの？　そのいずれも不正解。あの紙は靴下の模様や生地をはっきり見せるために入れられている。それに靴下の型崩れの防止にも役立っている。

靴下の生産はそのほとんどがオートメーション化されているが、紙入れだけは手作業だそうである。

タオルの両端に薄い部分があるわけ

日常生活に欠かせないものの一つにタオルがある。タオル（西洋手ぬぐい）は布面に輪状のけばが織りだしてあり、それを「パイル地」という。そのタオルの中には、両端の生地が薄くなっているものがある。つまりパイル地ではなく、ふつうの織り方になっていて、その部分には「○○酒店」とか「○○ホテル」などと、宣伝用の文字が印刷されていたりする。薄くなっている部分は「木綿地《もめんじ》」と呼ばれているが、どうして両端が薄くなっているのか。

それはもともと大阪のあるタオル業者が考えだしたものであった。風呂に入って背中を洗うとき、タオルの両端を持って洗ったりする。そのとき背中に当たるのはタオルの真ん中の部分だけである。それなら両端はなにもパイル地でなくてもいい。両端を木綿地にすれば、それだけ使う糸が節約でき、手間もかからない。そんな考えから、両端が木綿地のタオルは誕生したのである。

座ぶとんの四隅についている糸

あなたの家に座ぶとんがあるだろうか。和室の部屋が少なくなり、座ぶとんも家庭からしだいに姿を消しつつあるが、もしあればそれを見ていただきたい。ちなみに座ぶとんは本来は丸い形をしていた。漢字では座布団、または座蒲団と書き、「団」は丸くしたものという意味である。しかし、現在の座ぶとんは四角形をしている。

その座ぶとんだが、四隅や中央に何本かの糸がついている（中にはついてないものもある）。一見すると、飾りのようにも思えるが、飾りではない。それは「房《ふさ》」といい、ふとんの中の綿を押さえるためのものである。

座ぶとんを長いあいだ使っていると、綿が片方に寄ったりしてしまう。それを防ぐために、四隅と中央を糸でくくって布地と綿を固定させ、その余りの糸を飾りのようにしたのが房である。座ぶとんだけではなく、昔仕立ての敷きぶとんや掛けぶとんにも房があるが、それも綿を固定するためのものである。

薬の用法で15歳以上が大人とされる理由

民法に「満20歳をもって成年とす」とあり、法律上は20歳からが大人ということになっている。ところが、電車やバスなどの料金は中学生から大人料金となり、薬局で売られている風邪薬などの服用量では15歳が基準になっている。すなわち市販薬には使用上の注意として、15歳以上（成人）は1回3錠などと記されており、ほとんどの市販薬では15歳を基準に、それ以上を成人としている。

では、どうして15歳なのか。たとえば同じ15歳でもその体格はまちまちで、太っている人もいれば、やせっぽちの人もいる。それでも薬の分量は同じでいいのかと思う人もいるかもしれないが、薬の効き目は体重や身長とは関係ない。一般の医薬品は体格よりも、それぞれの年齢の体質＝内臓機能の発達を基準に作られているからである。

また薬の服用量において15歳以上を成人としているのは、その年齢になれば内臓器官は大人と同じように発達・機能することになるからである。

塗り薬は何分くらいで体内に入るのか

怪我をしたとき塗り薬をつける。あるいは化粧品やクリームをつける。そうすると、やがて皮膚の表面から体の中にしみこみ、効果を発揮することになるが、それらの塗り薬やクリームが体の中にしみこむのに、いったいどれくらいの時間がかかるのだろうか。

ヤケド用の軟膏を腕の皮膚に塗り、それが

皮膚にしみこむ様子を、東京大学の研究グループが調べている。つまり、皮膚の表面に塗った軟膏が、時間の経過とともにどれだけ減っていくかによって、皮膚の中にしみこんでいくのをとらえたものである。

その実験結果によれば、軟膏は初めはゆっくりとしみこんでいき、22分ころからしみこむ量が急に多くなり、1時間後には99%がしみこんでしまったという。

この実験結果から判断すると、たとえばハンドクリームなどを塗ったときには、少なくとも1時間は手を洗ったりしないほうがいいようである。

ビタミンB_2、B_6、B_{12}と数字が飛ぶわけ

ビタミンBには、B_1、B_2、B_6、B_{12}の四種類がある。ビタミンAやビタミンCは一種類しかないのに、どうしてビタミンBは種類が多いのか。それにB_2、B_6、B_{12}と、数字が飛び飛びなのはなぜなのか。

明治43年、鈴木梅太郎が米糠《こめぬか》からアベリ酸（オリザニン）の抽出に成功した。これがビタミンB（B_1）の世界初の発見であり、のちにビタミンB_1と名づけられた。その後、ビタ

ミンの発見ブームが起こった。その際、水溶性で、炭水化物の代謝に関係のあるものはB群に入れられたため、発見にしたがってB_2、B_3、B_4……と番号がつけられていった。

ところが、のちにそれらの中には人間には必要ないものがあることが分かり、除かれた。その結果、B_1、B_2、B_6、B_{12}の四種類になった。B_{12}以降にもB群のビタミンは発見されているが、それらはB_{13}、B_{14}などと番号では呼ばずに、ナイアシン、パントテン酸など化学名で呼んでいる。

レーザーメスだとなぜ出血が少ないのか

手術にはメスが欠かせない。ちなみにメスはオランダ語のメス（mes）からきている。メスは外科用ナイフのことだが、レーザー光を用いたレーザーメスなるものがある。メスで体を切れば出血し、血管の多いところを手術するとなると大量に出血する。ところがレーザーメスだと、わずかな出血ですむ。

ふつうのメスが体の組織を切るのに対し、レーザーメスはレーザーの高熱によって焼き切る。高温のレーザー光を当てると穴があき、移動させればメスをふるったように組織に切り口ができる。レーザー光は細いビームから発射されるので、熱は広がらず、小さな範囲ですむ。

またレーザーには血液やタンパク質を固める作用もある。血液やタンパク質は温度が高いと凝固する。レーザーは高温なので、血液やタンパク質が熱で固まり、傷口がすぐにふさがる。外科手術には大量出血がつきものだが、レーザーメスなら出血はわずかですむ。

バリウムはなぜ造影剤として効果的か

胃や食道などのX線（レントゲン）検査のとき、バリウムを飲まされる。そのバリウムは正しくは硫酸バリウムといい、白色の粉末である。それを水にまぜて飲むと、消化器の中を流れていき、バリウムはX線を通さないので、消化器の形や粘膜面の模様を調べることができる。

なぜバリウムなのか。その一つの理由は、それがX線を通さないからであるが、X線を通さない物質はほかにもたくさんある。

元素を軽い元素から重い元素へと順に並べたものを元素周期表といい、その順序を原子番号という。原子番号が大きいほどX線は通しにくい。バリウムは56番で、白金（78番）、金（79番）、水銀（80番）などもX線を通しにくい。

だが白金や金は高価であり、水銀は有害である。その点、バリウムはX線を通さず、消化管からは吸収されることなく、体に無害である。そんなところから、バリウムが用いられているわけである。

5円玉、50円玉に穴があいている秘密

現在、日本で使われているコインの5円玉と50円玉は穴あきである。真ん中に小さな穴があいている。なぜ穴あきなのか。それにはもちろん理由がある。もともと5円玉は1円玉と、50円玉は１００円玉と区別するために穴あきになったのだが、1円玉はアルミ製で、重さや色も5円玉とは違う。それなのに、ど

うして区別する必要があるのか。

5円玉が発行されたのは昭和23年。同時に1円玉も発行されたが、両方とも黄銅製で、サイズもほとんど同じであった。それでは紛らわしいということから、翌年に5円玉に穴があけられた。1円玉は昭和30年にアルミ製になったが、5円玉はその後もずっと穴あきのまま今日に至っている。

50円玉は昭和30年に発行され、最初はニッケル製で、穴はあいていなかった。ところが2年後に100円玉が発行され、それが50円玉と色やサイズが似ていたために、昭和34年に50円玉は穴あきになったというわけである。

列車事故による直接&間接の影響人数

列車事故が起きると、新聞やテレビのニュース番組などで、その事故によって影響のあった人々の数が報道される。

たとえば「この事故によって5万人の足に影響が出た」などと報道される。その5万人という数字は事故のあった鉄道会社の発表によるものだが、ではその数は一体どのようにしてはじき出したものなのか。

事故の影響を受けた人にいちいちあたって

調べる？　そんなことは不可能である。各鉄道会社では、切符や定期の発行枚数、改札口のカウンターによる調査などによって、乗降客数に関するデータを持っている。

すなわち、各駅ごとの乗降客数、各列車の乗客数、あるいは各区間の乗降客数などを調べており、事故があったときには、それらのデータをもとに影響があった人々を算出している。

したがって新聞やテレビで報道される影響人員の数は、あくまでも概算である。

タクシーの深夜料金はなぜ割増なのか

タクシーの料金は、午後10時（一部の都市では午後11時）を過ぎると割増料金になる。

タクシーは深夜利用することが多いのに、どうして深夜には料金が割増になるのか。

労働基準法の37条に「深夜の割増賃金」の規定があり、「使用者が（中略）労働時間を延長し、若しくは休日に労働させた場合、又は午後10時から午前5時までの間において労働させた場合においては、通常の労働時間、又は労働日の賃金の計算額の2割5分以上の率で計算した割増賃金を支払わなければなら

ない」とある。

タクシーも例外ではなく、運転手には割増賃金を支払わなければならない。そのぶん深夜はコストが上昇する。だから深夜は割増料金になっているというわけである。

深夜は運転手の賃金が割増になるので、客も割増料金を払う。つまりはそういうことである。

発掘した埋蔵金の所有権はどうなるのか

全国各地に多くの埋蔵金伝説がある。たとえば北海道の恵《え》庭岳《にわだけ》には源義経が大量の砂金を隠したという話が伝わっており、また黒部峡谷の針ノ木谷には佐々《さっさ》成政《なりまさ》が百万両の金を隠したという伝説がある。

そうした埋蔵金を掘りあてたら、それは誰のものになるのか。

まず、埋蔵金がそもそも誰のものであったのかが明らかになる。そしてその子孫が名乗りをあげ、相続権が証明されたとする。

その場合には、埋蔵金はその人のものになる。

では相続人がいない場合には、どうなるのか。埋蔵金を発掘した土地が他人の土地であれば、民法の第２４１条に「他人の物の中において発見したる埋蔵物は発見者およびその物の所有者折半してその所有権を取得す」とあり、発見者はその半分を得ることができる。

つまり、半分はその土地の所有者のものになるわけだが、その土地が発見者のものであれば、そこから発掘された埋蔵金はすべて発見者のものになる。

賭け麻雀で負けた場合の支払い義務とは

お金などを賭けて勝負を争うことは法律で禁止されている。しかし実際は麻雀やゴルフなどでは、お金や品物を賭けることが行なわれている。賭け麻雀をして負けたとする。負ければお金（や品物）を払うことになるが、法律上は払う必要はない。賭け麻雀は刑法の禁止する賭博行為であり、違法だからである。また民法の立場では、賭け麻雀は「公序良俗」に反する行為であり、それに関する契約（約束事）は無効とされている。

賭け麻雀で負けても、お金を支払う義務はない。そんなことは知らずに支払い、そのあとでそのことを知り、そこで「払う必要はないそうだから、お金は返せ」と請求したとする。しかしそれはできない。民法では、賭け麻雀など不法なことのためにお金をいったん支払ったら、その返還は請求できないと定めている。

つまり賭け麻雀で負けてもお金を支払う義務はないが、払ってしまったら、「返せ」とは言えないというわけである。

妻のへそくりは本当に妻のものか

わずかずつのお金をこっそり蓄えたものを「へそくり」といい、ふつうは妻が夫の収入の中から少しずつためたお金のことを意味する。でもそのへそくりは、いったい誰のものなのか。もとは夫が得たものであるから夫のものなのか。それとも、家計をうまくやりくりしてためたお金だから妻のものなのか。

民法（第762条）では、夫婦の一方が婚姻前から有する財産、および婚姻中に自己の名で得た財産は、その者のものとされている。つまり夫の収入はあくまで夫のものとされている。ということは、妻のへそくりは夫のものなのか。

もしそうであれば、夫がへそくりを見つけたら、それをよこせと言えるわけだが、じつ

はへそくりは夫婦いずれのものかはっきりしないお金とみなされており、民法（第762条）は、そうした夫婦いずれに属するか明らかでない財産は、夫婦の共有とすることにしている。

だから妻のへそくりを見つけたら、夫はその半分だけは返せと請求できることになる。

書類の捨印にはどんな意味があるのか

何かを購入したり、あるいは人に委任したりするときに書類を取り交わす。その際、書類の欄外に印鑑を押したりすることがある。これを「捨印」という。

その捨印にはどういう意味があるのか。その意味を知らずに押している人もいるようだが、知らずに押すのは危険である。

捨印は、のちに書類の字句の訂正などの場合を考えて、その訂正をすべて了承しているという意味で押すもの。書類を訂正する場合には、ふつうその箇所に棒線を引き、訂正印を押す。しかし訂正のたびに訂正印を押すのは面倒であり、また後になって訂正個所が分かった場合、いちいち訂正印をもらいに書類の署名者のところに行くのは大変である。

そこで、手間を省くために考えられたのが捨印である。捨印が押してあれば、署名者の了承がなくても訂正することができる。だから捨印を押したために、とんでもない事態を招くということにもなりかねない。

自分の墓が作れる場所

飼っていた小鳥が亡くなったりすると、庭に墓を作って埋葬したりする。では人が亡くなった場合でも、同様にすることができるだろうか。すなわち、庭に墓を作って埋葬できるだろうか。

現在の法律ではそれはできない。墓地に関しては「墓地・埋葬等に関する法律」（昭和23年に施行）があり、遺体・遺骨を埋葬する墓地については都道府県知事の許可が必要と

されている。だから許可がおりさえすればいいわけだが、個人の土地に墓地として許可がおりることはほんどない。

では自分の庭に墓を建てるのはまったくだめかといえば、そうでもない。法律では墓地以外の区域に埋葬することは禁じられているが、遺体や遺骨の埋葬さえしなければ、個人の土地（庭など）に墓を建てたとしても違法ではない。

記念碑的なものとして墓石などを建てることは法律では禁じられていないので、自宅の庭でも墓を建てるだけなら問題はない。

買った家の庭石や石灯籠《いしどうろう》は自分のものか

土地つきの家を購入したとする。その土地には庭があり、前の持ち主が庭好きだったと見えて、そこには立派な庭石や石灯籠があった。契約を済まして引越したところ、前の持ち主が庭石と石灯籠だけは返してくれという。それらは契約書には書かれていないので、まだ自分のものだと前の持ち主はいう。

そこで問題になるのが、庭石や石灯籠はいったい誰のものかということである。

民法の87条に「主物・従物」という規定があり、「従物は主物の処分に随う」とある。従物とはある物（主物）についている物という意味。

たとえば自動車を買えばキーがついているが、その関係でいえば、自動車が主物、キーが従物にあたる。

右のケースでは、土地と家が主物で、庭石や石灯籠はその主物についている物＝従物とみなされている。したがって、庭石や石灯籠は買い主の所有物となる。

もし前の持ち主がそれらを渡したくなければ、契約の段階で契約書にそのことを明記すべきである。

第3章

人体は神秘と驚異の小宇宙《ミクロコスモス》

人間の寿命の限界

哺乳類においては、性成熟年齢の約6倍が最大寿命という説がある。人間の性成熟年齢は約15歳、したがって最大寿命は90歳ぐらいということになる。人間は長く生きて120歳ぐらいまで。なぜそれ以上、生きられないのか。

体の機能の点から、人間の寿命を類推したデータがある。まず心係数（心臓の血液拍出量）。25歳で1分間の拍動は約4リットル。それが1・5リットルになると心不全になるが、125歳で心不全と同じ状態まで機能が低下するという。

脳細胞の数は正常な若者で約150億個あり、1日10万個ずつ減っていく。それが約3分の2まで減ると、人は生きていけないが、3分の2になるのが130歳前後。また人間の体が酸素を血中に取り入れる能力は年齢を経るごとに低下し、125歳前後で生存していく限界に近づくという。

したがって、体の機能の低下・変化を止められないかぎり、人間の寿命は肉体的には120歳前後が限度ということになる。

ヒトの細胞で最も寿命の短いものは?

人間の体を構成する最小単位は細胞である。人間の体はさまざまな機能を持つ約60兆個の細胞からできている。その大きさは平均すると約300分の1ミリ。細胞も生命体だから、とうぜん寿命（死滅）がある。

たとえば血液の中の赤血球の寿命は約4か月しかなく、一方、骨細胞などは10年以上の寿命をもっている。体のほとんどの部位では常に新しい細胞が生まれ、古い細胞は消えていき、新しい細胞がこれに代わる。

では細胞の中で最も寿命が短いのは何だろうか。それは小腸の絨毛《じゅうもう》を構成している細胞である。小腸の内壁の表面は絨毛と呼ばれる無数の小突起でおおわれている。その絨毛を形づくっている細胞は、エスカレーター式に順々に突起の頂上まで押し上げられていき、頂上に達するとはがれ落ちて死んでいく。その間の時間はわずか24時間である。すなわち絨毛細胞の寿命はたったの1日である。

人間の体内時計は1日25時間!?

ニワトリは朝になるときまってコケコッコーと鳴き、ゴキブリは夜になると活動を始める。また人はふつう昼に活動し、夜は眠る。そうした生物の行動は一見、明暗に反応して起こっているようにも思えるが、じつは生物の活動や休息などの1日のリズムは明暗と関係なく現われる。

たとえば人間をはじめ、生物を1日中、真っ暗なところ（あるいは明るいところ）に入れて、外界と完全に遮断しても、その体はふだんと同じようなリズムで働く。そのことは生物が体内に時計を持っていることを意味する。それを体内時計（生物時計）という。

　人間の体内時計は１日が約25時間である。真っ暗なところ（明るいところ）に人間をほうっておくと、25時間のリズムで１日を過ごす。これをサーカディアン・リズム（約１日のリズム〝日周期〟）という。ところが実際の１日は24時間。したがって、約１時間のギャップの中で人は暮らしていることになる。

脳はものすごい〝大食漢〟なり

　人間の脳は体重の２〜３％しかない。１３００〜１５００g程度だが、じつは脳は大飯食らいの器官である。

　どれくらい大食らいかといえば、脳は全血量の15％を消費している。酸素は血液によって全身に運ばれるが、脳はもちろん酸素も多量に消費している。全身の酸素量の20〜25％を消費している。エネルギーでいえば、脳は１日に約５００キロカロリーのエネルギーを使っている。これは体全体が必要とするエネルギーの約20％に当たり、その消費量は心臓

の約2倍に相当する。脳はこのように大食漢であるとともに、偏食家でもある。脳はブドウ糖しか食べない。体のほかの部分はほとんどがタンパク質、脂肪、糖質の3大栄養素をエネルギーとしているが、脳は糖質のブドウ糖しかエネルギーにできないのである。

だから朝食をとらずに学校や会社に行ったりすると、脳が必要とするブドウ糖が足りなくなり、午前中に頭がぼーっとしてきたりする。

人間の記憶力について

ここに1桁から10桁までの数字を書いた紙があるとしよう。たとえば1桁のものは5、2桁のものは85、3桁のものは315……というように、数字が紙に書かれている。そのうち、あなたは何桁までの数字なら瞬時に記憶できるだろうか。おそらく9～10桁の数字を瞬時に覚えられるという人は少ないにちがいない。

じつは人間の知覚・記憶にはある規則性があり、人が瞬時に知覚したり、短時間に記憶したりできるのは7つ（プラス・マイナス2）が限度だという。これはアメリカの心理学者ミラー（1920～）の説によるもので、この7つ限度説は内容に関係なく当てはまるそうである。

ここでは1桁から10桁までの数字を例にあげたが、それが本であれ鉛筆であれ関係ない。鉛筆ならば7本ぐらいまでだと、それを瞬時に7本と知覚・記憶することができる。電話番号もしかり。7～8桁以上になると、瞬時には覚えられない。

一夜漬けの記憶は翌日には7割が消える

試験を数日後に控え、一生懸命に勉強して、なにかを暗記する。ところが試験の当日にはすっかり忘れてしまっていたという経験はないだろうか。人間の脳はたくさんのことを記憶できると同時に、忘れるようにもできている。では、記憶はいったいどれくらい持続するものなのか。

記憶は大別すると、短期記憶と長期記憶に分けられる。試験の前の〝一夜漬け〟などは短期記憶に入るが、その記憶の寿命は意外と短い。ドイツの心理学者エビングハウスが記憶の持続時間（保持率）を実験によって割りだしたデータがある。それによれば、ある事柄を覚えたとして、その記憶は20分後にはその50％、翌日には67％、3日後には75％、1か月後には80％が消え去るという。つまり一夜漬けの記憶は翌日には7割近くは忘れているというわけである。

ただし、これはいわゆる棒暗記による記憶なので、一夜漬けでも覚え方を工夫すれば記憶の保持率は高くなる。

匂いの記憶が長持ちするのはなぜ？

人間の鼻は空気中にただよう匂いの分子をかぎとっている。匂いの分子は40万種類もある。人間がかぎ分けることができる匂いは、そのうちの3千から1万種類である。見たり聞いたりしたことは、しばらく覚えている。では匂いはどうだろうか。あなたは何かの匂いを今でも記憶しているだろうか。

じつは嗅覚は五感の中でもっとも長持ちする。すなわち匂いの記憶は長く残る。視覚情報の記憶と嗅覚情報の記憶について、ある心理学者が実験を行なっている。それによれば、人の顔の図を見せ、数分後に他の図とまぜて見せると、90％以上の人が最初の図を覚えていた。匂いのテストでは、70％の人しか最初の匂いを当てることができなかった。

実験はその後もずっと続けられ、1か月たつと視覚の記憶は急速に低下し、匂いの記憶は70％からほとんど低下しなかった。つまり匂いの記憶はなかなか消えにくいのである。それが嗅覚の大きな特徴のひとつである。

なぜ夢を見る日と見ない日があるのか

夢を見る日と、まったく見ない日がある。それはいったいどういう理由からだろうか。その日の体のコンディションに関係があるのだろうか。

睡眠にはレム睡眠と呼ばれる浅い眠りと、ノンレム睡眠と呼ばれる深い眠りがある。一晩の睡眠は、まず深い眠りのノンレムの状態から始まる。その時間は90～120分。次に浅い眠りのレム睡眠に入り、その時間が約20

分。以降、ノンレムとレムを交互に繰り返し、ふつうはレム睡眠時に目が覚める。人間が夢を見るのはレム睡眠時で、レム睡眠中は誰でもほとんど確実に夢を見ている。

ところが夢をまったく見ないという日がある。それは実際に夢を見ていないからではない。誰でも夢を見ている。ところがその夢をずっと覚えていることができない。すぐに忘れてしまう。

夢を見ない日があるのは、実際に見ていないからではなく、夢を見ているそのとき、あるいはその直後に目を覚まさないからである。

夢はモノクロか、フルカラーか

天然色の夢をよく見るという人がいる。しかしそういう人は少数派で、大多数の人の夢は色がついていない場合が多いようだ。なぜ色つきではないのか。それについては、二つの理由が考えられる。一つは、実際は色がついていたのに、それを思い出すときに忘れているということ。もう一つは、はじめから色がついていないということ。

この二つの理由の中では、後者の理由がたぶん正しいと思われる。

夢は脳が記憶したものの再現である。その記憶したもの、すなわち目ざめているときに見たもの、たとえば机でも電車でも何でもいいが、それがどんな色であったかについてはあまり憶えていないのがふつうである。

目にしたものがとくに色彩において印象的であるといった以外は、そのものの色は強く記憶されない。記憶したものが色つきでなければ、夢は記憶したものの再現であるから、

その夢には色はつかないということになる。

視力にグッドな色いろ談義

赤・青・黄など、身の回りにはさまざまな色がある。そうした色のなかで目にもっともいいのは緑色といわれている。それは本当なのか。結論から先にいえば、とくに緑色が目にいいということはないようである。

光をプリズムで分散させると、色の異なる成分の光に分かれる。色の違いはそれぞれの波長の違いによるが、その色の並びは、波長の長いほうから順に、「赤・だいだい・黄・緑・(青緑)・青・紫」となる。それが目に見える部分（可視光線）で、赤より外側の赤外線、紫より外側の紫外線は人の目には見えない。この波長が長い赤外線、波長が短い紫外線はいずれも目によくない。

しかし赤～紫の可視光線なら目に害にはならず、とくに緑が目にいいということはないそうである。

ただし、樹木などを見る場合にはたいてい離れて眺めるが、遠くを見るときには目の神経や筋肉の負担が少なくなるそうだから、その意味では緑（樹木）は目にいいともいえる。

目が疲れてくると充血するわけ

小さい文字を長い時間、見つづけたりしていると、目が疲れるとともに、白目の部分が充血して真っ赤になる。その赤味のもとは血液であり、目が充血するのは白目の部分にある毛細血管が太くなり、血液の量が増加するからである。では、どうしてそういうことが起こるのだろうか。

白目にある毛細血管をつかさどっているのは、自律神経（交感神経・副交感神経）である。正常なときには、自律神経は毛細血管を収縮させる方向に動いている。つまり正常なときには血管は細くなっている。だから白目は白く見える。

ところが目を使いすぎると、目は多くの酸素を消費し、二酸化炭素などの老廃物が増えてくる。酸素と二酸化炭素の運搬を受け持っているのは血液である。その運搬の能率をアップさせるべく、自律神経が血管を拡張させ、血液の流れをよくしようとする。このため毛細血管が赤く目立ち、白目が赤くなるというわけである。

あくびをすると涙が出るのはなぜか

悲しいと涙が出る。だが涙は泣かないときでも流れている。その量は1日で0・6ミリリットルとわずかではあるが、それによって目の乾燥を防ぐとともに、目に入ったホコリやゴミなどを洗い流している。

涙はあくびをしたときにも出る。悲しいときに涙があふれ出すのは自律神経が働いて、

涙腺に刺激を与えるためであるが、あくびのときの涙はそれとは別のメカニズムによる。涙を分泌する涙腺は上まぶたの上外側にあり、そこから流れ出た涙は眼球の表面を伝って、目がしらに近い上下のまぶたの縁《ふち》にある小さな袋（穴）に入る。そこで一時ためられ、細い管を通って鼻腔に排出される。

　あくびをすると涙が出たりするのは、あくびによって顔の筋肉が動き、涙腺を刺激し、涙の袋を圧迫するためである。刺激を受けることで涙腺から涙が流れ出し、さらに圧迫されることで涙の袋の流れ口がせきとめられ、その涙が外に出てしまい、あふれることになる。

耳ざわりな不協和音の秘密

　ピアノでドとソの和音を弾くと、耳に心地よく感じる。ところがミとファの和音だと、ちょっと耳ざわりな感じがする。それはドとソが協和音で、ミとファが不協和音だからである。

　1オクターブはド・レ・ミ・ファ・ソ・ラ・シの7段階。そしてそれぞれの震動数の割合は、ド＝24、レ＝27、ミ＝30、ファ＝32、ソ＝36、ラ＝40、シ＝45、1オクターブ上のド＝48である。そしてその二つの音（あるいは三つの音）の震動数の比が簡単な整数であればあるほど、音はよく溶け合い、したがって耳に心地よく聞こえる。

すなわち震動数の比が1対2、2対3、3対4、4対5、5対6、5対8の音が合わさると協和音になる。ドとソは24対36＝2対3で協和音、ミとファは30対32＝15対16で不協和音。震動数の近い音が混じり合い、重なると、周期的に音が強くなったり弱くなったりする。不協和音が不快に聞こえるのは、このためである。

音痴は何が原因なのか

歌をうまくうたえない人がいる。そういう人を指して音痴という。もしかしたら、あなたもその一人かもしれない。どうしてうまくうたえる人と、そうでない人がいるのか。音痴の人はなぜうまくうたえないのか。

音痴は遺伝するという説がある。だがこれは俗説で、何ら根拠はない。音痴には二つの種類がある。「耳の悪い音痴」と「ノドの悪い音痴」である。「耳の悪い音痴」の人は耳

が悪くて音程を聞き分ける能力が劣っている。そのために、おかしな音程でうたっていても、自分ではそれが正しいと思っている。音程がズレていても、自分ではそれに気づかない。

いっぽう「ノドの悪い音痴」の人は頭では正しい音が分かっているのに、ノドのほうが言うことをきかない。ノドの筋肉がうまく動いてくれない。

「耳の悪い音痴」はなかなか治らないが、いわゆる音痴といわれる人の大部分は「ノドの悪い音痴」であり、この音痴は訓練すれば治る。つまり、歌がうまくなる。

一日分の唾液と尿、どちらが多いか

人体の50～70％は水分である。すなわち人間（成人）は35～42リットルの水分を体の中に持っている。その中の約3リットルが尿として、また便や皮膚や呼気から外に出ていっている。ところで水分といえば、ものを食べると唾液が分泌されるが、その唾液の分泌量と尿の量はいったいどちらが多いだろうか。

たぶん大部分の人は尿と思っているにちがいない。ところが、じつは唾液と尿の量はほとんど差はない。どちらも条件により、かなり変化があり、唾液は食べものを見たり、思い浮かべたりしただけでも出てくるし、緊張したりすると分泌量は少なくなる。尿の場合はビールなどをたくさん飲めば、それだけ多くなる。

普通はどれくらいかといえば、健康な成人の場合、唾液は1日当たり1～1・5リットルが分泌され、尿は1・2～1・5リットルで、ほぼ同じ。尿のほうが少し多いが、それほどの差はない。

白い歯よりも黄色い歯のほうが丈夫!?

人間の歯は一般に白い色をしているが、中には黄色がかった歯の人もおり、黄色い歯のほうが丈夫だといわれている。それはどうしてなのか。そもそもなぜ黄色いのか。

歯は表面がエナメル質で、その下に象牙質と呼ばれるものがある。エナメル質は体の中でもっとも硬く、半透明の乳白色をしている。象牙質はエナメル質よりやや軟らかく、黄色っぽい色をしている。歯の色はだいたいエナメル質の透明度の差によって決まる。

エナメル質の透明度が高い歯は、内側の象牙質の黄色が透けて見え、透明度が低くて乳白色が強いと、象牙質の黄色が透けて見えず、エナメル質の白っぽい色が見える。

ところでエナメル質の透明度は、カルシウム塩による石灰化の度合いに左右される。石灰化の程度が高いと透明度が増す。

石灰化の程度が高いということは、つまりそれだけ丈夫だということであり、石灰化の程度の高い歯=黄色い歯は硬くて丈夫であるということになる。

ノドチンコは何の役に立っているのか

人間の体の中で、あまり役に立っていないと思われているものに盲腸とノドチンコがある。人間は誰でもノドチンコを持っているが、ふだんはその存在についてほとんど気づいていない。ノドチンコは医学的には口蓋垂《こうがいすい》といい、食道と鼻腔の分かれ目あたりについている。

ノドチンコについては、何の役にも立っていないという見方と、ちゃんと役に立っているという見方がある。ではどんな役に立っているかといえば、食べ物の流れをコントロールしているという。のどの奥は食道と鼻腔に分かれており、食べた物が鼻（鼻腔）に入ったりしたら大変である。ノドチンコは食べた物が鼻のほうへ入るのを防いでいるという。

すなわち、食べ物を飲みこもうとすると、ノドチンコがもち上がり、鼻腔をふさぎ、食道へ流れるようにコントロールしているというのである。またノドチンコは声を出すとき、共鳴器の役目も果たしているという。

男性の声が低いのはなぜ?

男性と女性は多くの点で異なる。たとえば声の質がそうである。男性の声は低く、女性の声は高い。それはノドボトケ（喉仏）と声帯の違いによる。

喉頭のまわりには、大小9個の軟骨がある。そのうちもっとも大きいのが甲状軟骨である。この軟骨は思春期になると、男性のそれは中央部が著しく前に隆起して、いわゆるノドボトケになる。女性の場合も、甲状軟骨は成長するものの、その変化は男性ほどではない。

声は声帯の震動によって生まれるわけだが、甲状軟骨（ノドボトケ）はその声帯の前方についているので、甲状軟骨が大きくなると、声帯はそれに引っ張られて長くなる。

ちなみに、声帯の長さは成人男性では平均2cm前後、成人女性では平均1・5cm前後である。声帯はいわば弦楽器みたいなもの。たとえば、ギターの弦が長ければ音は低くなり、短かいと高い音になる。男性の声が低いのもそれと同じ原理による。

ヒゲは粗食のほうがよく伸びる!?

あなたはヒゲについて、どれだけの知識をお持ちだろうか。人間のヒゲは1日に0・2〜0・5ミリメートル伸びる。その伸び方は温度や栄養などによって異なる。

ヒゲは昼と夜とでは、昼のほうが伸びる。いちばん伸びるのは午前10時前後で、夜中の3倍も伸びる。温度との関係では、温度が高いほどよく伸びる。季節でいえば夏（7〜9月）がもっとも伸び、冬の約1・8倍。
ヒゲの伸びは栄養（食事）とも関係がある。栄養価の高い食事、すなわち高カロリーの食

事のほうがヒゲは伸びやすいと思いがちだが、実際はその逆である。低カロリーの食事のほうがヒゲはよく伸びる。

またヒゲは運動量によっても伸び方が異なる。運動量が少ないほうがヒゲは伸びやすい。逆にいえば、体をよく動かすとヒゲの伸びは悪くなる。

なお、ヒゲは剃れば剃るほど濃くなるなどといわれているが、これはいわゆる迷信。剃ることで濃くなるということはない。

体温が42度以上にならない理由

健康なとき、人間の体温はだいたい36～37度Cに保たれている。これは脳にある体温調節中枢の働きによるもので、寒いときには発熱量を多くし、暑いときは少なくするなどして体温を調節する。

ところが、病気になると体温は2～3度C上がる。ウイルスや細菌が体内に入ると、プロスタグランジンという物質ができ、それが体温調節中枢を刺激するからである。

だが、体温が高くなるといっても、どこまでも限りなく上昇するわけではない。体温の上昇には、一定の限度がある。風邪をひいたときなど、39度Cぐらいになることがあるが、40度Cになると脳の活動は正常でなくなり、42度Cになると人間は死んでしまう。

42度Cというのは、人体を構成している細胞＝タンパク質が固まり、もとに戻らなくなる温度だからである。

したがって、体温は42度C以上になることはなく、体温計の最高目盛りが42度Cまでなのはこのためである。

人間の体で最も多く汗をかく部位は?

人間ほど汗をかく動物はいない。ふつう１日に５００ミリリットルほどの汗を出す。汗の成分は99%が水分で、残りは食塩、アンモニア、尿素、乳酸など。

汗はエクリン腺とアポクリン腺という2種類の汗腺から分泌される。エクリン腺は全身にあり、アポクリン腺は脇の下や陰部など限られた部分にある。

さてその汗だが、体の中でいちばん汗かきなところはどこか。

成人のエクリン腺の数は３００万前後。一番密度が高いのは足の裏で、最も少ないのは尻。

しかし、汗の量は汗腺の数とは必ずしも比例しない。炎天下を歩いていると、背中にびっしょり汗をかく。背中も汗をかきやすいところではあるが、最も汗をかくのは額。額は外気に触れているので汗が蒸発しやすく、またすぐに流れ落ちてしまうので、汗が多くてもそれをあまり感じない。

次に汗を多くかくのは手と足の甲、そして腕、腰、腹、背中、胸などである。

体の中でいちばん汚い場所は尻の穴か

体の中で最も汚いところはどこか。そんな質問を受けたら、あなたはどこだと答えるだろうか。肛門、鼻の穴、髪、ヘソ……。おそらく多くの人は、そのうちのどれかを答えるだろう。

汚いところを細菌が多いところという意味に解釈すれば、人間の体の中でいちばん汚いところは、じつは足である。靴をはいている部分、とくに足の指の間である。これに関して、興味ある実験結果が出ている。

ある博士が病院の職員の体の各部に滅菌ガーゼをつけ、8時間仕事をしてもらい、ガーゼにどれだけ細菌が付着したかを調べている。

それによれば、ガーゼに付着した細菌は肩や前腕が最も少なく、それを1とすると、靴の中の足指の間は140にもなり、最も多かったという。実際には肩や腕の700倍ぐらいの細菌がいるそうだ。

足の指の間に細菌が多いのは、靴でむれて暖かくなり、繁殖しやすいからである。

誰でも〝麻薬〟を自家製造している!?

日本では個人が麻薬を所持・使用することは禁じられている。ところが、じつは麻薬は誰でも持っている。それというのも、人間の脳の中では麻薬が作られているからである。しかもその麻薬は数十種類あり、それを総称して脳内麻薬物質という。

脳内麻薬物質はペプタイドと呼ばれる物質で、神経細胞で作られ、大脳皮質、大脳基底核、脳幹、視床下部など、脳のさまざまな部位に分布している。それに脳内麻薬物質は人間の脳だけではなく、豚、兎、猿などの他の哺乳類の脳にも分布しているという。

では、なんのためにそうした物質が作られているのか。脳内麻薬物質の働きはまだ十分には解明されていないが、体に激しい痛みを感じているときや、筋肉を動かしているときなどに、その物質が増えるところから、痛みを抑えるために存在しているのではないかと考えられている。つまり脳内麻薬物質は、鎮痛剤の役割を果たしているらしい。

死後硬直はなぜ起きるのか

人間の体は死ぬと硬くなる。それを死後硬直という。死後硬直が始まるのは死後1時間ほどたってからで、まず首やアゴのあたりから硬直していく。そして硬直は17～18時間後には全身に及ぶ。死体が硬くなるのは筋肉が変化しているからだが、死ぬと筋肉はどのような変化を起こすのか。

筋肉は筋線維という細胞がたくさん集まってできている。その筋線維1本の中には何千もの筋原線維がつまっており、さらに筋原線

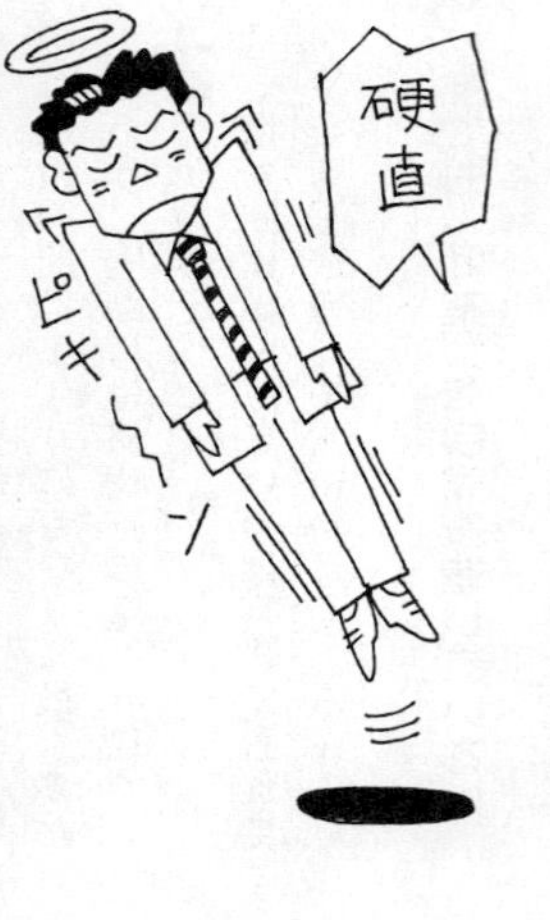

維には収縮を引き起こす2種類のタンパク質、アクチンとミオシンがつまっている。筋肉が収縮するのは、それらのタンパク質の作用による。すなわちアクチンとミオシンが結合したり離れたりすることで、筋肉は収縮したり伸びたりしており、だから体を動かすことができるのである。

死ぬと、アクチンとミオシンが結合したままの状態（筋肉が収縮したままの状態）になり、いわゆる死後硬直が起こるのである。

左利きはどうして男性に多いのか

左利きという人は、女性より男性のほうに多い。なぜ男性に左利きが多いのか。それは脳の性分化と関係があるらしい。じつは人間の脳も男性と女性とでは異なる。しかも、その相違はすでに胎児のころに生じている。

胎児はすべて、原型は女性である。それに男性ホルモンが作用すると、男性になる。つまり、男性は女性から枝分かれして男性になる。胎児が男の子の場合、男性ホルモンによって〝男の脳〟ができるわけだが、女性の場合には、そのまま成長して〝女の脳〟ができる。

ところで、その男性ホルモンだが、それはどうも左脳の発育を抑制する働きがあるらしい。人間の右脳は左半身の運動や感覚をつかさどり、左脳は右半身をつかさどっている。すなわち脳と体はクロスしている。

左脳の発育が抑制されれば、左脳と結びついている右手の発達も遅れることになる。その結果、男性の左利きが多くなるのだろうと考えられている。

女性の顔は左側のほうがきれい!?

人の顔はだいたい左右対称である。ところが女性の顔は男性も女性も同様である。それは女性の顔に関しては、右側より左側のほうがきれいだとよく言われる。実際、女性の中にはそれを信じて、写真などを撮るときには左斜めの角度を好む人が多い。はたして左側のほうがきれいというのは本当なのだろうか。

レオナルド・ダ・ヴィンチの「モナ・リザ」をはじめ、ルネサンス以降、女性の肖像画の60%以上は左斜めから描かれているという。また芸能人のブロマイドも左斜めから写したもののほうが多いそうである。

このことは左側のほうが美しい（あるいは女性がそう思っている）ということの証拠になる。

では、なぜ左側のほうがきれいに見えるのか、それについては一説に、人は右利きが圧倒的に多く、右利きだと顔も右側がよく発達し、反対に左側のほうは全体的にスマートに見えるからだという。また右側は敏感で感情が露骨にあらわれ、左側はそれが出にくいそうである。

苦しいときの「脂汗」の正体

「苦しくて脂汗を流す」。そんな言い方をすることがある。この場合の脂汗は額の汗についていうことが多いが、苦しいとき、つらいときに流す汗には本当に脂分が多いのだろうか。

人間の体の中で額は最も汗をかきやすいところである。気温の上昇などによる発汗を温熱性発汗という。その汗の調節は大脳にある体温調整中枢がつかさどっている。それが自律神経を介して汗腺に指令を出す。

ところで人間の皮膚の下には脂分を分泌する脂腺《しせん》があり、額には脂腺が最も多く分布していて、脂分が最も多く分泌されている。その脂腺には神経は分布していない。

つまり、苦しいとか、つらいといった精神的状態によって脂腺が刺激され、額の脂分の分泌が増えるということはない。だから、苦しくて脂汗を流すというのは正しくない。額は脂分が多く分泌されるので、それが混じって脂汗になっているにすぎない。

水よりもビールの方が大量に飲めるわけ

ビールならコップ何杯でも飲める。ところが水はそうはいかない。同じ液体なのに、水は大量には飲めない。それは、ビールと水とでは体の受け入れ方が違うからである。

飲み物を飲むと、それは食道を通って、胃に達する。そこで一時ためられる。その後、少量ずつ十二指腸を通り、小腸・大腸へと送られる。水分はその小腸ではじめて吸収される。小腸は水分の約80％を吸収し、残りの水

分は大腸が吸収する。

ビールには6~7%のアルコールが含まれているが、アルコールは胃でも腸でも吸収される。したがって、アルコールの一部が胃から吸収され、それといっしょに水分の一部も吸収される。だからビールの場合には胃の負担は軽くなる。

いっぽう水だけ飲んだ場合には、水は胃からほとんど吸収されず、大部分は腸で吸収される。そのため、水は胃の中に長いあいだたまったままになっている。だから大量に飲めないのである。

酒で顔が赤くなる人、ならない人

同じ酒でも、わずかな量で顔がすぐ赤くなる人もいれば、どんなに飲んでも顔色がまったく変わらない人もいる。

胃腸から吸収されたアルコールは肝臓に集まり、肝臓にあるアルコール脱水素酵素によって酸化され、アセトアルデヒドという物質に変化する。さらにこのアセトアルデヒドはアルデヒド脱水素酵素によって酸化され酢酸に変わり、最後に炭酸ガスと水に分解される。

酒を飲んで顔が赤くなるのは、アセトアルデヒドが原因している。

アルデヒド脱水素酵素には、アセトアルデヒドの血中濃度が低いときに働くものと、高いときに働くものがある。ところがアセトアルデヒドを低濃度で分解するアルデヒド脱水素酵素を持たない人もいる。それがないと、アセトアルデヒドの血中濃度がすぐに高くなってしまう。その結果、わずかな量でたちまち酔った状態になり、末梢血管が開きやすくなり、顔が赤くなるということになる。

大酒飲みには薬が効かない!?

大酒飲みは薬が効かなくなると言われている。それははたして本当なのか。答えから先に言えば、それは本当である。

前項で述べたように、アルコール類が体内に入ると、アセトアルデヒドという毒性の高い物質ができるが、肝臓にはそれを無害の酢酸に変えてしまう酵素（アセトアルデヒド脱水素酵素）がある。その酵素が多いか少ないかで、酒に強い、弱いが決まる。ところで、大酒飲みの人はその酵素を使った通常のアルコール分解では間に合わないので、肝臓にあるＰ４５０スーパーファミリーと呼ばれる別

の酵素が働き、アルコールを分解する。

このP450はさまざまな人工物質の解毒作用に関係する酵素で、薬の解毒作用にも関係する。肝臓に入った薬はP450によって解毒される。その解毒作用のおかげで薬の副作用から体を守ることができるわけだが、大量飲酒を続けているとP450が増え、それが薬をどんどん解毒する。したがって薬が効かなくなる。

自分で車を運転するとなぜ酔わないのか

車に乗ると、いわゆる乗りもの酔いをすることがある。しかし自分で車を運転しているときには酔ったりすることはまずない。それは一体なぜなのか。

乗りものに酔うというのは、体のバランス感覚が乱されることによる。人間のバランス感覚は、耳の中にある前庭と呼ばれる器官と三半規管が受け持っている。

その二つの器官、そして目や体の部位が感じとった情報が自律神経を介して脳に伝えられ、そこから全身に指令が出て、バランスを保っている。

ところが日ごろあまり経験しないような動きが体に加わると、それが前庭や三半規管に作用し、異常な刺激となって自律神経に送られる。その結果、自律神経に失調をきたし、乗りもの酔いが起きてしまう。

けれども、自分で車を運転していると、次にどのような動きや揺れがあるかが予測できるので、体がその動揺をうまく受け入れ、自律神経も正常に働く。だから酔わないというわけである。

涙といっしょに鼻水が出るのはなぜ?

涙は泣くときばかりでなく、常に出ている。その量は1日およそ目薬20滴分。眼球がホコリなどで傷ついたりしないのは、涙がたえずホコリを洗い流しているからである。

涙は上まぶたの上外側にある涙腺から分泌される。悲しいときに涙があふれ出すのは、自律神経が働いて、涙腺に刺激を与えるためである。泣くと涙といっしょに鼻水が出ることがある。それは目と鼻がつながっていることによる。

ふつうの状態では、涙腺から分泌された涙は、そのうちの10~25%が蒸発し、残りは鼻に排出される。

目の鼻側には目から鼻に通じる細い管があり、これを鼻涙管という。涙腺から分泌された残りの涙はこの鼻涙管を通過しているあいだに通常は乾いてしまう。ところが悲しいときなど、大量に涙が出ると、涙は目からあふれるとともに、鼻涙管にもたくさん流れこみ、いっぱいになってしまうと乾ききらなくなる。そこで、鼻水としてそのまま流れだすことになる。

恐怖や感動で背中がゾクッとする理由

恐怖を感じたり、感動したときなど、背中がゾクッとすることがある。すなわち背中に寒さを感じる。どうして胸や腹ではなく、背中に感じるのだろうか。

脳からの指令を受けなくても、独立して働いている神経を自律神経という。自律神経には交感神経と副交感神経の2種類があり、互いに相反する作用をしている。衝撃を受けると交感神経が緊張し、アドレナリンというホルモンが大量に分泌され、このホルモンによって血管が収縮する。その結果、顔が青くなったり、体が寒く感じたりする。

この場合、背中だけではなく、腹・胸・手・足などのすべての皮膚の血管が収縮する。それなのに、とくに背中が寒く感じられるのは、そこがいわば無防備の状態だからである。胸や腹などは手で押さえたりすることができるが、背中は押さえられない。背中は刺激に対して最も弱い。そこで恐怖を感じたり、驚いたりしたとき、背中がゾクッとする。

熱があると寒気がするメカニズム

人間の体温は摂氏36・5度前後に保たれている。ところが病気になると発熱し、体温が上がる。風邪をひいたときなどに、そうしたことが起こる。また風邪をひいたときには熱があるのに、寒気を感じたりする。

体温は脳の視床下部にある体温調整中枢の働きによって一定に保たれている。ところがウイルスや細菌などに感染すると、免疫細胞が免疫系を刺激する物質を作りだし、それが体温調整中枢に作用し、その機能を乱す。その結果、体温調整中枢は普段よりも高い体温を正常と感じるようになる。

体温調整中枢がかりに39度を正常と感じるようになると、体温は39度まで上昇することになる。つまり発熱する。普段の体温は36・5度前後だから、2・5度の差があり、体が

発熱しはじめてから1時間ぐらいすると、乱された体温調整中枢が正常と感じる39度に達する。そこまでに到達するあいだは寒く感じる。それがすなわち寒気である。

なぜ緊張すると小便が近くなるのか

入社試験の面接などで緊張すると、なぜかトイレに行きたくなる。そんなときの尿の量はさほど多くない。尿は実際にはあまりたまっていないのに、緊張すると小便が近くなる。それはどういう理由によるのか。

膀胱はゴムボールみたいなもので、最大限で６００〜８００mlの尿をためることができる。それががまんの限界。３００mlぐらいたまると尿意をもよおす。膀胱に尿がたまると、膀胱壁が尿の圧力を感じる。そこで尿意が起

こる。また膀胱に多量の尿が入ってふくらみ始めると、縮もうとする。このため尿の圧力が増し、尿意がさらに強まることになる。これがふつうの状態で起こる尿意である。

膀胱は交感神経の作用によっても収縮を起こす。緊張したりすると、交感神経が膀胱に作用して収縮し、尿が少ししかたまっていないのに圧力が強まる。そこで、尿意をもよおすことになる。緊張したりすると小便が近くなるのは、そのためである。

サツマイモ&オナラの微妙な関係とは？

成人は1日におよそ1〜1・5リットルのオナラを出しているとか。多い場合には3リットルにもなる。オナラの量は食べ物の内容によっても異なり、サツマイモを食べるとオナラがよく出る。

食べ物を飲みこむとき、いっしょに空気も飲みこむ。オナラはその空気と、大腸内での腸内細菌による内容物の発酵腐敗によって生じるガスから成っている。オナラの成分はその70〜80％が空気、約10％がガスである。食べ物とともに飲みこんだ空気は、そのほとんどがゲップとして外に出るが、一部が胃から腸へ取りこまれる。

サツマイモは食物繊維を多く含んでおり、胃では十分に消化されず腸に送られる。繊維が多いと、腸の運動はさかんになり、腸内細菌も活発に内容物（サツマイモ）を発酵させる。そのため普段よりも多くのガスが発生することになる。

サツマイモを食べるとオナラが出やすいのは、そうしたメカニズムによる。

空腹はなぜイライラを招くのか

腹がへると、イライラすることがある。どうしてそうなるのか。空腹とイライラのあいだには、どのような関係があるのか。

食事をして食物が消化・吸収されると血糖が上昇する。血糖が上昇すると脳の視床下部にある満腹中枢が働いて、食欲が抑制される。逆にエネルギーを消費し、血糖が低下すると、体にたくわえている脂肪を分解し、エネルギーを確保しようとする。

脂肪の分解によって遊離脂肪酸という物質ができ、これが血液によって脳（視床下部）に運ばれ、摂食中枢を刺激する。摂食中枢は空腹感を感じさせ、食欲を起こさせる中枢である。

また空腹を感じると視床下部から、空腹のストレスを緩和するホルモンが分泌される。視床下部のすぐそばに扁桃核・側坐核と呼ばれている、過剰をつかさどる部分がある。視床下部が空腹の刺激を受けると、扁桃核や側坐核も刺激を受ける。

この刺激によって、イライラが生じるわけである。

「こむら返り」はどうして起きるのか

足のふくらはぎのことを「こむら」ともいう。運動を続けていると、こむらの筋肉が痙《けい》攣《れん》を起こし、激しい痛みに襲われることがある。いわゆる「こむら返り」と呼ばれるものだが、それは一体なぜ起こるのか。

腕・足・体などの骨格に付いていて、骨格を動かす働きをする筋肉を骨格筋という。骨格筋はたくさんの筋肉（筋細胞）の束からできている。それぞれの束は二種類の筋、太い筋と細い筋から成っており、それが交互に並んでいる。力を入れろという命令が大脳から発せられると、それが筋肉の細胞に伝わり、太い筋と細い筋が互いに引き合い（滑走し）、筋肉が収縮する。

ところで筋肉が疲れたり冷えたりすると、乳酸という疲労物質の排除が不十分となり、たまりやすくなる。そして筋肉に乳酸がたまると、太い筋と細い筋の引き合い（滑走）がうまくいかなくなって、ときに収縮しっぱなしという状態、すなわち「こむら返り」が起きると考えられている。

指を伸ばしてポキッと音がする場合

スポーツなどをする前に、手の指を伸ばしたりして準備運動をする。そうするとポキッと音がする。いったいどうして音がするのだろうか。骨がこすれる音なのか。

骨と骨との間は膜に包まれ、その中に液（関節液）が入っている。ポキッという音はその液体がもたらしていると考えられている。

では、どうして液体から音が出るのか。

指を伸ばすと骨と骨との間、すなわち関節の間の体積が増える。しかし関節液は増えず、関節の中の圧力が減ってくる。そこで関節液の中から二酸化炭素などの気体（気泡）が出てくる。指の関節は皮膚のすぐ近くにあるので、気体（気泡）はさらに皮膚の外の圧力を受け、瞬間的に縮むらしい。その過程で音が出る。それがすなわち、ポキッという音の正体だそうである。

なぜ指はポキッという音を立てるのか。それはこれまで謎とされていたが、右のようなメカニズムによることが明らかになっている。

ヒトにはなぜ交尾期・発情期がないのか

どの動物にも、それぞれに決まった交尾の季節がある。すなわち動物には発情期がある。ネコもサルも特定の季節に発情し、交尾する。ところが、ヒトには発情期というものがない。一年中、発情状態であり、いつでもセックスができる。しかもヒトのセックスは生殖とは無関係に、快楽のためだけに行なわれることが少なくない。どうしてヒトは発情期をなくし、いつでも行なうことができるようになったのか。

その理由については、次のような説がある。ヒトの妊娠期間は長く、ふつう一度に一人しか産めず、養育にも長い時間がかかる。しかも事故や病気、あるいは飢餓によって死亡したりする。それでは子孫が絶えてしまいかねない。

そのことを回避するには、いつでもセックスができて、妊娠する機会が多くなることである。しかし発情期が限られると、いつでもするというわけにはいかない。そこでヒトは発情期をなくし、一年中、発情状態にあるように進化していったというのである。

男性の精子は脳で作られる!?

男性の精子が睾丸《こうがん》で作られることは、誰でも知っている。だが昔の人々はそのことを知らなかった。たとえば古代の中国人は精子（精液）は脳で作られると理解していた。脳、または脳脊髄液が精液に変わると考えていた。脳味噌は豆腐のように白っぽくて柔らかい。精液も白い。そこで脳と精液とが結びついたようである。

精液は脳で作られる。そこから脳は生命力の源だという考えが生まれてくる。そしてさらに射精をおさえて、それを脳に戻せば、その消耗を防ぎ、生命力が保持できると考えた。

中国古代の性学書には、精液を脳に戻し精気をやしなう「還精補脳」の方法が記されている。

その方法とは、女性と交わり、射精しそうになったら、2本の指で陰嚢の後の肛門の前あたりを強くおさえ、ゆっくり大きな息を吐き、何十回も歯をくいしばる。すると精液はもれずに再び体内をめぐり脳に還元され、生命力が保持できるというのである。

睾丸の謎、なぜタマは左下がりなのか

人には右利きが圧倒的に多いが、左利きの人もいる。右と左の違いはじつは睾丸にもある。睾丸は左右に1個ずつ、すなわち2個あることは誰でも知っている。ところがその睾丸が正常な状態では、左のほうが右のほうより少し下がりぎみであることは意外と知られていない。ウソだと思う人は、一度じっくり眺めてみるといい。左のほうが下に位置しているはずである。

では、どうして左下がりなのか。睾丸は胎児が8～10週目ごろは腎臓の上あたりにあって、9か月目ぐらいになって、下におりてくる。そのときにはすでに左下がりになっているそうである。

左下がりの理由については、こんな説がある。人は右利きが多く、右利きだと左脳が利き脳、すなわち左脳のほうが右脳より優位にある。だから多くの信号が右の挙睾筋《きょこうきん》（睾丸を包んでいる筋肉。腹部筋肉とつながっている）に送られ、緊張を高め、その結果、右のほうが上がっているというのである。だが、本当のところ、睾丸の右上がり、左下がりの理由はまだよく分かっていない。

精子は何を目印に卵子へ向かうのか

生命の誕生には男性の精子と女性の卵子が必要である。精子と卵子が結合して、新しい

生命が誕生する。精子は睾丸で作られるが、その精子はじつに不思議に満ちている。

睾丸で作られた精子は、運動能力をほとんど持っていない。すなわち泳ぐ力を持っていない。精子は睾丸で作られたあと、すぐに睾丸のうしろ側についている副睾丸へ送られ、副睾丸の頭部から尾部へ1〜2週間かけて移行する。そのあいだに精子は運動能力（泳ぐ力）を身につける。しかし運動能力を持っても精子は副睾丸の中ではまったく動かない。じっとしている。そして射精されると同時に精子はすべてがいっせいに動きだし、卵子に向かって泳ぎはじめる。

精子はどうして卵子のいるところが分かるのか。それはまだ十分には解明されていないが、どうも卵子から何らかの物質が出ていて、それが精子を誘導しているらしい。人間以外のいくつかの生物について、そのことが確認されている。

癌はキンタマも狙うのか

日本人の死因は昭和56年以来、ガンがトップを占めている。その種類としては食道ガン、胃ガン、大腸ガン、乳ガン、咽頭ガン、肺ガンなどがよく知られている。ガンは体の各所にでき、膀胱や睾丸にも発生することがある。睾丸のガンはまれではあるが、睾丸もガンと無縁ではない。

では男性の大事な持ちもの、ペニスはどうなのか。ペニスにもやはりガンができるのだろうか。

じつはペニスにも発生する。いわゆる陰茎ガンである。陰茎ガンは男性のガンの1%ほどで、包茎の人ほどガンになりやすいそうである。だが包茎と陰茎ガンの因果関係は、まだよく分かっていない。年齢的には60歳以上の比較的高齢の人に発生しやすい。

陰茎ガンはペニスの皮膚から発生し、進行すると亀頭、海綿体、尿道、リンパ節へと転移していく。他の臓器のガンと同じく、陰茎ガンはその初期にはほとんど痛みがないため、ガンにかかっていることになかなか気づかない。

人間が体内でビタミンCを作れないわけ

ほとんどの動物はビタミンCを体内で作ることができる。ところが人間には、それができない。ただし同じビタミンでもビタミンDなら、人間も体内で作りだすことができる。

成人の場合、1日に必要とされるビタミンCの量は50㎎。これはレモン1個分である。量的にいえば、たいしたことではないのだが、それを人間は作りだせないのである。一体どうしてなのか。

そのわけについては、いくつかの説がある。たとえばウイルス説。もともと人間はビタミンCを作りだす遺伝子を持っていた。ところがウイルスによって、その遺伝子が壊されてしまったというのである。

人間は熱帯で進化したため、体内でビタミンCを作りだす必要はなかったという説もある。熱帯にはビタミンCを大量に含んだ果実が自生していた。その果実からビタミンCを得ることができたので、体内でそれを作りだす必要はなかったというわけである。

ニワトリのトサカから抽出された妙薬

赤ん坊の肌はつややかで、すべすべしている。それはヒアルロン酸という物質を多く含んでいるからである。大人になるとヒアルロン酸が減ってくるために、肌がガサついてくる。ヒアルロン酸は人間の体内で細胞と細胞をつなぐ糊のような役割を果たしている。また、ヒアルロン酸は関節液の主成分であり、関節軟骨を保護し、関節の動きをなめらかにする働きをしている。

ところでそのヒアルロン酸だが、ニワトリのある部分にそれが多く含まれている。そのある部分とは、どこかご存知だろうか。それはトサカである。ニワトリのトサカにはヒアルロン酸が含まれており、白色レグホンのト

サカ1個（19g）から約4gのヒアルロン酸が得られる。

そこで、トサカからヒアルロン酸を抽出し、化粧品に添加したり、関節症などの薬として用いている。またヒアルロン酸は白内障や緑内障などの手術の際にも、眼内注入剤として使われている。

人間が登れる高さの限界は？

高い山を上へ上へと登っていく。そうすると気圧が低くなり、空気が稀薄になる。そこで、高山をめざす登山者は中腹の高地で身体をならし、山頂まで登るときには酸素ボンベなどを持っていく。では酸素ボンベを持参したとして、人間ははたしてどれくらいの高さまで登っていくことができるのだろうか。


世界で最も高いエベレスト山の高さは約８８００ｍ。気圧は約３００ｈＰａ（ヘクトパスカル）。ちなみに地上の気圧は１０００ｈＰａ前後。空気の密度は地上の約３分の１になる。酸素ボンベを持っていれば、さらに上に登っていくことは可能である。

しかしそれにも限度はある。人間が気密服や防寒服を用いず、酸素だけを持って登ることができる限度は約12kmといわれている。

それ以上高い15kmぐらいになると、気圧は１２０ｈＰａに下がり、空気がスムーズに肺の中に入らなくなる。それより高い18kmぐらいになると、血液が沸騰しはじめる。

夜になると体が縮む!?

あなたの身長は何センチだろうか。その身

長が朝と夜とでは違うことをご存知だろうか。身長は伸びたり縮んだりする。ふつうに生活している人の場合、朝の時点で身長はいちばん高い。

頭のほうから順に見ていこう。頭は全体が一つの骨なので、その長さは朝と夜とで違いはない。次は首。首には7個の骨があり、それぞれのあいだに軟骨板であって、つながっている。首の骨は全体に少しカーブしており、重い頭を一日じゅう支えていると少しずつ押しつぶされてくる。

背中の上半分は前方に肋骨と胸骨があるため、あまり変化はない。腰の部分は背骨がカーブしており、首の骨と同様に少しずつ押しつぶされる。このほか膝や足などの関節の軟骨が押しつぶされて薄くなり、足の土踏まずのアーチも少し押しつぶされ低くなる。

そんなわけで、夜になると身長は少し縮んでしまう。その結果、朝と夜とでは1～2センチぐらいの差が生じる。

第4章

ひと味ちがう／食べ物エピソード

江戸っ子と鰹《かつお》の刺身の調味料

「目に青葉 山ほととぎす 初がつお」は、俳人・山口素堂《そどう》の作。江戸っ子は初鰹をたいそう珍重した。今日、鰹の刺身はおろし生姜《しょうが》で食べるのがふつうである。ところが、江戸時代には生姜で食べることはあまりなかった。それは主流ではなかった。

では江戸時代の人々は、鰹の刺身には何をつけて食べていたのか。彼らは芥子《からし》をつけて食べていた。そのようにして食べる場合が多かった。芥子だけで食べることもあれば、芥子と味噌を混ぜた芥子味噌、あるいは芥子酢で食べることもあった。

・梅にうぐいすかつおにからしなり

・初鰹そばで茶碗をかき廻し

という江戸川柳がある。初鰹のそばで茶碗をかき廻しているのは、芥子（あるいは芥子と味噌）を混ぜるためである。「地をはしる声をからしの初鰹売りものこらぬ足のはやさよ」という狂歌も生まれている。鰹売りが声をからして呼び歩くことに、香辛料としての芥子をかけたわけである。

洗いに好適の魚とは？

刺身料理の一種に「洗い」がある。生の魚肉を薄く切って、冷水または氷水で洗い、身を縮ませたもので、酢味噌・ワサビ醤油などで食べる。洗いにする魚はタイ、コイ、スズキ、フナなどであり、それらはいずれも白身魚である。ふつう赤身魚は洗いでは食べない。

なぜ洗いにするのは、白身魚だけなのか。

どうして赤身魚は洗いでは食べないのだろうか。そのわけは、タイやコイなどの白身魚は冷水（氷水）で洗うと身が引きしまるが、赤身魚は洗ってもあまり身が引きしまらないからである。

白身魚にはATP（アデノシン三燐《りん》酸）という物質が多く含まれている。このATPは生物のエネルギー源となる物質で、これには筋肉を引きしめる働きがあり、冷水で洗うと魚肉が引きしまる。ところが赤身魚は白身魚にくらべてATPが少なく、そのため洗ってもあまり身が引きしまらない。赤身魚は洗いには向いていないのである。

釣った魚をすぐに活け締めするわけ

釣った魚をおいしく味わうためには、生きているうちに瞬時に殺してしまったほうがいいとよくいわれる。船釣りなどで、魚を釣りあげ、それを魚槽に入れると、さかんにあばれ回ったりする。魚は驚いたり苦悶したりすると、バタバタとあばれ回る。そのように激しくあばれ回った魚は味が落ちるという。それはなぜなのか。

魚が動き回るためにはエネルギーがいる。

そのエネルギーはATP（アデノシン三燐酸）という物質による。その物質が分解し、エネルギーを生みだしている。釣りあげた魚があばれ回るということは、ATPがどんどん消費されるということである。

ところで、ATPはうま味の成分であるIMP（イノシン酸）のもとでもある。ATPが分解してIMPとなる。したがって魚があばれ回るとATPが消費され、IMPも少なくなってしまう。だから釣った魚は魚槽で生かすより、すぐに締めたほうがいいというわけである。

細身の魚を食べると風邪を引きにくい!?

土用の丑《うし》の日にウナギを食べる習わしがある。これは江戸時代、平賀源内（あるいは太田南畝《なんぽ》）がウナギ屋のために、ウナギは夏の滋養強壮によいと宣伝したことから起こったものといわれている。ウナギは脂肪とビタミンAが多く、スタミナ食として栄養価のすぐれた魚である。昔の人々も、ウナギが夏バテに効果があることを経験から知っていたようだ。

ところで、ビタミンAには皮膚や粘膜の上

皮を正常化し、細菌感染に対する抵抗力を強めてくれる働きがある。すなわち風邪などに対して防御的に働く。だからウナギを食べると風邪にかかりにくい。

ちなみに養殖ウナギと天然ウナギでは、味は後者のほうがまさっているが、ビタミンAは前者のほうが多く含まれている。

ドジョウ、アナゴ、ハモなどの魚もビタミンAを多く含んでいる。ウナギをはじめビタミンAを多く含む魚は、いずれも長い体をしており、長い魚を食べれば風邪を引きにくい。

合戦場のインスタント味噌汁

昔の人々は里芋の茎を紐《ひも》として用いていた。茎には長い繊維が通っていて、それを干したものはたいへん丈夫で、紐がわりになった。それにしなやかであり、物をうまくゆわえることができた。野外での戦いのときには、馬に積んだ荷物をゆわえるのに用いた。江戸時代前期に成立した『雑兵物語《ぞうひょう》』という下級兵士のための教訓書によれば、その里芋の茎の紐を味噌で煮て、馬に積んだ荷物をゆわえたという。

どうして味噌で煮たのか。味噌で煮れば、里芋の茎がさらに丈夫になったからなのか。いや、そうではない。戦いが終われば、馬の背中の荷物はもういらない。荷物をゆわえた里芋の茎もいらなくなる。だからといって、それを捨てたりはしなかった。その里芋の茎は戦場で煮て食べた。

里芋の茎は味噌で煮しめてあったから、それを刻んで煮れば、里芋の茎入りのインスタント味噌汁ができあがるといった次第である。

串団子の平均的なスタイル

穀類を粉にして練って作る食べ物の一つに、団子がある。その団子を串に刺した、いわゆる串団子は室町時代すでにあったという。今日の串団子は、ふつう1本の串に4つの団子が刺してある。じつは江戸時代でも、ある時期から4つになるが、それにはちゃんとしたわけがあった。

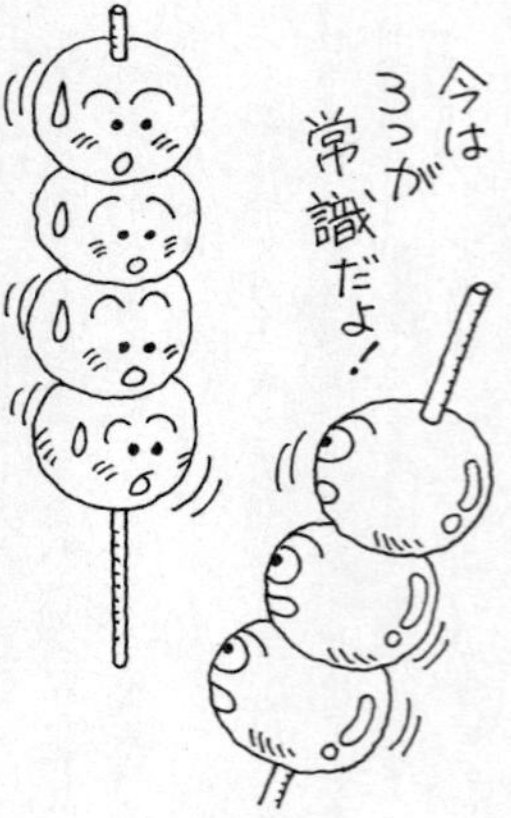

江戸時代、宝暦・明和（1751～72）のころには、1串の値段は5文《もん》で、団子の数は5個であった。すなわち団子1個が1文だったのである。ところが、やがて1串4個となり、それが一般的になる。

なぜ4個なのか。明和5年（1768）、四文銭が鋳造され、それが流通しはじめると、その四文銭1個で串団子を食べる客が多くなった。団子1個は1文。そこで団子を売る店では、それまで1串5個＝5文だった串団子を1つ減らし、4つにして売るようになったというわけである。

今日、串団子は4個刺すのが一般的だが、そのルーツはそこにあったのである。

卵は即効の強精剤か

江戸時代、江戸・吉原などの遊所では卵（鶏卵）売りの姿がよく見られた。卵売りは誰に卵を売ったのかといえば、それは遊廓にやって来た客たちである。なぜ客たちは卵を買ったのか。卵には精力増強の効果があり、しかも即効性があると信じられていたからである。次のような川柳がある。

・玉子売り新造の客に呼びこまれ
・玉子割って飲ます女房の下心
・もう一つお吸いなねえと生玉子

「新造」は若い遊女。新造の客といえば、年寄りが相場。年寄りの客が精力増強にと卵を求める。ここのところ、亭主がアレをしようとしない。精力をつけさせ、その気にさせようと、女房は亭主に生卵を飲ませる。２個飲めば精力も倍になると信じ、もう1個すすめる。

卵に精力増強の効果があるという俗信が生まれたのは江戸時代の中期以降で、昔の人々は卵を精力剤として珍重した。だが実際は卵には精力増強の効力はほとんどない。

卵が産み出される仕組み

生卵を割ったとき、ときたま血がまじっていることがある。血がまじっているのは、ふつうは卵の黄味（卵黄）の部分である。血がまじる割合は50個につき1個ぐらいだが、どうしてそんなことが起こるのだろうか。

ニワトリの卵巣の中には、たくさんの卵のもとが入っている。それはまだ卵黄（黄味）だけで、これが充分に熟すると、卵黄膜が裂けて、輸卵管に送りだされる。そして輸卵管を回転しながら下っていくとき卵白が付着し、卵殻膜ができ、最後に殻（卵殻）が作られ、それが固まると体外へ放卵する。

血がまじるのは二つのケースが考えられる。一つは卵黄膜が裂けて輸卵管に送りだされるとき。卵黄膜は裂けても出血しない構造になっているが、ときとして出血することがある。また輸卵管内を移動中に輸卵管から出血することもある。それが卵黄に付着するために卵に血がまじることになる。いずれにしても、血それ自体は無害なので、血のまじった卵を食べても問題はない。

珍酒「鳩酒《はとざけ》」とはどんなものか

風邪を引いたとき卵酒を飲んだりするが、卵酒はすでに江戸時代にも薬酒として飲まれていた。元禄10年（1697）に刊行された人見《ひとみ》必大《ひつだい》の『本朝食鑑《ほんちょうしょっかん》』に卵酒の作り方と効能がのっており、卵酒は精力を増し、脾臓《ひぞう》と胃腸を整えるとある。ただし風邪に効果があるという記述はない。

『本朝食鑑』には卵酒のほかにも、数種の薬酒が紹介されている。たとえば「桑酒」。作

り方は、桑の木および根皮を煮て濃い煮汁を取り、米麴を入れて醸成する。この桑酒は中風や脚気《かつけ》、激しい咳に効くという。「鳩酒」なるものもある。その作り方は、肥えた鳩の腸毛《はらげ》と頭尾・翅脚を取り去り、肉を裂き、骨を砕いてすりつぶす。そしてそれを酒で煮る。この鳩酒は腰痛および老人の下冷えに効果があるそうである。

腰痛で悩んでいる方はどうぞお試しあれ。ただし筆者は未経験なので、その効能についての責任は負いかねる。

その昔、ゴボウはお菓子だった!?

日本人は他の民族と比べて腸が長いらしい。それはゴボウ（牛蒡）のような繊維質の多いものを食べ続けてきたからだという説がある。

ゴボウは古くから食べられている野菜の一つだが、昔は菓子としても用いられていた。中世から江戸時代初期にかけての献立では、菓子の部にゴボウ料理が入っている。

そのゴボウ料理は、ゴボウを味噌のすまし汁で柔らかく煮こんだもので、昔はそれを菓子として出す風習があった。江戸時代、菓子の主役は餅類であったが、昔の人々はゴボウも餅にして食べた。『料理物語』（江戸時代初期刊）に、ゴボウ餅の作り方が載っている。それを以下に紹介しておこう。

まずゴボウをゆでて、柔らかくなったら、マナ板の上で叩いて中の固い芯を取り除き、柔らかい部分をすり鉢でする。それにモチ米とウルチ米の粉、砂糖を混ぜ合わせ、好みの大きさにまるめてゆで、それをゴマ油で揚げてから、さらに砂糖蜜で煮る。

ウナギとウチワの不思議な関係

ウチワでパタパタあおぎながら、ウナギのかば焼きを焼いているのを店頭でよく見かけることがある。その燃料としては炭を用いることが多く、ウチワであおぐのは横や下からではなく上からである。

どうして上から風を送るのだろうか。そんなことをすれば、せっかくの炭火の熱が押さえられてしまい、ウナギが焼けるのが遅くなることになりはしないのか。

ウナギは脂肪分を多く含んでいる。下からの熱気や炎を直接ウナギに当てると、すぐに焦げてしまう。また火の上に落ちた脂から発生した煙が油焦げのいやな臭いをウナギにつけてしまい、食味を損なわせてしまう。

そこでウチワであおいで風を送ることによって、炭火の強さを調節しているわけである。ウチワであおげば、食味に影響を与える煙も散らすことができる。

サンマも脂肪分が多い。だからウナギと同様に炭で焼くときには、ウチワであおいで火気をどう調節するかがポイントとなる。

「初めちょろちょろ、中ぱっぱ」の理由

電気炊飯器などがなかったその昔、ご飯は薪《まき》などで炊いていたが、そうして炊くときには「初めちょろちょろ、中ぱっぱ、赤子泣くともフタ取るな」というように炊くとよいといわれていた。「初めちょろちょろ、中ぱっぱ」とは火かげんをいったものだが、どうしてそのようにして炊いたほうがいいのか。

米の主成分であるデンプンは分子が規則的に配列した領域と、不規則な部分とがある。分子が規則的に配列した領域は結晶領域と呼ばれている。米を水に浸《ひた》すと、不規則な部分が水を吸いこみ軟らかくなる。だがそのままでは結晶領域はこわれない。米をご飯にするためには結晶領域もこわさなければならない。

「初めちょろちょろ」で水の温度が上がるにつれ、デンプンの不規則の分子構造に水が十分に入り、さらに「中ぱっぱ」と熱を多く加えると、結晶領域にも水が入り、やがてそれがこわれて糊状になり、しばらく蒸らしておくと、おいしいご飯ができあがる。

味噌汁は体内の放射能を排出する!?

大豆を原料とした味噌（味噌汁）は日本人には欠かせない食品であり、栄養の点でも質のよいタンパク源として価値がある。味噌の本場、信州では「味噌汁は医者殺し」ということわざさえあるくらいだ。

ところで、ある研究によれば、味噌を常食していると体内に入った放射性物質が高率で排出されるそうである。マウスを使った実験

でそのことが確かめられている。味噌を食べさせたマウスと、食べさせないマウスに放射性物質（ヨウ素・セシウムなど）を投与し、それが体内にどれくらい残るかを調べたところ、食べたマウスのほうが食べなかったマウスよりはるかに少なかったという。

これは味噌に含まれているタンパク質やバクテリアなどが放射性物質とくっつき、素早く体外に排出されたためだと考えられている。ただし放射性物質が体内に入った後に、一回きり味噌（味噌汁）を食べたとしても効果はないそうで、常食してないと排出の効果は得られない。

木綿豆腐と絹ごし豆腐、栄養の違い

豆腐には木綿豆腐と絹ごし豆腐がある。木綿豆腐はキメが粗くて少し固めで、絹ごし豆腐はなめらかで軟らかい。木綿豆腐と絹ごし豆腐の作り方には、それほど大きな違いはない。それでは栄養価はどうだろうか。作り方はほとんど同じだから、栄養価に差はないはず。本当はどうなのか。

食品成分表を見れば、木綿豆腐と絹ごし豆腐とでは栄養価にかなりの違いがあることが

分かる。カロリーでは木綿豆腐のほうが高く、100gにつき木綿豆腐では77キロカロリー、絹ごし豆腐は58キロカロリーである。タンパク質、脂肪、カルシウム、鉄分も木綿豆腐のほうが多い。

それでは、絹ごし豆腐にはまさっているものはないのか。いや、まさっているものもある。それはビタミンB_1である。100g中に含まれるビタミンB_1の量は木綿豆腐では0・07ミリグラムだが、絹ごし豆腐は0・1ミリグラム。ビタミンB_2も、わずかの差ではあるが絹ごし豆腐のほうがまさっている。

枝豆はなぜ午後に収穫するとおいしいか

同じ枝豆でも、収穫する時刻によっておいしさに違いがある。朝方に収穫したものと、正午から夕方にかけて収穫したものとでは、後者のほうがおいしい。

農林水産省の食品総合研究所（茨城県つくば市）で、枝豆と小松菜について、朝方に収穫したものと、正午から夕方にかけて収穫したものとの成分の違いを調べている。その研究結果によれば、枝豆の場合、おいしさの成分の中で変化が目立ったのは、甘味の素となるショ糖とアラニン、うまみの素となるグルタミン酸。そのうちショ糖とアラニンはその含有量が日没ごろが、またグルタミン酸は正午ごろがもっとも多くなったという。（小松菜も同じく、正午から日没にかけておいしさの成分がもっとも多く含まれていた。）

なぜ午後になると、おいしさの成分が多くなるのか。糖類は光合成によって生じ、グルタミン酸もその後の代謝によって生まれるので、日光が多く当たる日中に多くなるのだろうと考えられている。

納豆にも食べどき、旬《しゅん》がある

納豆（糸引き納豆）を食べるとき、よくかき回してから食べる。そうすると粘り気のある糸が出てくる。かき回すと白くなるが、それは空気が混じるからである。

納豆は大豆を煮て、納豆菌で発酵させたものである。納豆のネバネバは納豆菌が作りだしたもの。すなわち納豆菌がタンパク質を分解し、グルタミン酸（アミノ酸）に変化させたものである。納豆はよくかき回して、たくさん糸を引いたほうが消化吸収率が上がる。

食べ物には旬がある。納豆はどうなのか。納豆にだって食べごろがある。納豆には製造日が記されている。それは大豆に納豆菌をつけた日を示しているが、納豆は作りたてよりも製造日から5日～1週間くらいたったものが食べごろ、旬である。それくらいたつと発酵も十分で、糸の引き具合もよく、もちろん味も一番よい。

ちなみに賞味期間は10度以下で保存すれば、10日間くらいがいちおうの目安である。

コンニャクにはどんな効果があるのか

「コンニャクは男の砂払い」ということわざがある。昔からコンニャクを食べると睾丸や腹にたまった砂が取り除かれると信じられている。このことわざの由来について、一説に次のようにいわれている。

昔、コンニャクを製造するとき、樽に入れ

て、男たちがその中に入って両足で踏んで作った。その際、足についている砂がきれいに吸いとられるところから、そんなことわざが生まれたという。

ではコンニャクは、本当に睾丸や胃腸にたまった砂を取り除いてくれるのか。コンニャクは97％が水分で、残りのうち2％がグルコマンナンと呼ばれる物質。この物質は胃では消化されずにそのまま腸に入り、腸にやわらかな刺激を与えながら、下へと移動していく。そのやわらかな刺激が結果的に便通を促すことになる。コンニャクが砂を払い落としてくれるという科学的根拠はない。ただし便通を砂払いとみなせば、コンニャクには砂払いの効果があるともいえる。

唐辛子は肥満予防の強い味方か

ウドンやソバの薬味として欠かすことのできない唐辛子。「鷹の爪」とも呼ばれている唐辛子は香辛料の代表的なものだが、それが肥満の防止に効果があることはあまり知られていない。

唐辛子を食べると体が熱くなり、汗が出てくる。それは唐辛子の辛味の成分であるカプサイシンという物質が体脂肪をさかんに燃やし、熱エネルギーを作りだしているために起こる。唐辛子を食べると、カプサイシンが小腸などから吸収され、血液に溶けて体中に運ばれる。そして中枢神経を刺激する。さらに交感神経を介して副腎髄質を刺激し、アドレナリンやノルアドレナリンなどのホルモンの分泌をさかんにする。

それらのホルモンには、全身に分布している脂肪組織から中性脂肪を分解し、熱エネルギーを産出する効果がある。つまり唐辛子を食べれば、体脂肪が分解され、したがって肥満の防止に効果があるというわけである。

小麦粉のパッケージの秘密

スーパーなどで売られている塩や砂糖は、ポリエチレンの袋に入っている。ポリ袋は酸素や水分を通しにくいから、その中に入れておけば塩や砂糖が湿気を吸って固まるのを防ぐことができる。ところが、小麦粉はポリ袋ではなく紙袋に入れて売られている。どうして紙袋なのか。

小麦粉はその14％が水分、75％が炭水化物（糖質）、8％がグルテンと呼ばれるタンパク質で、小麦粉をポリ袋に入れると通気性がなくなり、グルテンが固まったりしてしまう。だから、小麦粉は紙袋に入れて売られているというわけである。

同様に片栗粉も紙袋に入れてある。けれども、片栗粉はほとんどがデンプンで、水分を14％くらい含んでいる。その水分を逃がさないためには紙袋よりポリ袋に入れたほうがいいのだが、業界のいわば慣習から紙袋が用いられている。

サラダ油と天ぷら油はどこが違うのか

サラダ油はサラダのドレッシングに使えるところから、そう呼ばれているが、天ぷら油とそれほど違いがあるわけではない。サラダ油と天ぷら油は原料は同じ。オリーブ、ゴマ、綿の実、大豆、トウモロコシ、米ヌカ、ヒマワリのタネなどからとった植物油であり、その油を精製して不純物を取り除いたものがサラダ油と天ぷら油である。

両者の違いはその精製にある。サラダ油はそのまま生で食べるために、天ぷら油より精製がよく行なわれている。大体、油は低温で固まってしまう。サラダ油は低温で食べることもあるので、低温でも凝固しにくいものでなくてはならない。

そこで低温で固まる固形脂を取り除く。つまり十分に精製する。それがサラダ油と天ぷら油との違いである。

また油は空気中の酸素に触れると、つまり酸化すると、品質が低下する。サラダ油はよく精製されているので、他の油に比べ、はるかに酸化しにくい。

食用油がグラム単位で表示されるわけ

醤油や酢など、液体状の商品はたいていリットル（ℓ）で表示されている。つまり体積で表示されている。日本酒やワインなども同様である。ところが同じ液体状のものでも、食用油は例外で、これはグラム（g）、すなわち重さ（重量）で表わされている。

サラダ油、ゴマ油など、家庭で用いられている食用油はどれもグラムで表示されている。中には、グラムとともにリットルの表示のあるものもあるが、それはともかく、なぜ食用油は重量で表示しているのか。

それは体積表示では問題があるからだ。どんな問題かといえば、じつは油は温度によって体積が変わる。油は温度が高くなると膨張する。すなわち体積が増える。だから体積表示だと、表示の量と実際の量が違ったりすることもありえる。そこで、グラム（重さ）で表示しているというわけである。

黄色いバターと白いバターの違い

『旧約聖書』にセム族が牛乳を飲み、チーズを食べたことが記されている。人類が牛乳や乳製品を利用した歴史は古く、最初に牛乳を用いたのは、メソポタミア地方のシュメール人で、それは紀元前4千年のころといわれている。また彼らは紀元前3千年のころには、バターを作っていたという。

さてそのバターだが、バターの中には黄色いものと、白っぽいものがある。その違いは何が原因しているのか。バターは牛乳の脂肪分を集めて練ったものだが、バターの色の違いは牛が食べる草の違いによる。

青草をたっぷり食べた牛の乳でバターを作ると、黄色いバターができる。青草には黄色・オレンジ色の色素であるカロチノイド色素が多く含まれており、それが牛乳（脂肪）に混じるために、その牛乳で作ったバターは黄色くなる。いっぽう干し草を食べた牛の乳で作ると、干し草にはカロチノイド色素はあまり含まれていないので、白っぽいバターができる。

マヨネーズは新鮮なうちに食べる

マヨネーズは生卵を原料としている。すなわち卵黄に少量の酢やマスタードを加え、少量の油を入れながら混ぜ合わせるとマヨネーズができる。そのマヨネーズは生卵を使っているのにもかかわらず、相当長い期間保存できる。つまりマヨネーズはなかなか悪くならない。腐らない。どうして長くもつのか。そのわけは……。

油と水は相性が悪い。マヨネーズには油と酢を用いる。その油と酢（水）はうまくくっついている。それは卵黄の中のレシチンの働きによる。つまり、よくかき混ぜると、レシチンの働きによって、酢（水）の中に油が閉じこめられる。もっと詳しくいえば、卵黄のまわりに油の小さな粒子が包むようにつき、さらにその外側を酢が取り巻く形になる。

したがって、マヨネーズ（卵黄）の表面はすべて酢でおおわれていることになり、酢は酸度が強いので細菌は繁殖することができない。だから腐らず、長くもつというわけである。

ギョウザの形には何か意味があるのか

ギョウザ（餃子）は今日では日本でもよく食べられているが、もともとは中国料理で、中国語ではチャオズという。ギョウザという名はそのチャオズがなまったものである。ギョウザは小麦粉をこね、中に豚肉やネギなどを入れて蒸したもの（焼いたもの）だが、ふつう三日月のような形につくる。その形には何か意味があるのだろうか。

ギョウザの三日月のような形については、一説にお金の形を模したものだといわれている。中国にはかつて馬の蹄《ひづめ》の形をしたコイン（銀貨）があった。いわゆる馬蹄銀《ばていぎん》と呼ばれるもので、この馬蹄銀がはじめて登場したのは宋の時代（960〜1280）といわれており、清の時代（1644〜1912）に至るまで使用された。

馬蹄銀は日常通貨ではなく、国内の大量取引や海外貿易の決済などに用いられたが、ギョウザの形はこの馬蹄銀をかたどったものだという説がある。

ジャガイモのビタミンCは熱に強い

ビタミンCは熱に弱いので、生《なま》の野菜や果物などからしかとれない。そう思っている人がいる。だが、ビタミンCは熱に弱いが、食べ物によっては加熱してもあまり壊れないものもある。たとえば、ジャガイモの中のビタミンCがそうである。

ジャガイモやサツマイモなど、イモ類には意外にもビタミンCが多い。ジャガイモには100グラム中に23ミリグラムのビタミンCが入っている（サツマイモのビタミンCはジャガイモより多い）。

それにジャガイモやサツマイモに含まれているビタミンCは熱に強い。ふつう野菜をゆでると、ビタミンCがゆで汁の中に流出してしまうが、ジャガイモやサツマイモは加熱し

てもビタミンCはあまり失われない。

それはどうしてなのか。ジャガイモやサツマイモにはデンプン質が多い。加熱するとデンプンが溶けて糊状になって膜ができ、その膜に包まれているためにビタミンCは壊れにくいのである。

フルーツはどのように色づくのか

果実は熟さないうちは緑色をしている。リンゴ、ミカン、カキなど、ほとんどの果実がそうである。ところが熟してくると、別の色に変わる。たとえばリンゴは緑色から紅色へと変わる。どうして熟さないうちは緑色で、熟すると目立つ色になるのか。

果実が緑色をしているのは葉緑素を持っているからで、熟すると葉緑素がその活力を失い、それまでに他の部分に隠れていた色素が現われてくるために、色づくことになる。色の変化は植物が生きていく上で大きな意味を持っている。

果実のなかには種子が入っている。その種子を地面にばらまき、子孫を繁栄させるためには、鳥などに食べてもらわなければならない。そのために植物は果実の色や香りなどで鳥たちを誘いこむ。

ところが種子が未熟のうちに果実を食べられてしまっては、台なしである。そこでまだ熟さないうちは、鳥などに見つからないように、葉の色と同じ緑色をしているのである。

果物を早期に完熟させる方法

熟したリンゴと、まだ熟していないリンゴ

があったとする。熟していないリンゴはやがてひとりでに熟してくるが、熟したリンゴといっしょにしておくと早く熟する。

それは熟したリンゴから出るエチレンという気体の働きによる。果物は木からもぎとられても生きている。つまり呼吸をしている。エチレンにふれると、まだ熟していないリンゴは呼吸が盛んになり、したがって早く熟するというわけである。

果物はいずれも熟するとエチレンを出す。よく熟したバナナのそばに熟していないリンゴを置いていても、リンゴは早く熟する。また腐ったミカンを正常なミカンのそばに置いておくと、正常なミカンも腐ったりすることがある。それは、腐ったミカンから発生するエチレンが正常なミカンの呼吸を増加させて熟させ、その結果、蒸《む》れて、カビなどがつきやすくなるからである。

キズのあるミカンは甘い!?

一般にミカンは形が扁平で、皮の色の橙色が濃く、肌ざわりがしっとりとしていて、果面のツブツブ（油胞）が小さくて多いものがおいしいといわれている。逆にヘソの部分が出たものは甘くなく、また皮が堅く感じられるようなものも甘味が落ちる。

ところでスーパーや果物屋などで売られているミカンは肌がきれいで、キズがないが、じつはキズがあるミカンには甘いものが多い。たとえば、平均1個100g、糖度12%のミカンができる栽培条件のもとで、50gのミカンができたとする。そうすると糖度は24%になり、逆に200gのミカンができたとする

と糖度は6%になるそうである。

つまり同じ条件下では、1個のミカンのなかの糖分は大きさに関係がない。だから大きいミカンより小さいミカンのほうが甘くなる。キズができたミカンは、そのキズが原因で大きくならないことが多い。

したがって、キズのあるミカンは甘いわけである。

カキのジャムはなぜ作りにくいのか

イチゴ、リンゴ、アンズ、ミカンなどの果物はジャムに加工することができる。ところが同じ果物でも、カキはあまりジャムにして食べたりしない。カキがジャムにはしにくいからだが、それはなぜなのか。

甘ガキでも、未熟のカキは渋い。それが熟してくると渋さがなくなる。正確にいえば、渋さがなくなるのではなく、舌に感じなくなるだけのことである。カキの渋みの成分はタンニンという物質で、未熟のカキはタンニン細胞が弱くてすぐ破れ、それに水溶性なので、食べたとき舌の上で溶け、渋いという感じがする。熟してくると、タンニンは水に溶けにくいコロイド状の物質に変わるので、食べても渋みを感じない。ところが、いったん不溶性になったタンニンは加熱されると再び水溶性に変わってしまう。ジャムを作るときには加熱殺菌などの処理をするが、加熱すると甘いカキが渋いカキに変わってしまうので、カキはジャムにはしにくいのである。

クリに種がない理由

リンゴ、カキ、ナシ、ブドウなどは、その真ん中に種がある。バナナには種がないが、それは種のない品種のバナナであって、野生のバナナには種がある。われわれが食べている種なしのバナナは人工的に淘汰されて、そのようになったもので、もとは種があった。

ミカン、ウメ、ビワなどにも種はちゃんとある。では、クリはどうだろうか。クリの実はトゲ状の皮に包まれている。それを「いが」（毬）という。そのいがの中のクリの実はさらに堅い皮に包まれ、その堅い皮の内側にはもう1枚の皮（渋皮）がある。すなわちクリの実は3枚の皮に包まれている。

渋皮をむくと、やっと実が現われる。その実の中には種はない。どんなに注意深くながめても種は見つからない。ではクリには種がないのだろうか。

じつはわれわれがクリの実といっているのがクリの種であり、われわれはクリの種を食べているのである。

「アンデスメロン」はアンデス生まれ？

メロンの一種にアンデスメロンと呼ばれているものがある。このメロンは超高級のマスクメロンに味と姿がよく似ているが、マスクメロンより値段ははるかに安い。それがアンデスメロンのアンデスメロンたるところでもあるわけだが、アンデスといえば南米のアンデスがすぐに頭に浮かぶ。アンデスメロンはもともとはアンデスの山地に生まれたものなのか。じつはそうではない。アンデスメロンは日本の種苗会社が開発したもので、日本生まれのメロンである。

マスクメロンは高価で手が届かない。そこでマスクメロンと同じ形や味を持ち、しかも誰もが食べやすい手頃な値段のメロンということから開発されたのがアンデスメロンで、昭和52年に初めて登場した。

種苗会社ではそのメロンが、栽培する人にとっては安心して作れ、消費者は安心して買えるという意味からアンデスメロンと名づけた。つまり、アンデスメロンは「安心ですメロン」を略したものである。

缶入りのお茶も「宵越し」はいけないか

宵越しのお茶、すなわち前の夜から翌日までもち越したお茶は体によくない。そこで「宵越しの茶は飲むな」という戒めのことわざがある。お茶の葉にはタンニンという成分が含まれており、時間がたつと、それが出すぎてしまい、胃液の分泌を妨げる。このため消化不良を招いたりする。またお茶はタンパク質や脂肪分を含んでおり、夏などは一晩で腐敗してしまうことがある。

そこで心配になるのが、缶入り（あるいはペットボトル入り）のお茶。それらのお茶には保存料は何も入っていないが、問題はないのか。

缶（ペットボトル）入りのお茶で問題になるのは、タンパク質や脂肪分の腐敗である。製品によってその方法は若干異なるが、腐敗しないように殺菌処理をし、さらにお茶を缶やペットボトルに入れるとき、窒素ガスを吹きつけて空気を追いだし、真空に近い状態にしている。だから長いあいだ置いていても、開けなければ腐るということはない。

お茶漬け海苔《のり》の中身

飯に熱い番茶をかけたものを「茶漬け」という、粗飯の代名詞ともなっている。飯に水や湯、あるいは汁をかけて食べることは古くから行なわれており、平安時代、夏には飯に水をかけて食べていた。飯に好みの魚菜をのせ、茶をかけて食べる食べ方、すなわち茶漬けの風習が起こったのは江戸時代に入ってからといわれている。

現在、市販されている「お茶漬けのり」（お茶漬けのもと）には、あられが入っているものがある。あのあられは、いったい何のために入っているのだろうか。「お茶漬けのもと」が商品として登場したのは昭和20年代末。当初、あられは香ばしさと歯ざわりのためにに入れられていた。ところが、そのあられに別の効果があることが判明。じつは、あられが海苔などの湿気を吸収してくれることが分かったのだ。

今では湿気を完全に遮断する包装になっているが、以前の紙の包装では、あられは乾燥剤の役目も果たしていたのである。

牛乳は噛んで飲めというのは正しいのか

牛乳を飲むとき、「よく噛んで飲め」といわれる。なぜ噛んで飲むのか。それは牛乳を噛めば唾液と混ざりあって消化がよくなるという考えからきているようだが、この考えは正しいのだろうか。答えを先にいえば、それは正しくない。牛乳は唾液と混ざっても消化は促進されない。

牛乳の消化には、ラクターゼという酵素が関わっている。その酵素があるのは小腸の部分。もっと正確にいえば、十二指腸から空腸の上部のあたりまで。そこにしかラクターゼはない。唾液の中にもこの酵素はない。したがって、よく噛んだからといって、また唾液と混じったからといって、牛乳が消化される

わけではない。

ただし噛んで飲めば、冷えた牛乳の温度を上げられるので、冷たさによって腹をこわすのを避けることができる。また噛んで飲むと、少しずつ腹の中に入れることになるので、ラクターゼが働きやすくなる。だから噛んで飲むのはいいことではある。

ヨーグルトの表面に水が浮くのはなぜ

長寿国として有名なブルガリアの人々は乳製品や野菜などを中心とした食事をとっているが、長寿の人々の腸内には乳酸菌がたくさん見られるという。乳酸菌は不老長寿と何らかの関係があるようだ。その乳酸菌を牛乳に加えて作ったのがヨーグルト。

ヨーグルトは牛乳を加熱殺菌し、これに純粋培養した乳酸菌を加えて発酵させたものだが、買ってきたヨーグルトの蓋を開けると、表面に水が浮いていることがある。それを見て、ヨーグルトが古くなって変質したのではないかと思う人もいるかもしれない。

この水はホエー（乳清）と呼ばれるもので、発酵が進むと分離されるし、また輸送中の振動などによっても生じる。ホエーはヨーグルトが悪くなったためにできるものではなく、食べても何の問題もない。それどころか、ホエーには水溶性のタンパク質、ミネラル、ビタミンなど栄養分が含まれているので、食べずに捨てたりするのはもったいない。

ホップを加えないビールはどんな味？

ビールはメソポタミアではじめて作られた

といわれている。今から5千年ほど前のことである。ビールにはホップが欠かせないが、ホップが加えられるようになったのは、ずっとのちのことである。ホップを加えないと、一体どんなビールになるのか。

ホップはビールに独特の苦味と香りを与える。だからホップがないと、それを得ることができない。すなわちビール特有の苦味がほとんどなく、香りも単調になってしまう。

また、ビールにとって泡は大切なもの。そのきめ細かなクリーム状の泡は、ビールをおいしく飲むためには欠かせない。

だがホップを加えないと、泡がほとんど立たない。ビールの泡は、原料である大麦の中のタンパク質と、ホップの中のイソアルファ酸という物質が炭酸ガスの気泡に付着してできたものである。タンパク質が気泡の表面を網状におおい、イソアルファ酸がその泡を安定化させている。だからホップを加えないと、泡が形成・維持されないことになる。

ドイツ流、ビールの面白い鑑定法

その昔、ドイツではビールの品質検査にあたって面白いやり方が行なわれていた。中世の都市におけるビール醸造者たちは同業組合をつくり、出荷するビールに対して品質検査を実施していた。そして不合格になった場合には、そのビールは処分された。

市当局から任命された3人のビール鑑定官が検査にあたった。鑑定官がやってくると、醸造者はテーブルと長い木のベンチを用意し、そのベンチの上に検査されるビールを注いだ。鑑定官は鹿皮のズボンをはいていて、そのべンチの上に座り、1時間（地方によっては3時間）そのままで、ビールを飲みながら味覚を検査した。そして所定の時間がたつと立ち上がり、ズボンがベンチにしっかり粘りつけば、そのビールは合格とされた。

　ズボンの粘りを問題にしたのは、粘りつかない場合には麦芽の使用量が少なく、水っぽいビールであると判断できるという考えにもとづいていたようである。

ウイスキーが熟成でおいしくなる理由

　ウイスキーの作りたてのものは、アルコール特有の刺激臭と味がする。しかし何年か寝かせておくと刺激臭が消え、まろやかな味になる。これを熟成というが、寝かせることによって、ウイスキーにはどんな変化が起きているのだろうか。

　アルコールと水は、よく混じり合うことができる物質である。ところが分子のレベルで見ると、アルコール分子と水分子は必ずしもよく混じり合わない。作りたてのウイスキーでは、アルコール分子は隣り合ったアルコール分子とくっつき、水分子も同じように水分子同士でくっつき合う。

ところがウイスキーを何年か寝かせておくと、アルコール分子は水分子同子の結合を断って、水の中にもぐりこんでいき、さらに熟成が進むと、1個1個のアルコール分子は水の分子に包みこまれたような形になる。そのために熟成したウイスキーはアルコールの刺激臭がなくなり、まろやかな味になる。

白ワインと赤ワイン、製法の違いは？

赤ワインにはポリフェノールという物質が多く含まれている。ポリフェノールは活性酸素を抑制する働きがあり、動脈硬化や発ガンの予防などに効果があるといわれている。白ワインにもポリフェノールは含まれているが、赤ワインに比べるとその量は少ない。

赤ワインはブドウを丸ごとすりつぶして発酵させる。白ワインは果皮と種子を除去し、果汁だけを発酵させる。ポリフェノールは果皮や種子の中に多く含まれている。だから、赤ワインのほうがポリフェノールの含有量が多い。

ところで赤ワインと白ワインでは、赤ワインのほうが長もちすることをご存知だろうか。それもポリフェノールと関係がある。ワイン

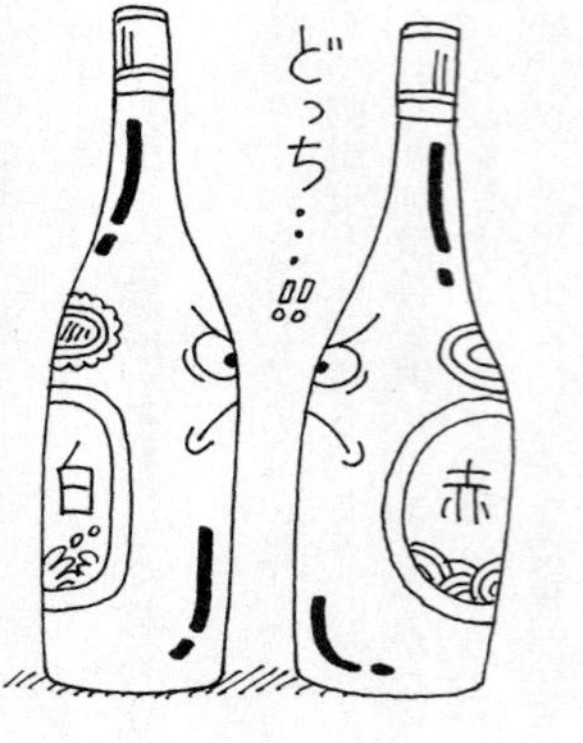

の品質は主として酸化によって低下する。ポリフェノールには強い抗酸化作用があり、赤ワインにはポリフェノールが多く含まれている。だから赤ワインのほうが酸化しにくく、したがって長もちするというわけである。

〝ノン〟シュガーは〝ノン〟ではない!?

「ノンシュガー」「ノンカロリー」と表示された食べ物や飲み物がたくさんある。「ノン」とは「ゼロ」という意味だが、「ノン」と表示されているからといって、まったく「ゼロ」というわけではない。なぜかといえば、完全にゼロでなくても、「ノン」という言葉を使っていいことになっているからである。

食品の栄養表示には、ある一定の基準が設けられている。たとえばAという成分を「多い」「豊富」、あるいは「ノン」「ゼロ」「ひかえめ」などと表示するためには、その成分がどれくらい以上・以下でなくてはならないといった決まりがある。

「ノンシュガー」の場合には、食品１００gあたり糖類が０・５g未満であればノンシュガーと表示でき、「ノンカロリー」の場合には、食品１００gあたり5キロカロリー未満だとノンカロリーと表示できる。

したがって「ノン」と表示されているからといって、まったくゼロ（無）というわけではないのである。

マカロニの穴はどうしてあけるのか

マカロニは中に穴があいていて、管状になっている。あの穴は一体どうやってあけているのだろうか。丸い棒状の麺を作り、それをくりぬいていく？ 穴のあいた大きな麺生地を作り、それを引き伸ばして作る？ そんなふうに想像する人がいるかもしれない。しかしそうした方法では、マカロニをうまく作ることはできない。

マカロニはふつう機械で作られているが、その方法は……。小麦粉に水、食塩、卵などを加え、こねて麺生地を作り、機械に入れる。マカロニの成型機にはジョウゴ状の穴があいている。その穴は入口が広く、出口に向かってしだいに狭くなっており、途中にピンがついている。麺生地を穴に入れ、圧力をかける。するとピンを通過するとき、ピンによって3つに分離するが、その後ふたたびくっつく。しかし中心部はピンに邪魔されてあいたままで、機械から出てくるときには中空の管状になっているというわけである。

ポップコーンがはじけてできる秘密

ポップコーンという食べ物がある。トウモロコシの実を煎《い》って、はじけさせたものである。ほかに何かを加えているわけではない。では、どんなトウモロコシでもポップコーンになるかといえば、そうはいかない。

トウモロコシには五つほどの品種がある。その中でポップコーンになるもの、すなわちきれいにむらなくはじけるのは一種類だけである。ほかの品種のトウモロコシにも少しははじけるものがあるが、すべてがきれいにははじけない。

ポップコーンに用いられているトウモロコシは、ずばり「ポップコーン」（はぜトウモ

ロコシ）と呼ばれているが、この品種だけがきれいにはじける。そのわけは？
　じつはポップコーンができる秘密は、粒の中の「水」にある。粒の中の水分が熱せられて吹きだし、破裂する。その際、中身の澱粉がはじけて、粒が裏返しになり、ポップコーンができ上がるわけ。ところが、他の四つの品種は水分が少ないために、うまくはじけないのである。

イカのスミ&タコのスミ

　イカのスミ（墨）はスパゲティなど、いろいろな料理に用いられている。タコも同じようにスミを持っているが、タコのスミは料理には使われない。それはどうしてなのだろうか。

　イカスミとタコスミは、成分的にはそんなに違わない。どちらも主成分はセピオメラニンと呼ばれるメラニンの一種である。それなのにどうしてイカスミ・スパゲティはあるのにタコスミ・スパゲティはないのか。

　タコスミ・スパゲティがないのは、タコのスミが食べてもおいしくないからである。イカスミのうま味のもとはアミノ酸。イカスミにはアミノ酸が多く含まれており、タコスミにはわずかしか含まれていない。タコスミに含まれているアミノ酸の量は、イカスミのわずか30分の1しかないそうである。

また、イカスミは粘液に富んでいる。すなわち粘りけがあるが、タコスミには粘りけがなく、スパゲティなどにからませにくい。

そんなわけでタコのスミは料理には使われない。

ハヤシライスの"ハヤシ"とは?

日本で考案された料理の一つに、ハヤシライスがある。細かく切った牛肉と野菜(玉ネギ)を炒めて、ブラウンソースで煮込んで、ご飯に添えた料理である。

ハヤシライスが登場したのは明治初期だが、ハヤシライスのハヤシとはそもそもどういう意味なのか。

洋書の老舗、丸善は明治2年に早矢仕《はやし》有的《ゆうてき》という人が横浜で開業した。その彼がこの料理を考案したところから、彼の名にちなんでハヤシライスと呼ぶようになった、という説がある。しかし、この説はどうもウサンくさい。

英語にハッシュ(hash)という言葉がある。ハッシュは「細かく切りきざむ」という意味で、それはまた「肉と野菜を細かく切りきざんで炒めた料理」をも意味する。そのハッシュがなまってハヤシとなり、それにライスを加えてハヤシライスと呼ぶようになったのだろうという説がある。

ハヤシライスの語源説としては、どうもこの説のほうが有力のようである。

宮中の正式晩餐ではなぜフランス料理?

大統領や国王など、国賓が来日すると、宮中晩餐会が催される。そのときの正式料理は日本料理ではなく、たいてい西洋料理(フランス料理)である。

日本人が肉(獣肉)を食べるようになったのは明治になってから。明治の初め、宮内省に二人のドイツ人医師が雇われ、彼らが肉食をすすめたこともあって、宮中で肉食を多くとり入れるようになった。天皇もすすんで肉(牛肉)を食べられた。さらにアメリカ元大統領グラント将軍をはじめ外国賓客が来日し、接待のため、宮中晩餐会には西洋料理が必要になってきた。こうして宮中に西洋料理が定着することになる。

そして明治19年、宮内省官制が公布され、大膳職が宮中の料理をつかさどるようになり、民間から西洋料理のコックを雇った。その一人としてフランスで料理の修業をしたことのある秋山徳蔵氏が雇われ、秋山氏はやがて初代主厨長となり、宮中料理はフランス料理が基調となった。

「バイキング料理」の由来

数多くの料理を並べ、各自が好みのものを食べたいだけ取って食べる形式の食事を「バイキング料理」といい、単に「バイキング」ともいう。バイキングは8~10世紀にヨーロッパの広範な地域にわたって活躍したノルマン人の別称だが、それがどうして料理の名前になったのか。

バイキング料理は北欧のスモーガスボードと呼ばれる前菜がもとになっており、それを日本で初めて紹介したのは東京の帝国ホテルである。

昭和33年、北欧料理の勉強に行っていた帝国ホテルの村上信夫料理長が北欧から帰り、ホテル内にレストランをオープンした。ところが店名が決まらず、ホテル内部で公募した

ところ、カーク・ダグラス主演の映画『バイキング』の中に、ご馳走を一杯並べて食べるシーンがあり、それがヒントで「バイキング」と命名した。その料理が評判となり、いつしか店名が料理の名前と混同されるようになったというわけである。

メロンパンはミラノ生まれ!?

パンはもともとヨーロッパの食べものであったが、日本人はさまざまなオリジナルのパンを作りだしている。アンパンをはじめ、クリームパン、カレーパン、ジャムパンなど、それらはいずれも日本で考案されたものである。

ところで、メロンの味がするメロンパンというのがある。このパンも日本のオリジナル

なのだろうか。じつはメロンパンはイタリアのミラノ生まれである。その昔、ミラノの僧院ではいろんなパンが作られていた。メロンパンもその一つで、日本のメロンパンはそれがもとになっているようである。

ミラノ生まれのメロンパンが日本に入ってきたのは、第一次世界大戦前後のころ。日本人はそれを真似て、今日のようなメロンパンを作りだしたのである。

ただし、独特の舌ざわりとその味は日本のオリジナル。マスクメロンが高級果物として出回りはじめた昭和30年ごろから、メロンパンは爆発的にヒットした。

第5章

ものの始まり／知られざる起源

中国人は紀元前に熱気球を作っていた

1783年11月、フランソワ・ロジエ、アルキ・ダルランドの二人のフランス人が気球で空に舞い上がった。これが人間の空中飛行の最初といわれている。本格的な気球が作られるようになるのは19世紀になってからだが、それ以前にも気球は作られていた。

じつは中国人はすでに紀元前2世紀に、熱気球を作っていた。もっともその熱気球はミニチュアの気球で、卵の殻を利用したものであった。

卵に穴をあけて、中身を取り除く。そしてその穴にモグサ（ヨモギの長い茎を乾燥させたもの）を入れて、火をつけ、それによって強い気流を生じさせる。すると卵は自ら空中に浮き上がる。中国人が作ったミニチュア気球は、そうしたものだったらしい。中国人はその熱気球を他に応用することはなかったようである。

その後、13世紀半ば、モンゴル軍が竜の形をした熱気球を作り、合図のためや軍旗として用いていたそうだが、その原理は中国から学んだものらしい。

数字の「0」はインドが起源

1・2・3・4……0などの数字をアラビア数字という。しかしアラビア数字はアラビアで生まれたものではない。この数字はもともとインドで発明されたもので、アラビアの商人によってヨーロッパへ伝わったことから、アラビア数字と呼ばれるようになった。

そのアラビア数字の「0」は、ゼロあるいは「零《れい》」ともいうが、インド（サンスクリット語）ではスニヤsunyaと呼ばれていた。スニヤとは、「空（から・くう）」「空白」「無」という意味で、「色即是空」の「空」である。0＝スニヤという数字の発明には、仏教における「空」の思想が背景となっていると考えられている。

その0＝スニヤはアラビアではシフル（sifr）と呼ばれるようになる。アラビア語で「空」「無」のことをシフルというからである。それがラテン語でゼフィラムzephirumとなり、さらにイタリア語でゼフィロzefiroとなり、短縮されてゼロzeroとなった。

ひと口にダルマと言うけれど

ダルマ（達磨）の置き物の中には、目が描かれていないものがある。それを買ったときは願いをこめて一方の目を入れ、念願がかなったときなどにもう一方の目を入れる。ダルマの置き物（起き上がり小法師）は明和・安永年間（1764〜81）にはすでに普及していたが、まだ「目なしダルマ」はなかった。

そののち疱瘡《ほうそう》が大流行する。それが「目なしダルマ」が生まれるきっかけになったといわれている。

疱瘡が流行すると、それを治すまじないに人々は縁起物のダルマを買い求めるようになった。疱瘡にかかるとよく目がつぶれたりするので、疱瘡にはとくに目を大切にしなければならないということで、ダルマの目の描き方がよくないと売れなかった。そこで売り手は目なしダルマを用意し、客の求めに応じてその場で描いたり、あるいは目を描き入れるのを客にまかせるようになった。ここから目なしダルマが誕生したという。

公衆電話は東京・熱海間でスタート

ベルが電話機を発明したのは1876年。その翌年の明治10年（1877）、米国から電話機を輸入し、宮内省で通信実験を行なった。そして明治23年12月、東京・横浜両市内および両市間で電話交換が開始された。

これが公衆電話の始まりだが、じつはその1年前、公衆電話はすでに東京・熱海間に開設されていた。正確にいえば、それが公衆電話の第1号である。では、どうして東京・熱海間でスタートさせたのか。

東京・熱海間の公衆電話は1回線だけであり、これは遠距離通信の試験と、世間に対する電話知識の啓蒙を目的としたものであった。熱海が選ばれたのは、当時の熱海は温泉保養地として有名であり、官界・財界などの著名人が数多く訪れていたからである。

この公衆電話は一通話5分で10銭であり、報知新聞社社長の加藤政之助が熱海に滞在中の大学教授・関谷清景にかけた電話が、その第1号だといわれている。

チップはイギリスの床屋から始まった

外国旅行したとき、わずらわしく思うものの一つに〝チップ〟がある。レストラン、バー、ホテルなど、どこへ入ってもチップを必要とする。いったいこのチップの習慣はどこからきたのか。それは、イギリスの床屋に始まるといわれている。

その昔、西欧の床屋は医者も兼ねていて、整髪したりヒゲを剃ったりするほかに、瀉血《しゃけつ》を行なっていた。体内から血（悪い血）を取る、いわゆる〝血抜き〟である。この血抜きには決まった料金はなく、客（患者）は自分

が出せるだけの金額を箱の中に入れた。それがすなわち〝チップ〟の始まりである。

一説に、その箱には「to insure promptness（迅速さを保証するために）」と書かれていて、チップ（tip）というのはその頭文字をとったものといわれている。この方法はやがて他の業種にも広まった。居酒屋や宿屋などでもチップの箱を置くようになり、チップの習慣が定着していったという。

珍獣パンダを発見したのは誰か

中国に生息する珍獣、パンダ。この動物が〝発見〟されたのは比較的新しく、わずか1世紀ほど昔のことにすぎない。それも発見者は、動物学者ではなく神父であった。

1862年から約10年間、アルマン・ダヴィドというフランス人神父が中国に滞在。その折、1869年の春に四川省を旅行した。その折、ある地主の家に泊り、座敷に白と黒の動物の毛皮が敷いてあるのを目撃した。神父はそんな動物は見たことがなかった。そこで彼は付近の人々の協力を得て、その動物（パンダ）を捕獲し観察した。

それは、これまで知られていない新種の動物であった。もっとも中国の一部の人々はそれを知っていたわけだが、それ以外の人々には未知の動物であった。

神父は地主から毛皮を譲ってもらい、パリの専門家のところに送り、鑑定を依頼した。専門家たちは毛皮を見て驚いた。

「これは新発見の動物だ」。そのニュースが広まり、パンダは世界中に知られることになった。

電話の「モシモシ」の由来とは?

電話が開通したのは明治23年（1890）のことである。

当時の電話は交換台（交換手）を呼びだし、相手につないでもらわなければならず、「オイオイ」と呼ぶと、交換手（男性交換手）も「オイオイ」と応えた。

その「オイオイ」がやがて「モシモシ」に変わる。「モシモシ」は「物申す」の「申し」からきているが、それが電話で使われるようになったきっかけについては二つの説がある。

一つは、電話を日本へ導入するにあたって当時の逓信省の役人がアメリカへ研究に行った際、英語の「ハロー」に代わる言葉として考えつき、それが普及したという説。

もう一つの説では、電話の発明者であるグラハム・ベルがハーバード大学で電話についての講義をしたとき、そこに出席していた日本人留学生がためしに電話を受けて発した最初の言葉が「モシモシ」で、それがきっかけになったと言われている。

郵便制度の開始の日

日本の郵便制度は明治4年（1871）1月24日の郵便開始の布告ののち、東京・京都・大阪間でスタートした。創業当時、書状集め箱（ポストのことをそう呼んでいた）は、東京では11か所、京都には3か所、大阪には5か所に置かれ、また東海道の宿駅にも設置されていた。最初は郵便物の重さ、大きさ(以上は今でもそうだが)、距離、行き先によって料金が違っていた。たとえば手紙1通（5匁《もんめ》まで）につき東京・京都間は1貫400文、東京・大阪間は1貫500文であった。スタートした初日、いったいどれだけの手紙が運ばれたのか。初代駅逓正・杉浦譲の日記によれば、初日には上り便として大阪から19通、京都から21通、下り便としては東京から134通、途中の駅から同じく134通の

書状が運ばれたという。

当時の郵便は飛脚が担いで、走りながら運んだ。もちろんバトンタッチしながら運んだのだが、第1便の東京・大阪間の所要時間は75時間35分であった。

「カネオクレ」の電報こと始め

電話の普及により、電報を利用する機会は減ってきたが、昔は至急の用事には電報がよく利用された。その電報で両親にお金の仕送りを頼んだ人も少なくない。

慶応3年（1867）1月。徳川昭武がパリ万国博に将軍の名代として横浜を出発した。3月、昭武と随員一行はパリに到着、博覧会に出席した。そののち新しく条約を結んだ各国を訪問したのだが、やがて一行はお金が足

りなくなってしまった。そこで彼らはロンドンから日本に電報を打った。「金あらず、ただちにオリエンタル・バンクに為替組むべし……」。加藤秀俊著『一年諸事雑記帳』によれば、これが日本人によるはじめての「カネオクレ」の電報だそうである。

ちなみに当時の電信は、大西洋を横断する海底ケーブルがサンフランシスコまで（アジアまわりではコロンボまで）しかなく、それから先は船で日本へ送るしかなかったので、電報が日本に届くまでにはかなり日数を要した。

世界最初のSOS電信

1912年4月、豪華客船タイタニック号が処女航海の途中、氷山に激突して沈没した。そのとき世界最初の「SOS」信号を発信したことはよく知られている。当時、国際協定の遭難信号はCQDであった。それなのになぜSOSを発信したのか。

1908年、ベルリン国際無線電信会議で遭難信号が定められたが、それはCQDであった。ところがCQDのモールス符号はあまり特徴がなかったので、1912年にSOSに改められ、同年6月から実施することになった。

タイタニック号が沈没したのはその年の4月。当時、遭難信号はCQDであったので、通信士は最初はCQDを打電した。ところがやがてSOSに変えた。なぜか？　その年の6月から遭難信号がSOSになることを通信士は知っていた。船が沈没して、死んでしまったら、新しい信号を発信・受信する機会はない。それならばというわけで、SOSを発信したのである。

日本で初の共同募金

共同募金が組織的に最初に行なわれたのは1913年、アメリカのオハイオ州クリーヴランド市においてであった。赤い羽根共同募金は1928年、アメリカのニューオーリンズとダラスで始まり、1945年からアメリカ全土において行なわれるようになった。

大正10年（1921）、長崎県社会事業協会が長崎市で共同募金を行なった。それが日本における共同募金の第1号であり、アメリカでの世界初に遅れることわずか8年にすぎなかった。その目的は、長崎市における社会事業の復興。募金の方法は大口募金、法人募金、戸口募金、街頭募金の四種で、戸口募金は1戸最低1円とし、重複勧誘しないように入口に募金章を貼った。また街頭募金は1口10銭以上で、募金者には造花をあげた。

この共同募金で集まったお金は3万7319円3銭であった。翌年も行なわれたが、戸口募金が半強制的な印象を与えるなど批判が起こり、2回を限りに中止になった。

自動炊飯器の第1号

寝ているあいだにご飯が炊けるという、主婦にとっては夢のような自動炊飯器（電気釜）が登場したのは昭和30年（1955）。

その第1号は東芝が開発したもので、考案者は東芝の家庭電気課に所属していた山田正吾さん。それまでに電気釜はすでにあったが、自動ではなかった。従来の電気釜はご飯が炊けたときに電気を切ることになっていた。山田さんはご飯が炊けたときに自動的にスイッチが切れる電気釜を考案した。

ところが、その自動炊飯器は社内では評判がよくなかった。「寝ている間にご飯を炊こうなんて、そんなだらしない女を女房にしたいと思うか」「そんなものは東京や大阪のアパート住まいのインテリ文化人しか使わない」。社内の人からそんなことを言われた。

そこで、とりあえず500台だけ作って売ってみることにしたところ、これが大当り。たちまち売り切れ、東芝では最盛期には月15万台を生産したが、それでも需要に追いつけなかった。

最初の電気掃除機は冷蔵庫の大きさ⁉

現在の電気掃除機は吸い取り式である。その最初の発明者はヒューバート・ブースというイギリスの設計技師であった。

19世紀末のある日、ブースは鉄道車室用の新型掃除機の公開実験がロンドンのある場所で行なわれているのを見た。その掃除機は吹きつけ式で、空気を吹きつけ、ゴミやホコリ

を飛ばして箱に入れる仕組みになっていた。
それを見て、彼が吸入式のほうが効果的ではないかと質問すると、それは試してみたがうまくいかなかったとの返事であった。
帰宅したブースは床に寝そべり、口をハンカチでおおい、思いきり息を吸い込んでみた。するとハンカチにホコリが付着した。彼はそれをヒントに、濾過《ろか》布を用いた吸い取り式の掃除機を発明。1901年にその特許を取得した。
ちなみに、その掃除機は今日の冷蔵庫くらいの大型で、それで掃除するには2人の人間（1人は機械を動かし、もう1人が長いホースを受けもつ）が必要であった。

電気ゴタツの発明おもしろ話

発明品の中には、ひょんなことがきっかけで生まれたものが少なくない。たとえば電気ゴタツ（やぐら式電気ゴタツ）もその一つである。電気ゴタツの第1号が東芝から発売されたのは昭和32年（1957）。その生みの親は同社の山田正吾氏である。

昭和31年のある日、山田氏は仕事で富山の宇奈月温泉に出かけた。山田氏は大のソバ好きで、当地に着くとソバ屋に入った。座って待っていると、頭の上のほうがなぜか温かく感じられた。見上げてみると、天井から何かが突き出ていた。そのソバ屋は二階が住居になっていて、それはコタツであった。すなわち二階の掘りゴタツの熱源の部分が一階の店の天井の下に突き出ていたのであった。

それを見て、山田氏はひらめきを得た。コタツの熱源は下に置くものとばかり思っていたが、上につけるという方法もある！　かくして生まれたのが電気ゴタツである。なお山田氏は、電気釜や電気モチツキ機の考案者でもある。

どのように電気カミソリは生まれたのか

必要は発明の母。多くの発明品は必要から生まれている。男性のヒゲそりに欠かせない電気カミソリ。それもまた必要から発明された。今から70年ほど前のことである。

電気カミソリを発明したのはアメリカ人のジェイコブ・シック。アラスカの陸軍基地にいたとき、彼はジレットの安全カミソリでヒゲをそっていた。それは良くそれ、使い心地も良かった。彼は安全カミソリには何の不満もなかった。

ただ、安全カミソリでヒゲをそるには水がいる。その水が冬場には凍ってしまい、厚い氷を割って、カミソリを水に浸したりしなければならなかった。水を使わなくてもいいカミソリはないものか。

そこで考えたのが、電気モーターで動かすカミソリである。そのアイデアの最大のネックになったのはモーターである。性能がよく、パワフルなモーターはどれも大きくて重かった。彼は5年かけて小型のモーターを開発し、1931年に最初の市販用電気カミソリを完成させた。

国産初の扇風機についていたものは何？

エアコンの普及によって、家庭から扇風機が姿を消したところもある。だがエアコンの冷風より扇風機の風のほうがいいという人も少なくない。そこで扇風機はまだ存在性を保っている。国産扇風機の第1号が誕生したのは明治27年（1894）で、東京電灯会社（東芝の前身）によって作られた。ちなみに、これは家庭用電気製品の第1号でもある。

ところでその国産扇風機の第1号だが、それにはあるものが取りつけられていた。現在の扇風機には、そのあるものはついていない。さてそのあるものとはいったい何かお分かりだろうか。それはモーターの上の部分に取りつけてあった。

答えは……、電球である。国産扇風機の第1号には電球がついていて、扇風機のスイッチを入れると、扇風機が回りだし、同時に電球がともるようになっていた。当時はまだ電

気が珍しい時代であった。スイッチ一つで電灯がつき、風を起こすこの扇風機はまさに画期的なものであった。

胃カメラを開発したのは日本人!?

胃の内部を撮影する胃カメラ。それが日本人によって開発されたことをご存知だろうか。世界で最初に胃カメラを開発したのは日本人である。三人の日本人によって胃カメラは誕生した。敗戦から5年後の、昭和25年（1950）のことである。

その三人とは、東大医学部附属病院の外科医の宇治達郎、オリンパス光学工業株式会社の技師の杉浦睦夫と深海正治。当時、胃の内部を観察する方法としては、バリウムを胃の中に入れてレントゲン写真をとる方法と、内視鏡（胃鏡）で覗くという方法があった。しかし前者は胃の内部を間接的にしか観察できず、それまでの内視鏡は患者にかなりの苦痛を与え、像も鮮明ではなかった。

そこで開発されたのが胃カメラである。三人が開発した胃カメラは蛇腹のゴム管の先端に小型のカメラをとりつけ、小さなフィルムで撮影するというもの。少々の痛みは与えたものの、鮮明に撮影することができるという画期的なメカであった。

セロハン・テープはどこで生まれたのか

紙ヤスリを製造する会社にリチャード・ドルーという技師がいた。あるとき自動車の車体工場に紙ヤスリを届けた。その工場では車を塗装するとき、他の部分につかないように紙でマスキング（遮蔽）していたが、それがなかなかうまくいかず、従業員たちがそのことを問題にしているのをドルーは知った。そして彼はその問題を解決するものを作ることを約束した。1925年のことである。

ドルーが最初に考えついたのは粘着力がさほど強くない接着剤のついた紙テープであった。2年を費やし、テープの全面に接着剤を塗らず、その両縁だけに塗ったものを開発した。

しかしそれは接着剤が少なすぎるために、紙の重さに負けてはがれやすかった。

そこでドルーは、次に透明のセロハンに接着剤を塗ったテープを開発した。いわゆるセロハン・テープの誕生である。このセロハン・テープはスコッチという名前がつけられ、やがて大ヒット商品となった。

お金と輪ゴムの深い関係とは？

お金と輪ゴム。両者は深い関係にある。それがどんな関係だかお分かりだろうか。お金の中には穴あきコインがある。その穴に輪ゴムを通せば吊るすことができるが、ここでいう深い関係とはそんなことではない。

輪ゴムの考案者はロンドンのゴム加工業者、スティーブン・ペリーで、1845年に硫化ゴムで輪ゴムを作って特許をとり、書類や手紙などの整理用として製造した。

日本で輪ゴムが使われるようになったのは大正時代。現在、全国の輪ゴムの半分以上を生産している株式会社共和の創立者が、大正12年（1923）に輪ゴムの製造を始めた。これが国産第1号だが、それを作ったいきさつがなかなか面白い。

あるとき、お札を束ねるいい方法はないかと日本銀行から話があった。そこで考えついたのが自転車のチューブ。このチューブを輪切りにすれば、お札を束ねるのに便利な〝輪ゴム〟ができる！　国産の輪ゴムはこうして誕生したのである。

世界初の段ボール、その時点での用途は

段ボールと呼ばれる紙製品がある。ボール紙の片面、あるいは2枚のボール紙の間に波形にした紙を貼りつけたもので、段ボール箱は品物を送ったり保管したりするのに、たいへん便利である。

段ボールという名は今日では普通名詞化しているが、もとは商品名である。明治42年、東京品川の井上貞治郎という人がボール紙に波をつけることに成功し、その片面に厚紙を貼り、その姿が段状に見えることから段ボールと名づけた。

ところで段ボールを世界で最初に開発したのはイギリスのエドワード・ヒーレイとエドワード・アレンという人で、1856年にその特許を取っている。それは厚紙を波状の板

で型押ししただけのもので、用途も限られていた。その世界最初の段ボール紙は、あるもののために作られたのであった。そのあるものとは帽子である。シルクハットや山高帽子の内張りの布の部分に用いられ、額の汗を吸い取るためのものであった。

プラスとマイナス……ネジの世界

ネジには頭部に「－」《マイナス》の溝がついているマイナスネジと、「＋」《プラス》の溝がついているプラスネジがある。プラスネジはマイナスネジにもう一本溝を加えたもので、「－」《マイナス》を「＋」《プラス》にするというのはじつに単純な発想であり、誰でも思いつきそうなことだが、意外にもそうではなかった。プラスネジは１９３５年、アメリカのフィリップという技術者が発明したもので、それまで誰も「＋」《プラス》型のネジは思いつかなかったのであった。

フィリップはラジオの箱にマイナスネジで部品を取りつけているとき、ドライバーが滑ったり、ネジの溝がつぶれたりして、いつもいらいらさせられた。どうにかならないものか。

ある日のこと、ネジの溝を見つめていた彼はヒラメキを得た。そうだ、ネジの溝を「＋」《プラス》型にすればドライバーの滑りをなくすことができ、しかもしっかり締めつけることができるはずだ！　彼はさっそくそれを試作し、１９３５年にその特許を取った。

座高測定のそもそもの目的とは？

学校では身体測定などの健康診断を行なう。

かつてそれは身体検査といったが、今日では健康診断と呼ばれている。明治12年ころから、文部省に設立された体操伝習所で、体操の効果測定として身体検査を行なった。それは活力検査と呼ばれていたが、今日の身体検査（健康診断）のルーツである。

明治21年（１８８８）から官立学校では活力検査が行なわれるようになり、明治30年に活力検査は身体検査と改称された。

学校の身体測定では身長、体重、胸囲、そして座高を計る。ところが大人になると座高はまず計ったりしない。なぜ座高を計るのか。身体検査で座高を計るようになったのは昭和10年代になってからだが、それは当時の健康に対する考え方にもとづく。

その頃は、胃や腸などの内臓が詰まっている上半身がよく発達しているほど健康体だと考えられていた。そこで、内臓の発達を知るために座高を計ったのだ。現在から考えれば、おかしな話である。

世界初のスチュワーデスは看護婦だった

旅客機に搭乗して、旅客の世話をする女性乗務員のことをスチュワーデスという。世界で最初にスチュワーデスを採用したのは、アメリカのユナイテッド航空である。だがそれは募集によって採用したものではない。売り込みによるものであった。

アイオワ州出身のエレン・チャーチという看護婦がスチュワーデスの第1号である。彼女は飛行機操縦の経験もあり、自分を客室乗務員に雇ってはどうかと売り込みの手紙をユナイテッド航空に書き送った。それがきっか

けで、彼女はスチュワーデスに採用されることになった。

1930年5月、カリフォルニア州・オークランド空港発、シャイアン行きの飛行機に乗り、はじめてスチュワーデスとして11人の乗客の世話をした。彼女はまた、のちに採用された7人のスチュワーデスの訓練も担当した。

ちなみに、当時の採用条件は年齢25歳以下、正規看護婦の資格があること、体重52kg以下、身長163cm以上となっていた。

わが国でのUFOの目撃報道

アメリカの実業家、ケネス・アーノルドが9個の未確認飛行物体（UFO）、空飛ぶ円盤を目撃したのは1947年のことであった。以来、UFOへの関心がしだいに高まることになるが、わが国ではすでに江戸時代からUFOの目撃例があった。

明治11年（1878）冬、京都で異様に光る物体が夜空を飛ぶという噂がたち、12月8日、ついにそれが目撃される。それについての記事が「東京日日新聞」に載っている。

これによれば、その物体は大きな手まりほ

どのもので、光りながらグーンという音を発し、北東から南西に向けて飛び、そのあとにはしばらく紅炎のようなものを引いていたという。目撃したのは一人ではなく、多数の人がそれを目にした。同じようなものが大阪でも目撃されていた。

新聞はそのように伝えている。それはいったい何だったのか。ちなみにこれが未確認飛行物体の、わが国における新聞報道の第1号である。

日本最初のCMタレントは誰か

今日、多くのCM（広告宣伝）に芸能人が使われているが、CMと芸能人との関係は古く、そのルーツは江戸時代までさかのぼる。

「透頂香《とうちんこう》」という伝統薬がある。ジャコウ、ニンジン、リュウノウなどを主薬にカンゾウを配合したもので、外郎薬《ういろうぐすり》とも呼ばれている。

享保3年（1718）、2代目市川団十郎が江戸・森田座における歌舞伎『若緑《わかむらさき》勢《いきおい》曾《そ》我《が》』の中で、外郎売りに扮し、「透頂香」の効能を宣伝した。

「まずこの薬をかように一粒舌の上にのせまして、腹内へおさめますると、イヤどうもいえぬは、胃肝・肺肝がすこやかになって……（以下略）」。その長いセリフを弁舌さわやかに早口で述べ、大喝采を博し、そのおかげで「透頂香」は人々にその名を知られ、大いに売れた。

団十郎がその薬の宣伝をするようになった経緯は定かでないが、これが芸能人が商品の宣伝広告に一役買った最初といわれている。

女性店員が初登場した業種

紡績工場などを除けば、百年前まではほとんどの職場は男性だけであった。ちなみに女性の雇用の早い例としては、明治27年に東京電話局が電話交換手として、明治31年に日本銀行が計算係として女性を採用している。

そのとき日本銀行には男性用トイレしかなく、女性用がなかった。そこで女性用トイレを急きょ増設したというエピソードが残っている。

明治33年（1900）、三井呉服店（現在の三越の前身）が女性3名を採用した。その3名は一ッ橋女子職業学校の卒業生（古谷ツル、佐藤ヨネ、高津マサノ）で、小間物売場を受けもったという。これが女性店員の第1号とされている。

それまで呉服店のお客は金持ちの、しかも常連が主だった。ところが、そのころからしだいに一般客も増えてくるようになり、男性店員だけでは客に対する細かな配慮に欠けるということで、女性店員を採用することにしたそうである。

"パートタイム"は昭和29年から

昭和10年（1935）10月、大阪・心斎橋の百貨店「そごう」が新築開店したとき、半日勤務の臨時店員を募集した。採用人数は不詳だが、これが実質的なパートタイムの第1号といわれている。これを契機に大阪の職業紹介所には時間制臨時職の求人申込みがあり、デパートでは歳末の大売出しなどに臨時店員を雇用するようになったが、パートタイム制が定着するのは戦後になってからである。

昭和29年（1954）4月、東京労働局がパートタイマーの求人紹介を始め、5か月間に延べ11万5千人の希望者が登録している。当時は「短期派出」という名で呼ばれていた。昭和29年10月、東京駅に「大丸東京店」が開店したとき、3時間勤務の臨時女性店員を250名募集した。このときはじめて「パートタイム」の名称が使われ、やがてこの言葉は一種の流行語ともなった。

以後、「パートタイム」（パートタイマー）という名によって臨時店員・社員を募集するところが増えはじめた。

本邦初の全国指名手配になった人物

歌舞伎の『白浪五人男』の日本駄右門《だえもん》は、日本左衛門こと浜島庄兵衛をモデルとしている。彼は鼠小僧次郎吉とともに日本を代表する大泥棒として知られているが、彼はまた全国指名手配になった第1号でもある。

浜島庄兵衛は享保3年（1718）、尾張藩の下級武士の子として生まれた。彼は長

身・色白で、いわゆる美男子であったらしい。それに子供のころから頭もよかったようである。何がそうさせたのかは明らかでないが、長ずるにおよび、グレはじめ、仲間をひきいて、美濃・尾張・三河・遠江・駿河・伊豆・相模・近江・伊勢の9か国を荒し回った。

歌舞伎では、盗みはしたものの非道なことはしなかったということになっているが、実際はかなりの極悪人だった。延享3年（1746）、幕府はついに庄兵衛の人相書をそえた指名手配状を全国に配布した。

これが、日本で最初の全国指名手配といわれている。庄兵衛はやがて京都奉行所に自首した。

シリンダー錠は団地とともに生まれた

昭和30年（1955）、日本住宅公団が大阪・堺市に金岡団地を造った。これが団地の第1号である。以後、各地に団地が続々と誕生し、団地ラッシュが始まった。住まいの広さを2DKとか3LDKなどと表わすが、このDK（ダイニング・キッチン）という呼称は、金岡団地で初めて使われた。名付け親は住宅公団の初代設計課長の本城和彦氏。

団地にはステンレスの流し台や水洗トイレなどが設置され、文化生活のシンボルとしてもてはやされた。そのほかにも、あまり目立たなかったが、居住者にたいへん重宝がられたものがあった。それは玄関ドアについていたシリンダー錠である。

この錠は公団が防犯の目的から独自に開発したものであった。シリンダー錠は堅牢な錠として評判になった。以後、このシリンダー錠は戦後住宅の隠れたスターとして各家庭に普及することになる。

捜査用モンタージュ写真の誕生秘話

未解決事件の犯人捜査のために、合成で作り上げる犯人の顔写真のことをモンタージュ写真という。昭和23年に起きた帝国銀行椎名町支店の毒薬殺人事件（帝銀事件）で、モンタージュによる犯人の肖像が一般公開された。これが犯人捜査のために用いられたモンタージュの第1号とされているが、このモンタージュは絵にしたもので写真ではない。

昭和25年6月、東京駅八重洲口の工事現場で、近くの屋台の女性（19歳）の絞殺死体が見つかり、警視庁は犯人のモンタージュ写真を作った。これが捜査用モンタージュ写真の第1号である。捜査陣はそれをもとに、2か月後に犯人を割りだした。

モンタージュ写真を作ったのは警視庁鑑識課の写真技師、前田正雄。彼はもともと映画会社のスチールカメラマンであった。警視庁に在職していた30年間に手がけた事件は千件以上におよび、彼の作ったモンタージュ写真がいくつもの難事件の解決の糸口となった。

女子大学生の起源とは?

大正2年(1913)、東北帝国大学に3人の女性(黒田ちか、牧田らく、丹下むめ)が合格し、入学した。彼女たちが女子大学生第1号であり、また大学の男女共学第1号でもある。大学令では女子の入学は許されないとは明記されていなかったが、当時、不文律として大学の学生は男子に限られていた。それなのにどうして彼女たちは入学できたのか。

文部省では3人の女性の受験については、通知を受けて知っていた。それまでも大学には女子聴講生の制度があり、文部省はその受験だと思っていたので、とくに気にとめなかった。

ところが、やがて東北帝国大学から3人の女性が正規の入学試験を受けて合格したことを知らされ、文部省は驚き、あわてた。

しかし、大学令では女子の入学は不認可とはなっていないし、大学令に違反しているわけではない。そのうち官報で3人の合格が公示され、もはや黙認するしかないということになり、3人は入学し、女子大学生第1号となった。

大学ノートはなぜ横書きなのか

ノートには俗に「大学ノート」と呼ばれるものがある。その種のノートはほとんどが横罫《けい》が入っていて、横書きである。どうしてそうなのか。

いわゆる大学ノートを最初に売り出したのは、東京・本郷赤門前の洋書屋といわれている。明治18年のことで、外国から輸入した筆記用紙を綴じ合わせてノートにし、東京大学の学生用に売り出した。その後、神田の丸善がその評判を耳にし、イギリス製の筆記用紙を大量に輸入してノートにし、それを「大学ノート」の名で売りだした。ちなみに「大学ノート」という名はそこからきている。

イギリス製の筆記用紙は英語（アルファベット）が書きやすいように、横罫が入っていて横書きであった。だから東大前の洋書屋、そして丸善が売りだしたノートも横罫・横書きであった。以来、その形式がそのまま踏襲され、現在でも大学ノートは横罫・横書きになっている。

受験写真の第1号は明治25年

入学試験などを受けるとき、願書に写真を添付する。そうしたことは一体いつごろから行なわれるようになったのか。そんなに昔のことではないように思われるが、じつは明治時代すでに行なわれていた。

医師になるには医師免許がいり、それを取得するためには試験に合格しなければならない。文部省が医師試験（医師開業試験）の実施を指示したのは明治8年（1875）。その17年後の明治25年、東京府では4月に実施の医師試験から、願書に写真をそえることとし、試験場では、係員が受験者と写真を対照したうえで、入場を許可した。これが受験写真の第1号といわれている。

なお明治43年（1910）に実施された医師試験で、「レノー氏病の原因、症候、療治を記せ」という問題が出題されたが、そんな病気はなく、出題ミスであった。新聞がそれをとりあげ話題になったが、これが世上をにぎわした出題ミスの第1号だそうである。

国産初の自動車の値段はいくら?

1862年、エティエンヌ・ルノワールというベルギー人技師がパリで自動車を製造した。これが世界初の自動車（内燃機関使用の自動車）である。日本で国産の自動車が誕生したのは、それから約50年後のことである。

岡山市に山羽虎夫という人がいた。電機関係の修理工場を営んでいた山羽は発明家として知られていたが、明治37年5月、自動車を完成させた。すなわち国産第1号自動車の誕生である。この第1号自動車はボイラーを使ったもので、10人乗りの乗合自動車（今ふうにいえばマイクロバス）であったが、運転席、座席ともに天井はついていなかった。スプリングには鋼を焼いたものを用い、車台は欅《けやき》製で、タイヤはソリッドタイヤを使用。

この自動車は岡山県に住む森房造という人の注文に応じて製造したものだったが、山羽がその車につけた値段は約1万2千円であった。ちなみに当時、巡査の月給（初任給）が15円ぐらいであった。

世界で初のタイヤは「水入り」だった

自転車・自動車に使われている空気入りのタイヤを発明したのはアイルランドのジョン・ボイド・ダンロップだが、そのきっかけについてこんなエピソードが伝わっている。

ダンロップにはジョニーという息子がいた。その息子に当時、最新流行の自転車を買ってやったが、乗り心地がよくなかった。

ある日、ダンロップはジョニーが庭を自転車で走り回り、芝の上に深い溝をこしらえるのを目撃した。それがきっかけで、タイヤの開発を思いついた。

最初、ダンロップは庭で使う水まき用のホースを用い、中に空気でなく水を入れた。そのとき、たまたまダンロップ家の主治医がそばにいて、それを見物していた。主治医は病人用の柔らかいクッションやマットレスについて、豊富な知識を持っていたので、タイヤに空気を入れるよう助言した。

その助言によって、ダンロップは空気入りゴムタイヤを数か月かけて開発し、1888年にその特許を取得したのである。

交通事故死の第1号はいつのこと?

毎年、1万人以上の人が自動車による事故で死亡している。日本人で最初に自動車を所有したのは明治・大正期の実業家、大倉喜八郎で、明治32年(1899)のことである。その6年後の明治38年に日本で最初の自動車による死亡事故が起きているが、その車は大倉喜八郎が所有していたものであった。

明治38年当時、大倉喜八郎は乗用とスポーツ用の2台の自動車を持っていた。スポーツ用はフィアット(イタリア製、4気筒、12.5馬力)で、彼はそれを日本自動車会社の倉庫に入れておいた。

ある日、その車をそこの工員4人が持ちだして乗り回した。そして神奈川県の平塚あたりで電柱に激突、4人とも即死した。これが自動車による死亡事故の第1号である。

翌39年、東京のある医者(内科医)が赤坂で運転を誤って時計台に車をぶつけてしまい、たまたまそばを歩いていた2人に怪我を負わせた。これが自動車による傷害事故の第1号である。

世界で最初にタクシーが走った国

明治45年（1912）、東京有楽町にタクシー会社が設立され、8月から営業を開始した。これが本邦初のタクシーである。では世界で最初にタクシーが走った国（街）はどこかご存知だろうか。ロンドン、あるいはパリなどを想像する人がいるかもしれないが、いずれも不正解。

正解はドイツのシュツットガルトである。1896年3月、シュツットガルトのディーツという人が2台のベンツでタクシーの営業を始めた。これが世界最初のタクシーである。ディーツは馬車会社を経営していたが、シュツットガルトは坂が多く、馬車よりも自動車のほうが適していると考え、タクシーを走らせた。翌年5月には、同じくシュツットガルトで別の人物がタクシーの営業を始めた。

1896年11月、パリでベンツのディーラーを営んでいたエミール・ロジェなる人物がベンツ1台でパリにタクシーを走らせた。これがタクシーの第2号であり、1897年8月にはロンドンにタクシーが登場している。

運転免許第1号&取り消しの第1号

免許の中で、最も多くの人が持っているのは、たぶん自動車の運転免許だろう。では、その運転免許を最初に手にした日本人は誰なのか。

日本に自動車が登場したのは明治30年代。しかし当時は自動車は少なく、免許制度もなかった。だから勝手に運転していた。

明治40年（1907）、警視庁が自動車取締規則を公布し、運転を免許制にした。第1号の運転免許を取得したのは三井家の当主、三井高保男爵のお抱え運転手である渡辺守貞《もりえ》であった。彼ははじめ馬車の馭者《ぎょしゃ》として三井家につとめ、三井家が自動車を購入したので、その運転手となった。

免許第1号というのは喜ばしい記録だが、のちに彼は今度は喜ばしくない第1号ともなる。

大正10年（1921）、東京の上野駅構内の踏切りで自動車がエンコし、貨物列車が衝突するという事故が起きた。運転手は無事だったが、その運転手というのが渡辺守貞で、このため運転免許を没収された。

これが、皮肉にも自動車運転免許取消しの第1号なのである。

自動販売機はいつどこで生まれたのか

タバコや飲料をはじめ、生花、下着、コンドーム、住民票など、さまざまな自動販売機がある。では、日本における最初の自動販売機は何を販売するものだったのか。

明治44年（1911）1月7日の「大阪毎日新聞」に、大阪の梅田駅に「自動式入場券発売函」なるものが設置されたという記事が、その写真とともにのっている。新聞記事によれば、それは四角の縦長の箱状のもので、穴に硬貨を入れ、その下にあるボタンを動かすと、受け口から入場券が出てくる仕組みになっていた。またこの函には千枚の切符が入るようになっており、その残り枚数も分かるようになっていたようである。

ものの本によれば、これが自動販売機の第1号ということになっているが、それ以前、明治37年（1904）に「自動郵便切手葉書売下機」なるものが登場している。これは指物師の俵谷高七が開発したもので（その実物が東京・大手町の通信博物館に展示されている）、こちらが日本における第1号の自動販売機のようである。

新聞初の社説は何を論じたのか

新聞にはたいてい「社説」の欄がある。社説とは新聞社がその社の主張として掲げる論説のこと。明治7年（1874）5月25日の「郵便報知新聞」に「論説」と銘打った文章が掲載された。それまでにも、いわゆる論説（社説）に相当する記事はあったが、「論説」とうたったのは、これが第1号とされている。

論説（社説）では、政治や経済、あるいは社会的な事柄が取りあげられるが、第1号の論説（社説）が取りあげたのは、いったい何だったのか。それは便所である。当時の便所はもちろん汲み取り式（ためておいて、ヒシャクで汲み取る）であった。

「論説」はまず便所を清潔にして、悪臭をまき散らさないようにしなければならないと述べ、さらに汲み取り用のヒシャクを道路に干したりするのはとんでもないことであり、また取扱い業者を募集して、夜のうちに汲み取って始末するようにすべきであると論じている。これがなんと「論説」（社説）第1号の内容なのである。

日本で初めての写真館が成功した理由

日本で最初に写真館を開いた人物としては二人の説がある。一人は長崎の上野彦馬《ひこま》で、もう一人は横浜の下岡蓮杖《れんじょう》である。両者はほとんど同時期（幕末）に写真館を開き、営業写真師としての道を歩いた。

すなわち二人は日本におけるプロカメラマンの元祖である。

その一人、下岡蓮杖はアメリカ総領事として来日していたハリスの通訳ヒュースケンに写真の技術を習い、のちに写真家のウンシンに師事して技術を修め、横浜の野毛に写真館を開いた。だがこの写真館は成功せず、すぐにつぶれてしまう。

店は評判を呼んだものの、写真は魂を吸いとるなどの俗説のため、客が少なかったからである。

彼は次に弁天通りに新しい写真館を開き、美貌の女性を雇った。その女性が成功をもたらすことになる。横浜の外国人たちのあいだで、彼女といっしょに写真を撮ることがはやった。かくして店は大繁盛、明治元年には馬車道通りに二階建の写真館を新築するまでになった。

女学生のセーラー服は体操用だった!?

女学生のセーラー服には、背中に四角の大きな襟がついている。あの襟は髪で服を汚さないためのものである。セーラー服はもともとはイギリスの水夫の乗船服で、昔のイギリス人男性は女性のように後ろ髪を長くしていたらしい。そこで大きな襟がつけられていたわけである。またその大きな襟は、それを立てて風をよけることで、仲間の声や命令などをよく聞きとることができるという効用もあった。

イギリスでは、水夫のセーラー服はやがて男児服として用いられ、のちに女児もこれを着用するようになる。そして、そのセーラー服は年長の少女たちの体操用としても用いられた。

セーラー服は明治の末に日本にもたらされたが、それは女学生の体操用の服としてであった。しかしすぐには普及せず、まずミッション系の学校がそれを体操服として用いるようになる。そして昭和になって、今度は体操服としてではなく通学服として、多くの学校で採用されるようになった。

ロケットの発明は11世紀の中国

ロケットといえば、今世紀の発明品のように思う人もいるかもしれない。だがその起源はかなり古く、ロケットは中国で11世紀にすでに発明され、兵器として用いられていた。

花火の一種に、鼠花火と呼ばれるものがある。火をつけると鼠のように地上を走り回る花火である。そうした花火の原理を応用して、中国人はロケットを作りだし、それを矢につけて用いた。

そのロケット矢は「火箭《かせん》」あるいは「飛ぶ火の矢」などと呼ばれ、矢の先のほうにロケット、すなわち黒色火薬を燃料とする推進装置が取りつけてあった。それを携帯が可能な発射箱に入れ、敵をめがけて発射した。その射程距離は80m以上で、300mあまり先まで達するものもあった。

中国人は14世紀には多段式のロケット矢も作りだしている。1段目のロケットが燃えつきると、後方の2段目のロケットに点火されるというもので、このロケット矢は1・6km先まで飛ぶことができたという。

日本最初の駅ビルはどこにできたのか

駅の施設と商業施設を含んだ建物（ビルディング）を俗に「駅ビル」という。大きな駅はほとんどそうなっているが、その駅ビルの第1号はどこの駅かご存知だろうか。日本の中心的な駅である東京駅？　東京駅（八重洲口）に駅ビルが建てられたのは昭和29年のことだが、それは駅ビルの第1号ではない。その4年前に、ある駅で第1号が誕生している。

駅ビルの第1号、それは東海道線の豊橋駅である。完成したのは昭和25年3月。当時、国鉄ではそれを「民衆駅」と呼んでいた。民衆駅とは駅舎の建築に際し、民間の資本を導入して店舗などを入れるもので、今日ふうにいえば、いわゆる「駅ビル」であり、そのはしりである。

豊橋の民衆駅は木造2階建て、モルタル外装で、間口が53・5m、奥行きが20mであった。1階に駅の施設（乗降口や事務所など）と食堂、理髪店、売店などがあり、2階はデパート式の店舗と事務所になっていた。
なお現在の駅ビルはのちに建てかえられたもの。

タクシーにメーター制が導入されたわけ

明治45年7月、東京・有楽町に数寄屋橋タクシー自動車（株）が設立。6台の車で東京市内を走ったのが、タクシー営業のはじめである。当時のタクシーには料金メーターはついていなかった。タクシーに料金メーター制を最初に導入したのは大阪で、昭和9年のことである。では、どうしてメーター制にしたのか。

大正13年（1924）、大阪市内で「円タク」が始まった。円タクというのは、距離に関係なく市内を1円均一で走るというもの。

昭和9年当時も〝円タク料金〟であったが、業者間で競争が激しくなり、運転席の横に助手を乗せて客引きさせたり、他車の助手とジャンケンで客を奪いあうといったことまでしたりした。

また過当競争の結果、無茶な運転をし、客とのトラブルや事故が絶えなかった。

その解決策として生まれたのがメーター制である。これによって交通事故は減ったが、客引きの必要がなくなったため助手が失業した。

なお東京でメーター制を導入したのは昭和13年のことである。

富士山の絵を描いた銭湯の第1号は？

銭湯の洗い場にはいろんな絵が描かれている。その中で、かつて多かったのは富士山の絵。とくに関東近県では、富士山が定番になっていた。富士山を初めて描いたのは東京・神田猿楽町の「キカイ湯」。この銭湯は今はもうないが、キカイ湯が銭湯の洗い場の壁に絵を描いた第1号で、それは富士山の絵の第1号でもある。なぜ絵を描いたのか。それにはある理由があった。

大正元年、キカイ湯では改築することにした。そのころはどこの家庭でも子供が多く、銭湯に大勢の子供がやってきて、洗い場で遊んだりして大騒ぎしたらしい。風呂屋の主人は考えた。子供たちの騒ぎをしずめるにはどうしたらいいか。そうだ、大きな絵を描けば、子供たちに喜ばれ、またそれを見て退屈をまぎらわし、少しはおとなしくなるかもしれない。そこで改築のとき絵を描くことにした。

ちなみに当時、男湯に富士山、女湯にはそのふもとの汽車や船が描かれていたそうである。

葬儀の花輪の賃貸方式を考案した人物

葬儀のさい造花の花輪を供える。そうしたことが行なわれるようになったのは大正時代になってからである。その花輪はもともとは買い取りであった。現在では葬儀店から賃貸料を払って借り、形式的に並べておくだけで、葬儀が終わると葬儀店が持ち帰る。

この造花花輪の賃貸方式はいかにして生まれたのか。じつはそれを考案した人がいる。造花花輪の賃貸方式は自然発生的に生まれたものではなく、ある人物によって考えだされたのである。

その人物とは、東京・神田で造花花輪店を営んでいた石川寅雄（平成元年死去）という人である。その方式を考えついたのは昭和23年ころのこと。それまで花輪は買い取られる

ものだったが、葬儀がすめば遺族には不必要である。持っていても、かえって邪魔になるだけである。結局、花輪店がいくらかの金で買い戻すことになる。そこで石川氏が考えついたのが賃貸方式であり、やがて花輪はほとんどがこの方式に変わった。

トランク・ルームの最初の利用者

一般の客から家具・書画などの家財を預かって保管する倉庫会社があり、その保管倉庫のことをトランク・ルームという。

このトランク・ルームを人々が利用するようになったのは昭和60年代になってからだが、トランク・ルームのルーツは意外と古く、昭和6年（1931）に三菱倉庫が東京・日本橋に開設したのが、その第1号である。オープン当初、それをもっぱら利用したのは、ある職業の人たちであった。

第1号トランク・ルームの利用者、それは日本橋の芸者さんであった。当時、東京だけでおよそ1万人の芸者さんがいた。日本橋は赤坂、新橋に並ぶ花柳界だったが、折からの不況に着物の買い換えもなかなかできず、保管もままならない。

そこで目をつけたのが近くにあったトランク・ルーム。芸者さんたちはそれを更衣所兼衣類保管所として利用した。夕方になると普段着でここへやってきて、預けておいた着物に着換え、お座敷へ向かったのである。

中華料理屋で最もポピュラーな店名

中華料理屋やラーメン屋には「○△軒」と、

最後に「軒」のつく店名のところが多い。そのため「○△軒」という名を聞いただけで、それがどんな店かは想像がつく。西洋料理屋や日本料理屋では「○△軒」といった名はあまり用いない。

ところで「○△軒」の中には「来々軒」というのが比較的多いが、その店名にはちゃんとしたルーツがある。明治43年、東京の浅草に「来々軒」という中華料理屋がオープンした。全国に点在する「来々軒」の店名は、もとをたどれば浅草の「来々軒」に行き着く。「来々軒」という店名はここが元祖である。

浅草の「来々軒」は横浜税関に勤めていた尾崎貫一という人が開店したもので、庶民を対象にした東京ではじめての中華料理屋であった。ラーメンとシュウマイが名物で、開店まもなくから評判を呼び、大戦の一時期に店を閉じたが、場所を八重洲、そして神田に移し、昭和51年まで営業していた。

なぜ年末に「第九」が演奏されるのか

日本では年末になると、なぜかベートーヴェンの「第九」が演奏される。この曲がドイツで初演されたのは1824年5月7日。日本での初演は大正13年11月29日（なお大正7年6月、ドイツ人捕虜たちが四国の徳島で「第九」を演奏している）。いずれも年末ではなく、したがって初演を記念してというわけでもない。

ではどうして年末なのか。ベートーヴェンの「第九」の演奏が年末に定着するようになったのは戦後数年たってからで、その始まりは次のようなことだったらしい。

戦後まもないころ、クラシック演奏会にはお客が集まらず、日本交響楽団（NHK交響楽団の前身）の団員は正月の餅代にも事欠くありさまだった。当時、ドイツでは年末に「第九」がよく演奏されていた。そこである団員が餅代かせぎにと、それを真似て大晦日に「第九」の演奏を考えついた。

これが大当りし、他の交響楽団などでも演奏するようになった。そして、年末に「第九」を演奏することが定着していったのである。

第6章

日本の歴史と風習こぼれ話

女性器の長さをもとにした古代の単位

古代の長さの単位は、人の体の部分がその基準になっている。たとえば「寸」は親指の幅、「尺」は広げた手の親指の先から中指の先までの長さがもとになっている。古代の日本では「咫《あた》」という長さの単位が用いられていて、三種の神器の一つである鏡の大きさは「八咫」と『日本書紀』に記されている。

この「咫」は親指と中指を広げてその両先端を結ぶ長さとされている。これに対し、咫は女性の性器（割れ目）の長さがもとになっているという説がある。

その根拠の一つとして、昔は性交することを「あたら（あたわす）」といい、『古事記』や『日本書紀』にその言葉が数多く見られる。たとえば「そのヤガミ姫は先のちぎりの如く美刀阿多波志《みとあたわし》つ」と『古事記』にあり、その「あたわす」は咫＝性器に由来するとも考えられる。そこで、咫という長さの単位は女性器から起ったという説を唱える学者もいる。

聖徳太子が手にしている笏《しゃく》は何のため?

旧五千円札や旧一万円札でおなじみの聖徳太子像では、太子はシャモジみたいなものを手にしている。あれはもちろんシャモジではなく笏と呼ばれるものである。ちなみに笏は漢音では「コツ」と発音するが、コツだと「骨」に通じるので、笏の長さ1尺の「尺」を用いて「シャク」と呼ぶようになった。

笏は木や象牙などで作られていて、官人や貴族などが正装したときに威儀を整えるために用いた。

だが笏にはほかに実用的な側面もあった。笏は手板とも呼ばれ、じつはメモ代わりに用いられた。儀式の進行やその他の事項を紙に書いて、それを笏の裏に張り、忘れないようにしたわけである。なお笏を携帯するようになったのは、奈良時代に入ってからだといわれている。

したがって聖徳太子の時代には笏はなく、笏を手にしている聖徳太子像は、後世の人が想像して描いたものだということになる。

わが国はいつ「日本」になったのか

日本は古くは「やまと」と呼ばれ、その「やまと」には「倭」「大倭」「大和」という字を当てていた。大宝律令《りつりょう》が制定された701年の翌年、遣唐使が中国に到着し、皇帝・則天武后に対し、「日本」の使いであると述べている。これが対外的に「日本」という国名を表明した最初だといわれている。

中国は日本のことを「倭国《わこく》」と呼んでいた。そこで日本は自国名の「やまと」に「倭」の字を当て、それまで遣唐使は「倭《やまと》の国」からの使いであるといっていた。

ところが、702年の遣唐使は「日本」の使いであると述べている。そこから「日本」という国名がそれ以前に公式に決定されていたことが推測できる。

689年、浄御原令《きよみはらりょう》という法令が施行されている。どうもその法令の施行のときに「日本」という国名が決定したらしい。「日本」は初めは「やまと」と読まれていたが、のちに「にほん・にっぽん」と音読するようになった。

大仏の頭はなぜイボイボ状なのか

パーマをかけそこなって髪の毛がチリチリになることを俗に「大仏」と呼ぶそうだが、大仏の頭髪はパンチパーマをかけたように、イボイボ状になっている。それを仏教の用語では「螺髪《らほつ》」という。螺は巻貝のようにぐるぐる巻いた形のものという意味。

仏教の開祖、釈迦の姿を表わした仏像は32の大きな特質（三十二相）と、80の小さな特質（八十種好）を備えているといわれている。「螺髪」もその一つである。

言い伝えによると、釈迦は頭の髪をツルツルに剃りあげないで、3～4センチぐらい伸ばしていたという。そしてその髪は1本1本、右に巻いていて、今日でいうところのパンチパーマをかけたようになっていたそうである。

奈良・東大寺の大仏や鎌倉の大仏をはじめ、各仏像の頭がイボをいくつもくっつけたようなかっこうをしているのは、釈迦の髪の形からきており、あのイボイボは巻き毛を表現したものである。

鑑真《がんじん》は本当は全盲ではなかった⁉

芭蕉に「若葉して御《おん》めの雫《しずく》ぬぐはばや」という句がある。「御め」は「御目」で、唐招提寺に安置されている鑑真像に接して詠んだものである。若葉に囲まれておわす鑑真和上の像よ、この柔らかな若葉をもって盲目の御目のしずく（涙）をぬぐってあげたい、という意味。

鑑真は前後5回、渡航に失敗し、6度目の航海でやっと日本にたどりついた。彼はそのとき、5度目の渡航の際に潮風で目をやられ、全盲になっていたという。唐招提寺の鑑真像は目を閉じている。

ところが、鑑真が全盲だったということについては疑問の点もある。それというのも、鑑真が書いたとされる手紙が残っているからである。その手紙は来日した翌年に書かれており、明らかに鑑真の直筆の手紙のようである。また彼はその手紙で、経本を校正したとも記している。

そんなところから、鑑真は少しは目が見えたのではないかという説があるのだ。

右大臣と左大臣の背景

菅原道真《みちざね》は右大臣までしか出世できなかった。死後、怨霊となってライバルで左大臣の藤原時平《ときひら》にたたった。ところが時平が「この世では私のほうが位は上だ。怨霊といえども上位の者には礼をつくすべきだ」と言ったところ、道真の怨霊は黙ってしまったとか。

左大臣と右大臣では、左大臣のほうが位は

上である。なぜ「左」が「右」より上なのか。これは中国の影響によるといわれている。中国では戦国時代は一般に「左」を優先していた。それが漢の時代になると「右」のほうが上位となる。官位・官職を低いほうに落とすことを「左遷」という。これは「右」を尊び、「左」を「右」より下だとする考えから出た言葉である。

ところが唐の時代になると「右・左」の上下が逆転し、「左」のほうが上とみなされるようになる。その影響を受け、日本の律令制における官職では「左」が優先され、右大臣と左大臣では、左大臣が上位とされるようになった。

平安朝廷の官女の眉

今日の女性は腋毛を抜いてしまうが、毛を抜くことは昔も行なわれていた。その毛は腋毛ではなく眉毛だが、たとえば平安時代の女性はわざわざ眉毛を抜き、眉墨を引いて眉を描いた。それを引眉《ひきまゆ》と呼んでいた。そして、その眉は実際の眉毛の位置より少し上のほうに描いていた。

『枕草子』の「物のあはれ知らせ顔なるも

の」の条に、「眉ぬく」とある。彼女たちは顔におしろいを厚くぬり、その上に眉を眉墨で描き入れた。その際、眉は実際の位置より少し上に描き、また眉と眉とのあいだはなるべく離したのだ。

そのわけは、そうしたほうが幻想的な顔立ちに見えるということからだったようである。また当時は眉と眉のあいだが離れていればいるほど、高貴な顔立ちとされていたらしい。これが後世になると、眉毛を削り落とすだけで、眉を描くということはしなくなる。

嫁と姑《しゅうと》の仲が悪くなったのはいつ頃か

嫁と姑はとかく仲が悪い(?)。「嫁と姑、犬と猿」ということわざがあり、昔の人々は嫁と姑を犬猿の仲としてとらえている。「嫁と姑の仲のよいのは盆三日」「嫁と姑も七十四日」(嫁と姑の仲がいいのも初めのうちだけという意味)ということわざもある。

ところで嫁と姑の仲が悪くなったのは、いつごろからなのだろうか。樋口清之氏によれば、それは平安時代末期からだという。それまで結婚は婿入り婚で、女性の家に男が通った。だから親と子である母と嫁がやたらにい

がみあうということは起きない。それが男の家に女性が来るようになった嫁入り婚になってから、嫁姑の問題が発生することになる。そして両者の関係が本格的におかしくなったのは江戸時代に入ってからだという。

江戸時代になると家の財産権が確立し、財産権を嫁にとられはしないかと姑は心配する。樋口氏は、それが嫁姑の仲が悪くなった理由の一つだと指摘している。

古来の秘法、血液型で親子を鑑別

ある血液型の両親からは、一定の法則に従って、決まった血液型の子供しか生まれない。たとえば両親がどちらもO型であれば、その子供は必ずO型である。そこで血液型は親子の鑑別にも利用される。

じつは昔も血液を用いて親子などの鑑別を行なっていた。

それを血合わせといった。文字通り血を合わせるもので、容器の中で親と子の血を合わせ、それが固まれば（あるいは水の中にそれぞれの血をたらし、それが混じれば）、本当の親子の間柄であり、固まらなければ（混じらなければ）、他人の間柄であるとされていた。

血合わせは生存者同士のあいだで行なわれた方法だが、親や子の一方がすでに亡くなっている場合にも、両者の間柄を確かめる方法があった。

一方が死亡している場合は、その死者の骨に生存者の血液をたらし、それが骨の中にしみこめば、両者は本当の親子関係にあり、そうでないときは他人の関係とされていた。

史上最年少の天皇は誰か

歴代天皇のうち、神話のなかの天皇をのぞくと、在位期間がもっとも長いのは昭和天皇で、64年。次が明治天皇で、45年。いっぽう在位期間が最も短いのは仲恭《ちゅうきょう》天皇。承久3年（1221）4月20日に即位し、同年7月9日に退位しており、その期間はわずか70余日にすぎない。

では歴代の天皇の中で最年少で即位した天皇は？　六条天皇がそうである。六条天皇が父の二条天皇のあとを継いで皇位についたのは永万元年（1165）6月25日。六条天皇が生まれたのは長寛2年（1164）11月14日だから、皇位についたとき満1歳にもなっていなかった。そんな年齢で即位したのは、二条天皇が23歳という若さで崩御したからであった。ちなみに六条天皇の在位期間は2年と8か月であった。

ほかに若くして皇位についた天皇としては、安徳天皇が満1歳3か月、四条天皇が満1歳8か月、後深草天皇が満2歳7か月で、それぞれ即位している。

鉄砲は種子島よりも前に渡来していた!?

天文12年（1543）8月、種子島にポルトガル商船が漂着し、鉄砲を伝えた。これが鉄砲が日本に伝来した始めとされている。しかし、それ以前にすでに日本に入ってきていたという説がある。

九州の五島列島のあたりを根城に暗躍していた海賊の頭領に王直《おうちょく》なる者がいた。彼は明《みん》の生まれで、倭寇《わこう》を率いていた。その彼が平戸城主の肥前守興信《おきのぶ》に、弾薬とともに鉄砲一挺を献上したという。天文9年のことである。興信は翌年にはさらに数十挺を王直から購入し、天文12年、興信の子の源三郎興信が松浦丹後守親《ちかし》との戦いで、それらの鉄砲を使ったという。

また別の説によれば、それよりもずっと以前の永正7年（1510）、北条氏康《うじやす》の家来が堺の商人から鉄砲を入手したともいわれている。この説には疑問視する人もいるが、種子島に伝わったのはいわゆる公式の伝来であって、それ以前に鉄砲がもたらされた可能性は十分にある。

「ティーバッグ」の起源は戦国時代

お湯を注ぐだけですぐ緑茶や紅茶が飲めるように、薄い紙（または布）の袋に茶の葉を詰めたものをティーバッグという。ティーバッグが発明されたのは20世紀初頭のことで、ニューヨークの茶の卸商人、トマス・サリバンが紅茶のサンプルを絹布袋に入れておいたところ、それをポットの熱湯に投じて飲んだ者がいた。これをヒントに、紅茶を絹袋に包んで売りだしたのがティーバッグの始まりといわれている。

ところで、日本にはすでに戦国時代にティーバッグ式のものがあった。とはいっても、その中身は茶ではなく薬。戦国時代、「振り出し薬」と呼ばれるものが用いられていた。戦場で傷を負った者を手早く治療するためには、携帯に便利で、すぐに使える薬が必要となる。そこで薬草を細かく刻み、布袋に包んで熱湯で浸出して使う「振り出し薬」が活用された。

この「振り出し薬」はティーバッグ方式のいわばもう一つのルーツともいえる。

「本能寺の変」のミステリー

明智光秀は若いころから近眼であったといわれている。その原因は、どうも本の読みすぎらしい。彼ははじめ越前の朝倉義景《よしかげ》に仕え、のちに織田信長の家臣となるが、その信長を裏切り、本能寺を宿所としていた信長を襲撃する。世にいう「本能寺の変」である。

明智光秀はいったいなぜ反乱を起こしたのか。それについてはいろんな説があるが、近眼であったことがその原因の一つだという説

がある。

眼が悪ければ相手の顔がよく見えない。光秀は近眼だったので、信長の微妙な表情が読みとれなかった。これに対し、豊臣秀吉は視力がよく、勘もすぐれていたので、信長の表情を読みとり、何を考えているかを的確につかみとった。光秀はかくして秀吉に遅れをとり、生まれつき内向的であった彼は心理的に追いこまれ、ついに本能寺の変へと発展していくというわけである。果たしてあなたは、この説に納得できるだろうか。

安土桃山時代の物語

織田信長が安土に城を築き、天下を統一した時代を「安土時代」、豊臣秀吉が政権を握っていた時代を「桃山時代」、両方を合わせて「安土桃山時代」という。

ところで、その桃山時代の「桃山」は秀吉の城（伏見城）があった場所の名前、すなわち地名からきているが、じつは桃山時代にはその場所はまだ桃山とは呼ばれていなかった。

秀吉が京都・伏見にあった伏見城の築城（再築）に着工したのは文禄3年（1594）のことで、4年後に秀吉はその伏見城で亡くなった。秀吉の死後、伏見城は徳川家康の預りとなり、元和5年（1619）に破却されてしまった。

その後、城のあった付近に誰かが桃の木を植え、桃の林が出現した。そこでそのあたりは「桃山」と呼ばれた。現在でもその地名は残っている。そこから秀吉が政権を握っていた時代を「桃山時代」と呼ぶようになったわけだが、桃山時代にはまだ「桃山」という地名はなかったのだ。

茶人の千利休《せんのりきゅう》が考案した履物《はきもの》とは？

雪駄《せった》と呼ばれている履物がある。竹皮のぞうりの裏に革を張りつけたもので、数寄屋ぞうりともいう。江戸時代の元禄のころから、かかとに金物を打ったものが流行し、それが雪駄の主流になった。

竹の皮で作った履物のことを古くはセキダといい、漢字ではふつう席駄と書いていた。そのセキダがセチダ・セッタと変化し、のちに「雪駄」の文字を当てたのだろうと考えられている。それでは、どうしてセッタに「雪駄」の字を当てたのか。

じつは雪駄は茶人の千利休が考案し、作らせたものだといわれている。享保19年（1734）に出版された『本朝世事《ほんちょうせじ》談綺《だんき》』に「千利休、初めこれ（雪駄）を作らしむ」、そして雪の日の茶会で露地を歩くために用いたとある。

すなわち雪の上を歩くとき、湿気が通らないように、裏に革を張りつけたわけである。雪の上を歩くための履物。そこでセッタに「雪駄」の文字を当てたらしい。

「大名」がいれば「小名」もいた

「大名」という言葉は平安時代の末期から登場する。大名というからには、では小名もいたのかといえば、じつはちゃんといた。『平家物語』に「内侍《うちさぶらい》には一門の源氏上座して、末座に大名小名なみゐたり」とあり、小名という言葉が見える。

平安時代末期から鎌倉時代において、自分が所有する土地、すなわち占有者がその名をつけた田地を名田《みようでん》といい、名田の占有者を名《みよう》主《しゆ》といった。このうち名田を多く持っているものが大名主、少しもっているものが小名主。そこから大名、小名という名が生まれた。中世になると名田に限らず、大きな所領を持つ領主（武士）を大名、小さな所領の領主を小名というようになる。

そして江戸時代には、一万石以上を領有する幕府直属の武士を大名、一万石以上の大名の中で領地の少ないものを小名と称するようになった。このように小名なるものもちゃんと存在していたのである。

大坂の「坂」はどこにあったのか

大阪は昔は「大坂」と書いていた。「大阪」と書くようになったのは明治時代になってからである。ところで、その「大坂」の「坂」はどこの坂のことをいったものなのか。

明応5年（1496）の蓮如《れんによ》の手紙に「摂州東成郡生玉之庄内大坂……」とあり、これが「大坂」という地名の文献上の初見とされている。それまでは「小坂」と書き、それを

「おさか・おざか」と呼んでいたようである。現在の大阪城があるところに、蓮如が開いた石山本願寺があった。この寺は天正8年（1580）に焼失したが、石山本願寺があった場所は上野台地の北端に位置し、東西方向に坂が多かった。

「大坂」という地名はそこから生まれたようである。すなわち「大坂」は、もともと石山本願寺のあたりをいう地名であった。

天正11年、豊臣秀吉が城（大坂城）を築き、その城の西側に城下町が形成されていくと、「大坂」はその町全体を指す地名となっていった。

昔の土民はコンニャクで暖をとった

昔はどこの家にも火鉢があり、それが唯一の暖房器具だった。火鉢の歴史は古く、平安時代のころから使われている。その後、コタツや湯タンポが中国から入ってくる。コタツは室町時代にはまず寺院で用いられ、のちに一般でも使用された。湯タンポは江戸時代初期に移入された。江戸時代になると懐炉《かいろ》も登場する。今日の使い捨て懐炉（化学懐炉）のルーツである。

懐炉のほかにも、懐中を温める道具はあった。温石《おんじゃく》がそうである。石（滑石《かっせき》・蠟石《ろうせき》）を火で適当に熱し、それを布でくるんで懐に入れ、暖をとった。それを温石といった。また昔の人々はコンニャクを使って暖をとった。コンニャクといえば今日では食べ物としてしか利用されていないが、昔の人々はそれを暖房に用いた。

どのようにして用いたのかといえば、温石と同じように、コンニャクを煮て温め、布に包んで懐に入れ、懐中を温めたわけである。

江戸時代には「藩」はなかった⁉

江戸時代を背景にしたテレビの時代劇を観ていると、「拙者は○△藩の者だ」といった会話を耳にすることがある。だが○△藩という言い方は間違いらしい。歴史学者の稲垣史生氏によれば、江戸時代には○△藩という言い方はしていなかったそうである。

加賀藩とか仙台藩とかいった言い方をするが、江戸時代には藩名は使っていなかったという。では、いつごろから藩名を使いはじめたのか。それが公的に用いられるようになったのは明治になってからである。

明治元年、維新政府は旧幕領に「府・県」を設置し、旧大名領を「藩」と呼ぶことにした。ここに藩ははじめて公称として用いられるようになり、明治4年の廃藩置県によって藩の実態は消滅したが、以後、大名領の呼称として使われるようになった。

では江戸時代には「藩」ではなく、何と表現していたのか。「○△家中」、あるいは「加賀の誰々」というように国の名だけで表現していたらしい。

金閣寺はなぜ拝観料をとっていたのか

京都の金閣寺は足利義満が建てたものである。義満の死後、正式に禅寺となった。ところで京都の著名寺院には、拝観料をとって一般に開放しているところがあるが（拝観料をとらない寺院もある）、昔は拝観料はとっていなかった。ただし例外もある。金閣寺と銀閣寺がその例外である。

滝沢馬琴に『羇旅漫録《きりよまんりよく》』という著書がある。享和2年（1802）、江戸から京都・大坂に旅し、江戸に帰るまでの旅行記で、金閣寺を訪れ、次のように記している。「鹿苑寺《ろくおんじ》の金閣は甚だ古雅なり。義満の像生けるが如く威あり。よき石あまたあり。滝はわろし」「金閣拝見の者、一人より十人までは銀二匁《もんめ》なり。これを寺僧に投ずれば、すなはち門をひらく。東山銀閣寺もまたかくのごとし」。

金閣寺と銀閣寺はすでに江戸時代から拝観料をとっていた。そのことは当時すでに両寺がいわゆる〝観光寺院〟になっていたことを物語っている。

人生の半分を便所で過ごした松尾芭蕉

痔に悩んでいる人は少なくない。とくに日本人には〝痔主〟が多い。坐位式の生活様式にその原因の一端があるといわれているが、かの俳聖、芭蕉も痔に悩んでいた。ある人への手紙に「持病下血などたび〱、秋（の）旅、四国、西国もけしからずと先おもひとゞめ候」と書いている。その持病とは痔疾のこ

とで、そのために四国・西国への旅を断念したほどである。またあるとき、月見をしながら句会を催したが、痔のために名月を楽しむことができず、句も詠《よ》めなかったと、門人への手紙に書いている。

芭蕉はまた慢性の腹痛にも悩んでいた。腹が痛くなると便所へ行きたくなるが、その便所の時間がかなり長かった。また一度、便所に入ると、なかなか出てこなかった。痔がひどくて排便ができなかったのだろう。門人の宝井其角《たからいきかく》によれば、芭蕉があるとき「人間五十年といえり。われ二十五年をば後架（＝便所）にながらえたる也」と言ったという。

宝井其角は雨乞いの句が得意

雨の日はいやなものである。だがまったく雨が降らないと困ったことになる。昔の人々、とりわけ農民は日照りが続くと、雨乞いをした。その方法はいくつかあって、たとえば山の上で火をたき、太鼓を打ちならして大騒ぎしたり、神社にこもって祈ったりした。

元禄6年（1693）6月27日、俳人の宝井其角が門人とともに隅田川東岸、向島の三囲《みめぐり》神社に参詣した。そのとき近くの農民たちが雨乞いの祈りをしていた。其角は坊主頭をしていたので、彼を見て、農民たちはいいところへ和尚さんがやってきたとばかりに、其角に祈禱を頼んだ。僧侶ではない俳諧師だと其角が答えると、それなら俳諧でもいいからと農民たちが言う。そこで其角は「夕立や三田も巡《むぐり》の神ならば」（田をも見めぐるという名を負う神ならば、日照りを傍観せず、必ず夕立があるだろう）という句を詠んだ。するとたちまち雨が降り（一説は雨が降ったのはその翌日）、大評判になったということである。

奉行所には実は門札はなかった

遠山の金さんや大岡越前守が勤務した奉行所（町奉行所）は現在の警視庁と裁判所と東京都庁を兼ねたような役所で、江戸城の近くに二つあった。南と北にあったことから、南町奉行所・北町奉行所などと呼ばれているが、南とか北とかいうのは、いわば俗称である。

テレビドラマなどでは、その表門に「南町奉行所」などと墨書きした門札が掲げてあったりするが、実際は門札はなかったらしい。奉行所は江戸市民にとって日ごろから関係の深いところであり、誰でも知っていたので門

札を掲げる必要はなかった。奉行所は裁判所でもあったから、そこには法廷、すなわち白洲《しらす》があった。

ドラマなどでは、畳敷きの部屋の前に板縁があり、その板縁から白砂利を敷いた土間（白洲）に降りる階段がついていて、遠山の金さんがその階段を降りて判決をいい渡したりする。しかしこれも事実とは異なり、実際は白洲に降りる階段などはなかったそうである。

江戸時代、ヘンな処女識別法があった

男性に接したことのない女性のことを処女という。処女とは本来は家に処《い》る女性という意味だが、今日では生娘《きむすめ》の意味に用いられている。

江戸時代に『色道禁秘抄《しきどうきんぴしょう》』（西村定雅著・天保4年刊）という本が出版されている。その中に処女・非処女の識別法なるものが紹介されている。

その法とは、まず便器に麻などを燃やした灰を入れる。なお、ここでいう便器は箱状の引出し式のものである。その便器の上に女性をまたがらせ、部屋の戸や障子などを閉めて風が入らないようにする。そして紙こよりを女性の鼻の穴に突っこみ、くしゃみを催させる。

すると処女の女性は灰が散らず、処女でない女性は灰が散るという。処女だと処女膜が破れていないので空気が漏れない。だから灰は散らないというわけである。

あなたはこの処女・非処女識別法を信じるだろうか。ウソかマコトかは実際に試してみれば分かる。興味のある方は、どうぞお試し

ください。

小豆《あずき》は石鹸《せっけん》としても使われていた!?

祝いごとに用いる赤飯にはふつう小豆を入れて炊く。また小豆はすりつぶしてヨウカンの原料とし、饅頭などの餡《あん》にも使う。飢饉のときには飯の代用にもされた。小豆には広い

効用がある。

現在では食べものとしてしか用いられていないが、江戸時代の人々は小豆を別のことにも利用した。その別なこととは?

江戸時代の百科事典『和漢三才図会《わかんさんさいずえ》』に小豆について「粉として袋に盛り、婦人顔を洗へばよく脂垢を去る。はなはだよし」とある。『本朝食鑑』にも用じような記述が見える。同書は小豆の粉は「志也保牟」(しゃぼむ=しゃぼん=石鹸)と呼ばれ、衣服を洗ったり、女性の垢取りに用いられていると述べている。江戸時代の人々は小豆を粉にして、それを石鹸として用いたのだ。

『都風俗化粧伝《みやこふうぞくけわいせん》』という女性のための美容書があるが、この本にも小豆の粉が洗顔剤として、顔を白くするのに効果があると書かれている。

名奉行・大岡越前守は読書人!?

本（出版物）には、その最終ページに書名、著者名、発行所、発行年月日、版数、定価などが記載されている。これを「奥付」という。この奥付は江戸時代からつづいてきたもので、そのもとを作ったのは〝大岡裁き〟でおなじみの町奉行、大岡越前守である。

奥付は元禄（１６８８～１７０４）のころから刊行物につけられるようになるが、そうしなければならないわけではなかった。享保期になって出版統制が厳しくなり、大岡越前守の立案のもと、強力な取締り体制がしかれた。享保6年（１７２１）、幕府は本屋に仲間を結成させ、翌年に本格的な出版条目を発令した。その一項に「何書物によらず此以後新板之物、作者ならびに板元之実名、奥書に為致可申候事」とある。作者・板元の実名が奥付に書いてないものは違法であるというわけである。

これによって、それまであってもなくてもかまわなかった奥付が義務づけられるようになった。

「二足のわらじ」を最初に履いたのは?

一人の人がまったく違う二つの職業を兼ねることを「二足のわらじ」、あるいは「二足のわらじを履く」という。小説家などには「二足のわらじ」の人が多い。この「二足のわらじ」という言葉は、今日ではそれほど悪い意味では用いられていないが、本来はあまりいい意味では使われていなかった。なぜいい意味で使われていなかったのか。

江戸時代、町奉行所の同心は私的に、犯罪の探索、容疑者の逮捕などに当たらせる者をやとっていた。今日風にいえば、刑事の手先のような者である。そうした者たちは岡っ引き、あるいは目明しなどと呼ばれたが、バクチ打ちなどが岡っ引きとして働いていた。すなわちバクチ打ちが自分たちを取り締まるべき警官、刑事の役を兼ねていたわけである。

「二足のわらじを履く」という表現は、もともとはそのことをいったものであった。それがのちに、単に二つの仕事を持っているという意味で使われるようになった。

東大の「赤門」は嫁を迎えるための門

東京都文京区本郷の東京大学のある場所には、かつて加賀藩前田家の屋敷があった。東大の門の一つに「赤門」と呼ばれる門がある。それは前田家の門の名ごりである。ではどうして「赤門」なのか。

第11代将軍・徳川家斉《いえなり》はオットセイ将軍とも呼ばれるように、精力絶倫で、40人の側室を持っていて、53人（55人との説もある）の子をもうけている。そのうち無事成人したの

は13人だけだったが、そのなかの一人、溶姫《ようひめ》を加賀藩前田家（前田斉泰《なりやす》）にとつがせた。江戸時代、将軍の娘を嫁に迎える際には、新たに奥方御殿を造営し、さらに朱塗りの門を建てるのがしきたりになっていたそうである。

そこで前田家では、御殿を造り、切妻式で左右に破風《はふ》造りの番所をそなえた朱塗りの門（御守殿門）を建てた。これが今に残る東大の「赤門」である。赤門は結婚のための門であった。それが現在では学びの門となっている。

江戸時代の医者の〝副業〟とは？

結婚には仲人がつきもの。今日では仲人は夫婦そろっているのがほとんどだが、江戸時代にはどちらか一人だけでこと足りていた。また男性はもとより、女性でも仲人を商売にしていた者もいて、花嫁の持参金の1割を手数料として取っていた。そうした専業とは別に、ある職業の者が仲人を兼ねることも多かった。医者がそうである。江戸時代には、医者が仲人をするケースが多かった。

仲人のことを「慶庵《けいあん》」ともいう。江戸時代の承応（1652～54）のころ、江戸京橋に大和慶庵という医者がいて、縁談などを巧みに取りまとめた。そこで慶庵といえば、それは仲人を意味するようになった。医者は商売上、あちこちの家に出入りし、その家の事情にも詳しい。だから仲人役にはもってこいだった。

・仲人にかけては至極名医なり

・医者は医者だが薬箱もたぬなり

という江戸川柳がある。病気は治せない藪医者でも、仲人にかけては名医。そんな「仲人医者」もけっこういたらしい。

セックスの快楽秘戯あれこれ

江戸時代中期のころから、百科事典形式の生活便利本（いわゆるハウツー本）が数多く出版されている。その一つに『艶《び》道日夜《どうにちよ》女宝《じょほう》記《き》』（作者不祥）というのがある。性生活の知恵を教えたもので、そのなかに「女性と交わるとき、ゆばり袋の下側（の膣の部分）を男性の一物でこすれば女性は快感を得る」といった記述が見える。

ゆばり袋とは膀胱のこと。その下側にあたる膣の部分には快感を感じるところがあると作者は言っている。膣の入口から数センチのところに敏感な性感帯があり、Gスポットと呼ばれている。ゆばり袋の下側（の膣の部分）をこすると、女性は気持ちよくなるというのは、Gスポットのことをいっているのではないかといわれている。

外国の性科学者によってGスポットが〝発見〟されたのは、今から30年前のこと。もし右の記述がGスポットのことを意味しているとしたら、日本人は２００年も前にそれを知っていたことになる。

へえ、屁《へ》、なるほど屁

「屁の論に泣くもさすが女なり」という江戸川柳がある。男女が何人か集まっているところで、誰かがすかし屁をする。いったい誰がやったのかということになり、なかの女性が疑いをかけられ、泣きだすさまを詠んだ句である。

　人前で放屁《ほうひ》をするのはよくない。とくに女性のそれは、はしたないこととされている。それは昔も今も同じである。だが「出もの腫れもの、ところきらわず」ということわざもあるように、ときには人前で出てしまうことがある。

　そこでかつて、それを引き受ける女性がいた。すなわち、その昔、身分の高い家には、その家の妻女や娘などにつき添って、放屁や過失などを自分の責めとして負う役の者がいた。その者のことを「屁負比丘尼《へおいびくに》」、あるいは「科《とが》負比丘尼」といった。
　妻女や娘が屁をする。それを屁負比丘尼が自分がしたようにし、恥かきの代わりをしたわけである。

薬草で妊娠の有無を判別

　妊娠したかどうかが分かる検査薬が売られている。妊娠すると、受精卵が胎盤に着床する。すると胎盤から性腺刺激ホルモンが大量に分泌され、これが尿のなかに出てくるようになる。妊娠検査薬はその性腺刺激ホルモンの有無によって妊娠を判定する薬である。

　妊娠したかどうかは生理によっても分かるが、江戸時代には面白い方法で妊娠の有無を判別していた。

　元禄5年（1692）に出版された『女《おんな》重宝記《ちょうほうき》』という本にその方法が記されている。それはどんな方法かといえば……、セリ科の多年草の川芎《せんきゅう》を粉にして、艾《もぐさ》の煎じ汁で空腹のときに飲み、飲んだその日に腹の中のものが少し動くように思えたら懐妊している。また酢で艾を煎じて飲み、腹が痛くなったりしたら懐妊している。『女重宝記』はそのように述べている。

　こんな方法で、はたして妊娠の有無が分かるのだろうか。

なぜ城に松は付きものなのか

城といえば松である。城には松がよく似合う。実際、城の多くには昔から松が植えられている。どうして松なのだろうか。それは単に城を引きたてるためだけのものだろうか。そうではなさそうである。

松からは松脂《まつやに》がとれ、それは照明や燃料にも利用できる。松脂からとれる油は止血薬としても使われていた。また、黒松の林からはキノコ（松露）がとれる。

戦いがはじまり籠城することになったとき、もっとも問題となるのが食糧だが、松は食用ともなる。松の皮は昔から救荒食とされていた。

松の外側の黒い皮をけずると、その下に白い生皮が出てくる。それをはぎとり、臼《うす》でつき砕き、水に浸してアクを抜き、その汁をこして乾かすと粉になる。それと米麦の粉などを混ぜて餅にする。これを松皮餅という。

このように、松にはさまざまな利用価値がある。城に松が植えられたのは、松にそうした利用価値があるからでもあったようだ。

江戸時代のユニークな商売

猫のノミ取り、耳のアカ取り、ロウソクの流れ買い、髪の毛買い——これらは江戸時代に実際にあった商売の一例である。江戸時代には、その時代ならではのユニークな商売があった。ロウソクの流れ買いとは、仏壇や神棚の灯明皿にたまったロウソクの流れた固まりを買い集めることで、それを再生してロウソクを作った。

江戸には坂が多かった。荷車を引いて坂を登るのはたいへんである。そこで荷車を坂の上まで押し上げる、立ちん棒という職業もあった。

献残屋《けんざんや》という職業もあった。大名などが受けた献上品の払い下げを受け、他の献上者に売る商売である。現代風にいえば、お中元やお歳暮の下取り屋である。武家同士で贈り物をしたり、町人が武家に品物を献上する。江戸時代にはそうしたことがよく行なわれていた。その献上品・贈答品の払い下げを商売にしていたのが献残屋で、江戸城の周辺には数多くの献残屋があった。

効果はどうか、モグラの避妊薬

江戸時代には、いろいろな動物が薬として用いられていた。たとえば土の中で暮らしているモグラ。江戸時代の人々はそのモグラを薬にして利用していた。何の薬かといえば、避妊薬としてである。

元禄年間に『本朝食鑑』という本が出版されている。その中で著者の人見必大《ひつだい》はモグラは避妊薬になると述べ、その製法を記している。まずモグラを1匹用意し、内臓をとり去って洗い、伽羅《きゃら》の木を燃やし、その余燼《よじん》を腹中につめる。これを瓦器の中に入れて焼き、取りだして冷やしたのち、削って粉末とする。そして糊で小豆大の粒に丸める。それを女性が月経後2～3日たってから15丸、冷たい水で飲みくだす。そうすると、ながらく避妊の効果があるという。

もしこれが本当だとすれば、現代のピルにも匹敵することになる。このモグラ避妊薬が人々のあいだにどれほど普及していたかは明らかでない。興味のある人はどうぞお試しください。

人糞《じんぷん》を使ったフグの毒消し

古来、人々はさまざまなものを〝薬〟とし

て用いてきた。たとえば尿。古代エジプトでは尿は眼病の薬として使われていた。人糞も薬として用いられていた。日本では平安時代、狂犬にかまれると人糞を塗っていた。

人糞といえば、それは解毒薬としても用いられていた。フグには毒がある。人糞はその毒を解き消す効能があると信じられていた。松浦静山《せいざん》の『甲子夜話《かっしやわ》』にこんな話がのっている。あるとき、三人が寄り会ってフグを食べたところ、三人とも毒にあたって苦しみだした。なかの一人が人糞を食べれば治るといい、それを食べた。他の二人は死んでもそんなものは食べないといって、食べなかった。結果は、人糞を食った者は治り、食べなかった二人は死んでしまった。

これには続きがある。人糞を食べて助かったその人は、近所の人々から糞食いと呼ばれ、変な目で見られるようになった。そこでついに他国へ転居したという。

宝くじは3日ごとに発売されていた

江戸時代にも宝くじがあった。宝くじを興行したのは寺院や神社であり、建物の修築・再建の費用を調達するために興行した。この宝くじは「富札《とみふだ》」あるいは「富突《とみつき》」などと呼ばれていた。それらの宝くじのなかでは谷中感応寺、湯島天神、目黒不動のものが有名で、それを「江戸の三宝」といった。

宝くじは江戸の庶民に人気があった。それゆえひんぱんに興行された。たとえば天保年間には、江戸の町で興行された宝くじは年に120回であった。120回というのは、3日に1回の割合で行なわれていたことになる。

宝くじがいかに庶民の人気を集めていたかが分かる。

寛政11年（1799）、谷中感応寺での宝くじ興行の記録が残っている。それによれば、人々が殺到したため、ふだんは午前8時頃に売りだす宝くじを午前3時に売りだしたところ、1時間足らずで売り切れてしまった。江戸時代の宝くじ人気は今日以上であった。

「伊勢」という字は安産のまじない

出産にあたっては誰しも安産を願う。医学が未発達だった昔は、出産には危険がともなっていたので、安産のために神仏に祈願したりした。また安産のためのさまざまなまじないも生まれている。元禄5年（1692）、『女重宝記』という書物が出版されている。日常生活の上で女性にとって必要な諸知識をまとめたものである。そのなかに安産のための方法（まじない）が記されている。

そのいくつかを紹介しよう。タツノオトシゴを産婦が手に握る。熊の手で産婦の腹や腰をなでる。そうすると安産できると書かれている。また難産のときには「伊勢」という字を紙に書き、神に祈って、それを産婦が水で飲むと、子は難なく生まれるとある。

なぜ「伊勢」なのか。「伊勢」の字を分解し、「人尹丸力」とし、それを「ひとこれ生まるるはまろがちから」（人が生まれるのは自分の力による）と読んだからである。すなわち、そう読むことで安産のまじないとしたわけである。

江戸の銭湯では堂々と覗《のぞ》き見できた

江戸時代の銭湯には、二階に座敷を持っているところがあった。ただし二階があったのは江戸の銭湯だけで、男たちはそこを社交場として利用した。入浴後、二階に上がって休息し、談笑したり、囲碁・将棋などを楽しんだ。銭湯は江戸勤番の侍（武士）も利用した。二階座敷はもともと彼らの刀を預かるために設けられたものだった。「湯屋の二階は侍のもの」という川柳がある。

二階座敷は男性専用で、そこを利用するためには入浴料のほかにお金が必要だったが、この座敷では、あるひそかな楽しみを味わうことができた。その楽しみとは「覗き」である。座敷の壁に小さな穴があけられていて、そこから真下の女湯をのぞくことができた。

また銭湯によっては座敷の床の一部に格子がはめこんであり、下の女湯がのぞけるようになっていた。男性客へのサービスとして覗かせていたようだが、女性客も上から覗かれていることは承知していたという。

広告とトイレの深い関係とは？

広告といえば、あなたは何を想像されるだろうか。雑誌広告、新聞広告、テレビCMなど、いろんな広告があるが、広告からトイレを連想する人は少ないだろう。じつは江戸時代にはトイレ広告なるものがあり、トイレは広告の重要な〝媒体〟の一つであった。

江戸時代、庶民は長屋に住んでおり、トイレは共同であった。人は必ず1日に何回かはトイレを使う。だからトイレの壁に広告の紙が貼ってあれば、それに目をとめることになる。そこでトイレが広告の媒体として用いられたわけである。

江戸時代にはさまざまな売薬があったが、トイレには堕胎薬や避妊薬などのたぐいの広告ビラが貼られていた。そのなかで特に有名だったのは「月水《げっすい》早ながし」という一種の通経剤の広告で、多くのトイレにそのビラが貼られていた。「身ぶるいをすると月水読み仕《し》舞《ま》い」という川柳がある。小便をするうちに、ちょうど月水早ながしの広告を読み終えたという意味である。

旅人にとって荷物となったものは何か

旅行をするときには着換えや薬などを持っていく。それは昔も同様である。たとえば江戸時代の人々は提灯、ロウソク、火打道具、衣、扇子、薬、びんつけ油、麻綱、耳かき、矢立て、懐中鏡、道中記、風呂敷、小硯箱などを所持していた。このほかに手形（往来手形・関所手形）、そしてお金である。

　そのお金がじつはけっこう荷物になった。お金が荷物になるとは現代ではちょっと想像できないが、それにはもちろんわけがある。

　旅をすればお金がいる。江戸時代のお金は金・銀・銭の3貨で、相場はだいたい金1両＝銀60匁《もんめ》＝銭4000文《もん》。旅先での支払いは銭で払うことが多かった。そこで旅人は金銀を銭に両替えして携帯していた。つまり旅人は〝小銭〟を用意しておかなければならなかった。それがけっこうな重さになった。

　また何百文となると、懐中に入れるとかさばってしまうので、ひもに銭を通し、手に下げて歩く者もあった。

歌舞伎役者が屋号を持っているわけ

　高島屋といっても、デパートの高島屋ではない。歌舞伎役者の屋号である。歌舞伎役者は芸名のほかに、高島屋・音羽屋・成駒屋などの屋号を持っている。それはかつて歌舞伎役者が商売をしていたことに由来する。

江戸時代の中ごろまで歌舞伎役者の地位はたいへん低く、士農工商のその下の存在として扱われていた。士農工商の人々を良民としたのに対し、歌舞伎役者は賤民と呼ばれ、現在のように好きなところに住むということができなかった。彼らは芝居小屋の近くにかたまって住んでいたが、やがて幕府が歌舞伎役者を良民として扱うことにしたため、町中に出て住むようになった。

だが町中の、それも商店街に住むとなれば、なにか商売をしなければならなかった。そこで好みに合った商売をした。

もっとも多かったのは化粧品や小間物屋であった。店を開けば、店の名前、すなわち屋号がいる。歌舞伎役者の屋号はそこからきている。

江戸時代の本の宣伝方法は？

新聞や雑誌には本の広告がのっている。それを通して、新しい本の情報を得るということが少なくない。では新聞や雑誌などなかった江戸時代、本の宣伝はどんなふうにして行なわれていたのか。

本ははじめ出版元が直接読者に売っていたが、出版元ではその年に出版する本の名前を記した板を店先などにかけていた。のちに書店が登場するが、江戸時代、本の広告には本の最終ページが用いられた。現在の出版物でも、最終ページにその出版社が出版した（あるいはこれから出版する）本の広告をしたりするが、江戸時代には本の最終ページに新刊本や近刊本を列記して広告とした。

たとえば井原西鶴に『西鶴置土産《おきみやげ》』（元禄6年刊）という作品がある。この本の最終ページには「自作追付出来申候」として『西鶴俗つれ〴〵』（元禄8年刊）の広告がのっている。このほかに出版目録があり、これも広告・宣伝の役目を果たした。

ベストセラーになっても印税はなし!?

本がベストセラーになると、大金を手にできる。だがそれは今日のことであって、江戸時代までの作家にはそんなことはまずありえなかった。本を出版すると、出版社は部数・定価に応じ一定の比率で、作者に金を支払う。その金を印税という。江戸時代までは印税などというものはなく、原稿は全部買取り制で、いくらベストセラーになっても、作者はいっこうにうるおわなかった。それに原稿料をもらえればいいほうで、それすらもらえない作家が多かった。

十返舎一九に『的中地本問屋《あたりやしたじほんどんや》』という作品があり、その中に「草双紙の売出しには蕎麦《そば》を買って祝うこと、いずれの板元にてもきわまりたる吉例なり」とある。本が出ると、出版者が作者に蕎麦を御馳走した。それが原稿料というわけである。また出版した本が当り作（千部以上）になったら、出版者が作家を遊里などに連れていき饗応した。それだけであり、本を書いても収入にはならなかった。

タヌキが徳利と通帳を持っている理由

ソバ屋の店先などで、よくタヌキの置き物を見かけることがある。そのタヌキは一方の手に徳利を、他方の手に通帳をさげている。どうしてそんなものをさげているのか。

徳利と通帳を持っているということは、すなわちタヌキは酒を買いに行っているわけである。江戸時代、何人かの画家たちがタヌキが徳利と通帳をさげ、笠をかぶり酒を買いに行く姿を描いている。タヌキの置き物はそれをもとに生まれたもののようである。

では画家たちはどうしてタヌキに徳利と通帳を持たせたのか。雨の降る夜、笠をかぶった小さい子供が一人で道を歩いているので、可哀想そうにと振り返って見ると、顔には眼がたった一つしかなかった。いわゆる「一つ目小僧」である。かつてそんな話が各地に伝わっていた。民俗学者の柳田国男はこの一つ目小僧の話をもとに、笠をかぶり、徳利と通帳をさげて酒を買いに行くタヌキの姿を思いついたのだろうと述べている。

「目を病む女性」は魅力的だった

「目病み女に風邪ひき男」ということわざがある。目の病気にかかった女性と、風邪をひいた男性は、どちらも魅力的に見えることをいったものである。病気なのに、どうして両者は魅力的なのか。

江戸時代、眼病の治療には紅絹《もみ》の布などで目をぬぐうとよいと信じられていた。紅絹とは紅色で染めた絹布のことで、和服の袖裏や胴裏などに用いる。それが眼病に効果があるということから、眼病にかかると、紅絹の布、あるいは紅絹の袖口などで目をふいたり、目を覆ってかばったりした。

いっぽう風邪をひくと、首に白い布を巻いたりした。それにまた風邪をひくと、ハスキーな声になったりする。

眼病にかかり、紅絹の布で目を隠す女性。風邪をひいてかすれた声になった男性。昔の人々、とくに江戸の人々にはそうした女性と男性は色っぽく、魅力的に思われたのである。かくして「目病み女に風邪ひき男」なることわざが生まれた。

「デカンショ節」の〝デカンショ〟とは？

「デカンショ節」という民謡がある。丹波篠山《ささやま》（兵庫県篠山市）で昔から歌われている民謡である。その歌詞の一つに「デカンショ、デカンショで半年ァ暮らす、あとの半年ァ寝て暮らす」というのがある。それは一体どういうことを表現したものだろうか。なぜ半年は寝て暮らすのか。丹波篠山の人たちは半年も寝て暮らすほど怠け者だったのか。

その歌詞についてはいくつかの説があるが、一説に出稼ぎを表現したものだといわれている。すなわち「デカンショ」とは「出っ稼ぎしょ」がなまったものであり、丹波地方には神戸の灘や九州などへ酒造りに出稼ぎする杜氏《とうじ》が多かった。出稼ぎで半年暮らす、それが

「デカンショで半年ァ暮らす」であり、「あとの半年ァ寝て暮らす」というのは、あとの半年は丹波に帰って暮らす（自分の家で寝て起きて暮らす）ことを歌ったものだといわれている。

「黒船」はなぜ黒かったのか

寛永10年（1633）刊行の『犬子集《えのこしゅう》』に「雲のかかる月や黒ふね空の海」という句が載っている。「黒船」といえば、嘉永6年（1853）に浦賀に来航したペリーの「黒船」は有名だが、「黒船」という言葉はすでに中世末期から用いられていた。明国・安南・シャムなど唐船系以外の外国船を「黒船」と呼んでいた。ちなみに伊達《だて》政宗《まさむね》が慶長18年（1613）に建造した船（この船で支《はせ》倉常長《くらつねなが》がローマにおもむいた）も黒船と称されていた。

どうして「黒船」なのか。昔の船（外国船）は木造船であり、船体に水がしみこむのを防ぐためにコールタールを塗っていた。したがって、船体は黒い色をしていた。慶長8年（1603）に刊行された『日葡辞書《にっぽ》』に「クロフネ。インドから来たる大型の帆船の

ようなピッチ（コールタール）塗りの船」とある。ペリーの「黒船」も防水防腐のためにコールタールを塗っていた。

坂本龍馬の銅像ミステリー

高知県の桂浜に坂本龍馬の銅像が立っている。その銅像の龍馬は右手を懐《ふところ》に入れている。どうしてそんなポーズをしているのか。龍馬はピストルを持っていた。それを隠しているためなのか。

この銅像は龍馬の写真がもとになっている。ちなみに写真機が日本に伝わったのは天保12年（1841）のことで、その年の6月、薩摩藩主、島津斉彬《なりあきら》が初めてその被写体になった。ところで龍馬が伏見町奉行配下の襲撃（＝寺田屋事件）を受けたのは慶応2年（1866）1月のことだが、その数か月後に懐に手を入れたポーズで写真を撮っている。

襲撃の際、龍馬は右手の親指、左手の人差指と親指を刀で切られた。傷はたいしたことはなく、2か月ぐらいで治ったようだが、手の傷をかばったことから、つい懐に手を入れてしまう癖がついたらしい。そこで、写真はそうしたポーズで写っているのではないかといわれている。

「日の丸」のデザイン

慣習法的にわが国の国旗とされている「日の丸」は、古くは御朱印船や徳川幕府の御用船の旗印でもあった。幕末に諸外国の船がやって来るようになり、安政4年（1857）、幕府は日本の「総船印」として日の丸を定めた。

明治3年1月、政府は太政官布告第57号で、商船用の日の丸のデザインについて「縦横比7対10、円の中心は対角線の交点より横の100分の1旗竿側に寄った点、日章の直径は縦の5分の3」と定めた。そして同年10月、太政官布告第651号で、海軍用船の日の丸のデザインを定めた。第651号のほうは戦後の新憲法によって廃止され、今でも有効な関連成文法は第57号だけであり、日の丸のデザインを定めた法律はない。

慣習法的には日の丸は日本の国旗とされており、また判例でも日の丸が国民から事実上国旗扱いされているとの認識が示されたりしている。だが、日の丸のデザインを定めた法律はいまだに制定されておらず、その規格は確定されていない。

洋服ではなぜ男が右前、女が左前なのか

日本の着物は、服の合わせ目の左が上になるいわゆる右前であり、男女とも同じである。ところが洋服は男性用は右前で、女性用は左前である。その理由については、一説に次のようにいわれている。

ほとんどの人間は右利きであり、ボタンなどのついた服を着る場合、ボタンは右側、その穴は左側についていたほうが便利だと考えた。そこで男性用は右前になった。

では女性用はなぜ逆になったのか。その昔、貴婦人は召使いをかかえていて、服を着たり脱いだりするとき、召使いにやってもらった。召使いもほとんど右利きだったから、向き合って服を着せたりするには、ボタンとその穴は男性用とは逆になっていたほうが着せやすい。そこで左前になったという。

このほかにもいくつかの説があるが、男女平等の世の中、洋服の右前と左前は昔のままであり、それを変えて統一しようという意見がないのも何とも不思議である。

葬儀用の黒白の幕にはどんな由来が?

葬儀に参列する際に着る衣服、いわゆる喪服は明治時代の初期までは白色が主流であった。今日では喪服といえば、それは黒色というのが常識になっている。その喪服をはじめ、喪中や葬儀においては、黒色のものが用いられる。

ところで葬儀のとき、黒と白の布を一幅おきに縦に縫い合わせた幕がよく用いられるが、その幕のことを何というかご存知だろうか。

クジラ（鯨）を知らない人はいないだろう。葬儀に用いられる黒白の幕は、じつはクジラと関係がある。ずばり、あの幕はクジラ幕という。

なぜクジラなのか。その昔、クジラを捕獲するとき船に黒白の旗を立てていたから――というのはウソ。クジラ幕と呼ぶのは、クジラの肉に由来する。

クジラの肉の、皮に接した脂肪の部分は皮が黒くて肉が白い。すなわち黒白の模様をなしている。それに似ているところから、クジラ幕と呼ぶようになったというわけである。

最高学府でミシンの使い方を教えた

シウインマシネ、これなんだかお分かりだろうか。ミシンのことである。慶応4年（1868）2月24日付の『中外新聞』に、ミシンの紹介とその伝習についての幕府の布告がのっており、その中でシウインマシネとして紹介している。

その布告とは、次のようなものである。

「西洋新式縫物器機伝習並に仕立物之事。右器機はシウインマシネと名づくる精巧簡便の品にて、近年舶来ありといへども、用法いまだ世に弘まらず」。だから、その使用法を開成所で教えるので希望者を募るという内容の布告である。

ところで開成所といえば、当時の最高学府

で、現在の東京大学の前身である（開成所が東京大学となったのは明治10年のこと）。その開成所でミシンの使い方まで教えるというのである。いやそれだけではない。布告には「註文次第廉価にて仕立物致すべく候」とある。幕府はミシンの普及に力を入れていた。その結果が最高学府でミシンの講習まですることにあいなったわけである。

明治初期、東京土産の人気モノ

旅行をすると、旅先で土産を買ったりする。その土産の品としては、ふつうその土地の特産品を求める。ところで明治初期、東京の土産として、あるものがよく買われた。今日ではそんなものを土産とする人は誰もいないが、さて、そのあるものとは何だかお分かりだろうか。

『朝野新聞』（明治8年3月31日号）に「昨今、各地の旅客、本社（朝野新聞）に立ち寄り、数部の新聞を購求する者数多《あまた》あり。客皆いわく、往昔、府下に来たれば、必ず錦絵を求めて帰り、これを江戸土産と称して親戚朋友に贈るに、皆その美を賞して珍重せりと言う。今これに換ゆるに新聞をもってすると言

う。ああ文明とや言わん」とある。東京土産としたあるものとは新聞である。

　明治初期、東京・横浜などで発行されていた新聞は田舎の人にとっては珍しいものだった。それに新聞は数部買ってもさほど荷物にならない。そこで東京の土産とされたわけである。

文明開化の時代とマッチのミスマッチ

　明治8年（1875）、元金沢藩士・清水誠が東京・三田でマッチ（黄燐マッチ）の製造をはじめた。これが日本におけるマッチ製造の始まりである。マッチはたいへん便利な火つけ道具であり、現在でもまだ使われている。ところで明治の初期には、そのマッチを嫌う人もいた。どうして嫌ったのか。

　黄燐マッチの発火剤は燐（黄燐）。その燐に関して、牛や馬などの骨から製出するので不浄だと考える人たちがいたのである。しかも、その不浄なマッチで神仏にそなえる灯火、すなわちロウソクに火をつけるなどということは神仏をけがすものだとして嫌ったわけである。とくに年配者に、そのような考えからマッチを嫌った人が多かった。

　嫌われてはマッチ製造者は困る。そこで彼らは「清浄請合《うけあい》」「御本山御用」「神仏燈火用」などの宣伝文句を用いて、マッチが不浄なものではなく、神仏の灯火用に適したものであることを宣伝した。

慶応義塾は実は京都にもあった

現在の慶応義塾大学の前身は、福沢諭吉が

設けた慶応義塾である。この塾は最初は東京・芝新銭座にあったが、明治4年3月、三田に移った。そして明治23年に大学部を設け、日本で最初の私立の総合大学となるが、諭吉のその慶応義塾が東京だけでなく、他の場所にもあったことはあまり知られていない。

その場所とは京都である。じつは京都にも慶応義塾があった。もっとも、それは慶応義塾のいわゆる分校である。日本で最初に民主教育を実施したのは京都であった。わが国最初の幼稚園、小学校、中学校のいずれも京都で誕生している。

明治4年、諭吉は京都を訪れ、京都の教育(学区制)を視察した。そのとき槇村正直《まきむらまさなお》(のち京都府知事)から京都にも慶応義塾を開いてくれるよう頼まれた。諭吉はそれを承諾した。こうして明治4年7月、京都に慶応義塾の分校が誕生することになる。分校は京都府庁内に設けられた。ただし、この分校はそんなに長くは続かなかった。

パジャマ姿でお召し馬車を走らせた馭者

明治5年9月12日、日本最初の鉄道が新橋・横浜間に開通し、鉄道開業式が行なわれ、明治天皇も出席された。このとき天皇の乗り物に馬車が使用された。これが最初のお召し馬車である。馬車にはそれを動かす人、馭者が必要である。それまで日本には馬車がなかったので、馭者の経験者はいなかった。そこで騎馬の達人といわれた人が、馭者をつとめることになった。

そのお召し馬車はイギリスから献上されたものであった。すなわち西洋式馬車だったの

で、馭者の服装としては洋服がふさわしいということになった。でもどんな洋服がいいか誰も知らなかった。思案の末、ある宮内省役人が競売会に出品されていた一着の洋服を購入してきて、それを馭者に着せることにした。
　さて開業当日、馭者の服装をながめた外国人はひそかに笑いあった。なぜ笑ったのか。馭者の着ていた服は寝巻、すなわち西洋人のパジャマだったからである。

西郷隆盛と葛飾北斎の絵

ソバ屋の店頭などに、よくタヌキの置き物が飾られている。そのタヌキの睾丸はかなりでかい。俗にタヌキの金玉は八畳敷などという。その俗信をもとに作ったわけではないだろうが、置き物のタヌキの睾丸はなぜか実際よりかなり大きく表現されている。

　大きいといえば、かの西郷隆盛の睾丸はかなり大きかったらしい。彼は体が大きかったようだが、睾丸もまた大きく、『寄生虫館物語』の著者、亀谷了氏によれば、彼の睾丸が大きかったのは象皮病にかかっていたからだという。象皮病というのは住血糸状虫（フィラリア）の寄生によって起こる病気で、陰部・乳房・足などがものすごくでかくなる。病気が進むと、たとえば睾丸はボウリング玉よりもっと大きくなる。

　葛飾北斎の絵に、あまりに睾丸が大きくなったために、それを布で包んで天秤棒にかけ、相棒と二人でかついでいるものがある。西郷の睾丸は、しかしそこまでは肥大していなかったようである。

明治大帝ご重病のあとさき

　明治天皇が崩御されたとき、夫婦喧嘩さえぴたりと止んだという。それほど天皇の死は衝撃的であった。明治45年7月20日、宮内省から天皇が重態との発表があると、その波紋は大きかった。株価が先行きの不安から大暴落し、娯楽場はすべて休業になり、日比谷〜半蔵門間の電車は線路にボロを敷いて音を立てないように徐行運転した。また郵便貯金がにわかに増えはじめた。なぜ貯金が？

　明治44年から米価が高騰し、明治42年と43年は1升16〜17銭であったのに、明治44年は21銭、45年の7月には30銭にもなった。このため人々は貯金などできず、郵便貯金は減り続けていた。そんな折、7月20日に天皇重態

の発表があり、人々はこぞって謹慎した。そしてその意を表わすべく、自ら郵便貯金の払戻しを控え、少しでも貯金することにした。

かくして1日に10万円ほどの貯金が増えはじめた。ちなみに当時、お巡りさんの初任給が15円、大卒の初任給が45円ぐらいであった。

「火災海上」と「海上火災」の違い

わが国の保険事業は海上保険を先駆けとする。明治12年8月1日に開業した東京海上保険会社が保険会社の第1号である。ところで保険会社といえば、損害保険会社のほとんどが社名に「火災海上」「海上火災」のいずれかをつけている。すなわち現在、損害保険協会に加盟している損害保険会社25社のうち、22社は「○○火災海上」または「○○海上火災」という名称を用いている。では両者は一体どこがどう違うのか。

明治から大正にかけ、多くの損保会社が誕生し、昔は損保といえば海上の事故や火災の損失が対象だったために、そのほとんどが「○○海上火災保険」「○○火災海上保険」というように、「海上」か「火災」の名前をつけていた。その後、吸収合併されたりして、名称も現在の「○○火災海上」「○○海上火災」となったのだが、両者の違いは会社の経営内容による。すなわち取扱い規模の大きいほうを上につけたわけである。

ラジオ体操の振付けはどう伝わったのか

NHKラジオで朝に放送されている「ラジオ体操」は昭和3年に開始され、すでに半世

紀以上の歴史がある。「気を付け、ただいまからラジオ体操をはじめます」。ラジオ体操の放送の第一声であった。号令をかけたのは陸軍戸山学校軍楽部・三等楽長の江木理一で、抜擢されてラジオ体操のアナウンサーを担当した。

ところでラジオではテレビと違って、体の動かし方を正しく伝えるのはむずかしい。体操の振付けは一体どのようにして人々に広まっていったのか。それには、ある人たちの努力があった。そのある人たちとは郵便局員である。

じつはラジオ体操はアメリカの生命保険会社が行なっていた体操放送をヒントに、逓信省（現、郵政省）簡易保険局が国民の健康増進と体位の向上を目的に発案し、放送協会に持ちこんだものであった。そこで全国の郵便局員（郵便配達人）が手紙とともに体操の振付けを人々に伝えたのである。

第7章

古今東西おもしろアレコレ事情

古代エジプト人が神聖視した食べ物

古代エジプトでは、ある食べ物が神聖視されていた。その食べ物とは今日われわれがよく食べているものだが、それは何だかお分かりだろうか。答えはタマネギである。

タマネギは中近東あたりが原産といわれているが、エジプトに伝わり、エジプトでは神聖な食べ物とされた。タマネギを切ると、断面が規則正しく重なり合っている。そこにエジプトの人々は完全・永遠の象徴を見たのである。

エジプトではタマネギは神への供物とされていた。またエジプトでは人が亡くなるとミイラにして保存したが、死者の魂が永遠に生きることを願って、ミイラの手に一束のタマネギを握らせた。タマネギはまた日常生活でもよく食べられていて、エジプト人にとっては主要な食べ物の一つであった。

エジプトといえば、ピラミッドが有名である。ピラミッド建設には多くの人々が従事したが、彼らにはニンニクとともにタマネギが給与されていた。

酔っぱらいを研究した最初の人物

アリストテレスはたぶん誰でもご存知だろう。紀元前4世紀のギリシアの哲学者である。その彼は酔っぱらいについて研究した最初の人物でもあった。「飲酒と酩酊に関する諸問題」という著述があり、酔っている人はなぜふらふらするか、酔っているとなぜセックスが不可能か、などといったことについて論じている。

その中で、彼は二日酔いにはキャベツが効くと述べている。なぜキャベツが効果があるのか。酒は湿っていて熱いものであり、それを飲めば体の中は湿りが多くなり、熱くなる。そこでキャベツを汁にして飲むと、体は冷やされ、その結果、水分が膀胱まで運ばれ、体から排泄されるので、二日酔いがなおると説明している。

現代医学から見ると、この理論は正しくない。だが、当時ギリシアではキャベツは二日酔いに効くと信じられていたようで、アリストテレスはその裏づけとして、そう考えたのであった。

剣闘士はここに鮮血を流す

古代ローマ時代、イタリアでは数多くの巨大な円形競技場が作られた。ローマのコロッセウムはとくに有名であり、その廃墟が今も残っている。コロッセウムは巨大という意味であり、歴史上、最大規模の競技場であった。このコロッセウムは188m×156mの楕円形で、紀元前80年に完成しており、5万人の観客を収容することができた。

コロッセウムでは剣闘士たちによる競技が行なわれた。剣闘士たちは主に戦争捕虜や奴隷であり、専門の訓練所で養成された。また人間と野獣との死闘も行なわれた。アウグストゥス帝が開催した競技会では1万人の剣闘士が参加し、3500頭の野獣が殺された。

コロッセウムでは、船による競技も行なわれていた。陸上の競技場でどうして船を使うことができるのか。船を浮かべるためには水がいる。コロッセウムに水を入れ、人工池を作ったわけである。そして剣闘士たちが船に乗りこみ、〝海戦〟を行なったのだ。

ローマの皇帝は小便にも課税

古来、いろんなものが税の対象となっている。ロシアのピョートル大帝が顔に生やしたヒゲに対して課した「ヒゲ税」はよく知られている。かの大帝は長靴・帽子・棺桶・スイカにも課税した。ヒゲ税などはまさに珍税中の珍税だが、それに優るとも劣らないのが小便税。この珍税を設けたのは古代ローマの皇帝、ウェスパシアヌスである。

この小便税というのは、小便をした人から金（税金）をとるというのではない。共同便所の小便を使用する人に税金を払わせたのである。小便を使用する人など一体いるのかと思われるかもしれないが、昔は小便はいろんなものに使用・利用されていた。当時、ローマの共同便所の小便は、漂白業者が羊毛の漂白に用いていたという。そこで、それに課税したわけである。

かの皇帝はそのことで、あるものの名に用いられることになる。フランスでは共同便所のことをヴェスパジエンというが、それはウエスパシアヌスからきている。

かつて眼病の治療に母乳が使われていた

　女性の乳房、そこから出る乳は赤ん坊のためのものだが、その昔ヨーロッパではほかにも利用されていた。たとえば眼の病気。打たれて眼が充血したり、痛んだりしたときには、眼に乳を注ぎこむと治ると信じられていた。とくに乳に蜂蜜とスイセンの汁を加えたものは効果が大であるといわれていた。

　紀元1世紀の古代ローマの博物学者、プリニウスの『博物誌』には女性の乳のさまざまな利用法が記されている。それによれば、熱病や腹の病気には、女性の乳ははなはだ有効で、とくに赤ん坊を乳離れさせた女性の乳は有効である。母親と娘の乳を混ぜてすりこむと、それ以後はまったく眼病にかからない。打たれて痛むときは乳にガチョウの脂を加えて温めたものを塗れば治り、少量の油を混ぜた乳は耳の病気に効果がある。男の子を産んだ母親の乳を犬になめさせる。そうすると、その犬は狂犬にならない。このように女性の乳は昔は〝薬〟としても用いられていた。

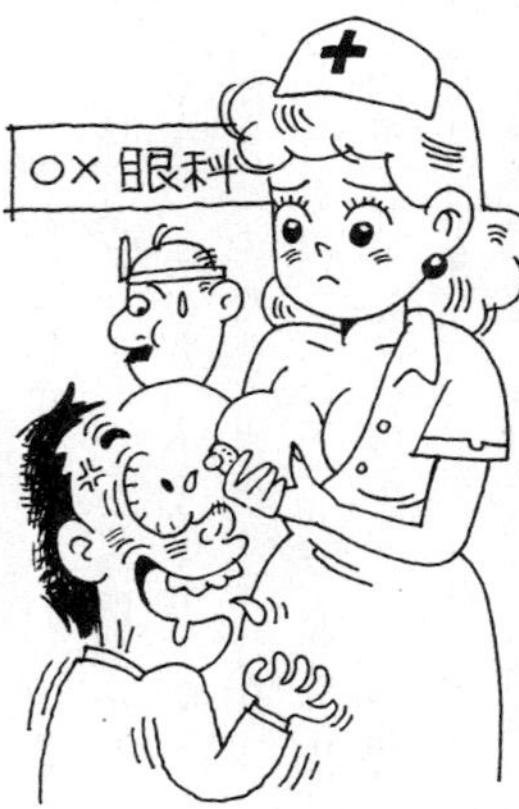

ミロのビーナスのうるわしさ

パリのルーヴル美術館の名品、ミロのビーナス像は1820年4月8日、エーゲ海のミロス島で農夫によって発見された。そのビーナス像には両腕が欠けている。出土したとき両腕の部分はすでにもげていた。そこで問題になるのが両腕のかっこうである。果たして両腕はどんな形をしていたのか。この像は紀元前100年頃に作られたものと推定されているが、その腕がどうなっていたかは今もって謎であり、それについては諸説ある。

ギリシア神話では、リンゴは美女の象徴とされていた。ビーナスは美の神である。そこで左手にはリンゴを持ち、右手は腰布が下がるのを押さえていたとする説がある。

多分この説は事実にもっとも近いと思われるが、いやそうではなく、隣りにいる誰かに左手を差しのべ、右手で落ちそうになった腰布をつかんでいるとか、あれは今からビーナスが入浴しようとする姿を表わしたものだ、といった面白い説もある。

犬とカナリアの古い関係とは?

カナリアという鳥がいる。そのカナリアは犬と関係がある。それがどんな関係かお分かりだろうか。その昔、犬とカナリアがいっしょに暮らしていた? そんなことはない。

カナリアという名はアフリカ大陸西岸沖に浮かぶカナリア諸島に由来する。この諸島は紀元前130年に発見され、古代ギリシア・ローマ人は「幸運の女神の島」と呼んでいた。

その後、この諸島は人々から忘れ去られ、15世紀になって再び発見される。そして「カナリア・インスラ」（犬の島という意味）と呼ばれるようになった。その名の由来については一説に、その島に大型の犬がいたからといわれている。

ところで、そのカナリア島＝犬の島にはたくさんの黄色い鳥がいて、その鳥は島の名（＝カナリア）にちなんでカナリアと呼ばれるようになった。つまり鳥のカナリアという名は、もとをただせば「犬」という意味であったわけである。なお、日本にカナリアが入ってきたのは江戸時代中期である。

フン族の大王アッティラの死因

新婚初夜に夫が急死と聞けば、多くの人が色っぽいことを想像するにちがいない。アッティラという人物をご存知だろうか。5世紀半ば、中央および東ヨーロッパ全土と西ロシアを征服したフン族の王である。この王がじつは新婚初夜に急死している。

452年、アッティラは北イタリアに侵入したが、ローマ司教（教皇）レオ1世の説得をいれて引き揚げる。その翌年、アッティラ

は若くて美しい娘をハーレムに迎えた。彼はふだんはあまり飽食しなかったが、結婚式ではよく食べ、よく飲んだ。その後、二人は寝室に入った。そして翌朝、彼は死んでいた。死因は鼻血による窒息死であったという。大量の鼻血が出て、喉に流れこみ、それで窒息したらしい。

なぜアッティラは大量の鼻血を流したのか。過度のセックスによって血管が破れたとの見方もあるが、鼻血は彼のいわば持病の一つで、以前にも何度か鼻血を出したことがあったらしい。

クリスマスはブランコをこぐ日!?

12月25日はキリストの生誕を祝うクリスマスだが、もともとキリストの誕生日とされていたのは1月6日で、それが12月25日になったのは西暦３２５年以降のことである。12月25日は古い暦では冬至にあたり、この日には冬至祭が行なわれていた。冬至は太陽が弱くなるとき、すなわち1年中で日照時間がもっとも短くなる日である。そこで太陽に力を与えるために、インド、東南アジア、ヨーロッパでは大きなかがり火をたいたり、あるいはブランコをこいだりした。

どうしてブランコをこぐのか。それはブランコを太陽とみなし、ブランコを揺り動かすことによって太陽をよみがえらせようと考えたためである。ブランコをこぎながら、太陽を暗示する言葉を繰り返して歌ったりすることもあった。

この習慣は今も世界の各地に生きており、クリスマスの日にブランコをこぐところとしてはイタリアのカラブリア地方、スペインのカディス地方が知られている。

コオロギを戦わせるギャンブラー

日本では江戸時代中期、スイカの重さを賭けたスイカ賭博なるものが行なわれていた。犬や牛などを闘わせて、その勝負を賭けることは昔から各国で行なわれていた。変わった賭博としては、中国では古くからコオロギ賭博が行なわれていて、お金を賭けてコオロギを闘わせた。

中国の闘犬ならぬ闘コオロギは「秋興《しゅうこう》」と呼ばれ、すでに唐時代の8世紀前半には始まっていたようである。この秋興は重量制で、試合の前に小さなはかりでコオロギの体重を測定し、ちょうどボクシングのミドル級やライト級などのように、重さによってクラス分けした。

その計量が終わると、同じクラスの2匹のコオロギをリング（＝大きな鉢）に乗せ、葦や象牙の柄にネズミあるいはウサギのひげをつけたくすぐり棒でコオロギの触角を刺激し、闘わせた。そして勝ったコオロギは、2匹に勝つと将軍、3匹に勝つと大将軍という称号を与えられた。

その昔、パンは俎板《まないた》としても使われた

パンといえば、ほとんどの人は食べものとしてのパンを思うことだろう。今日、パンは食べものとしてのみ存在している。ところが昔のヨーロッパではそうではなかった。パンはヨーロッパ人にとっては重要な食べもので

あったが、単に食用としてだけではなく、ほかのことにも用いられていた。それはどんな用途かといえば……。

たとえば昔のヨーロッパでは、パンは皿の代わりとしても使われていた。昔のパンはかなり硬かったが、そのパンにスープを受けて食べていた。またパンをクレープのように薄く焼いて、それをナプキンの代わりにして指などをぬぐっていた。

中世のフランスには俎板パンなるものがあった。パンを板状に焼き、それを俎板として用いたわけである。料理が終わったら、そのパンは捨てずに食べた。
鉛筆で書いたものを消すためのゴム（すなわち消しゴム）が登場するのは18世紀半ばだが、それ以前はパンが消しゴムとしても使われていた。

拳に革の手袋をはめて叩いた楽器

楽器のオルガンは誰でもご存知だろう。オルガンにはリードオルガンとパイプオルガンがあるが、音楽の世界でオルガンといえば、ふつうパイプオルガンを指す。

紀元前2世紀頃、アレクサンドリアのクラ

シビオスが発明したというヒュドラウリスという楽器がある。これがオルガンのルーツとされている。ヒュドラウリスはヒュドラ（水力）を利用したもので、大きな音を出した。

　そこでローマでは闘技の合間などに演奏され、また5世紀頃にエルサレムにあったそれは、2km離れたところでも聞くことができたという。

　その後、キー（鍵盤）装置のオルガンが作られるようになるが、11世紀ごろのオルガンの鍵盤はものすごく大きく、一つの鍵盤の幅が7～12cm、厚さが3～5cm、奥行きが30～90cmもあった。

　そこで演奏者は革の手袋をはめ、拳で鍵盤を叩かなければならなかった。指で演奏ができるようなオルガンが登場するのは、15世紀以降のことである。

「フランス病」「イギリス病」とは？

　性病の一つ、梅毒はコロンブス一行が第1回航海（1493年）の際、エスパニョーラ島から持ち帰ったものといわれている。この病気はやがてヨーロッパ中に波及した。

　性行為によって感染する梅毒は、その原因を口にするのもいまいましいために、イタリア人やイギリス人はそれを「フランス病」と呼び、フランス人は「ナポリ病」「イギリス病」と呼んだ。すなわち、梅毒なる病気をもたらしたのはお前たちだ、とそれぞれがその原因を他国になすりつけたわけである。

　英仏間のこの〝戦い〟は、避妊具のコンドームでも展開される。フランスではコンドームのことを俗語で「イギリス人の外套」と呼び、いっぽうイギリスでは「フレンチ・レター」（フランスの手紙）と呼んでいる。そんな不名誉（？）なものは自国の発明にあらずというわけである。

なお「フレンチ・レター」と呼ぶのは、一説にコンドームの包装がフランスの郵便封筒に似ていたからだそうである。

投げキスはどうして生まれたのか

西欧では挨拶としてキスをする習俗がある。そのキスには頰へのキスもあれば、手へのキスもある。投げキスというのもある。投げキスは離れた相手に対して行なうが、それは一体どのようにして生まれたのか。

イギリスの動物行動学者、デズモンド・モリスは投げキスの起源を次のように説明している。古代の諸宗教において、人々は神への敬愛の情を偶像やその他の象徴にキスすることによって表わそうとした。偶像や象徴物がそばにあれば直接キスすることができるが、ふつうそれらは高い所や物理的に近づけない所に置かれているため、そうすることができない。そこで遠くからのキスをしなければならなかった。しかし唇でキスのジェスチュア

をするだけでは視覚上不十分なので、手を用いて投げキスをするようになった。

初め、投げキスは崇拝を示すジェスチュアの一つであったが、時を経るにつれて、少しずつ援用範囲が広がっていったという。

メガネはかつて悪魔の道具だった

メガネが発明された時期と場所ははっきりしないが、13世紀にはイタリアでメガネが使われていた。天文20年（1551）、イエズス会宣教師フランシスコ・ザビエルが周防《すおう》の大内義隆に謁見し、望遠鏡・時計・楽器などとともにメガネを献上している。これが日本にメガネが伝来した最初といわれている。

メガネはたいへん便利で、ありがたい道具である。ところがそれが発明された当時（13世紀）、悪魔の道具とみなされていた。なぜなのか？　メガネをかけると突如として、物がよく見えるようになる。

それは昔の人々にとってはたいへん不思議なことであり、そこには何か超自然的な力が働いていると考えた。

またその時代には、神が与えた苦痛は、その人間の魂の幸せのために耐えるものであり、それを妨げる機械類は悪魔のしわざであるという考えが信じられていた。そこで人々はメガネを悪魔の道具であり、悪魔が作ったものと考え、それを敬遠した。

結婚に認められていたテスト期間

「ものは試し」という言葉がある。ものごとは実際にやってみて、はじめて良いか悪いかが分かる。結婚だって同じ。やってみてはじめてその良し悪しが分かる。結婚したら、願わくば夫婦仲良く暮らしたいものである。ところが実際はなかなかそうはいかず、離婚ということにもなる。

その昔、ヨーロッパには試験結婚（試験婚）なるものがあった。結婚して夫婦間で問題が起こる。たとえば子供ができないとか、男のほうが不能であるといったことで、離婚という事態になったりする。それを未然に防ぐために試験結婚をして、お互いよく品定めをしたわけである。

この試験結婚はイギリスのヨークシャー地方では19世紀のころまでまだ行なわれていて、試験結婚で花嫁が身ごもったら結婚し、妊娠しなければ結婚はご破算になった。また男が不能だと分かると、女のほうから一方的に結婚を解消することができるようになっていたそうである。

小便を我慢して命を落とした天文学者

人は死から逃れることはできない。ならばできるだけ長生きしたいものだが、現実はなかなかそうはいかない。思わぬ事故や病気が死をもたらしたりする。16世紀のスウェーデン生まれの有名な天文学者、ティコ・ブラーエ（１５４６〜１６０１）も〝事故〟で命を落とした。その事故というのは膀胱の破裂。なぜ膀胱が破れたのか。

マルコム・フォーブスの『彼らはかくして死んだ』という本によれば、そのいきさつはこうである。１６０１年10月13日、ブラーエはある男爵の食事に招待された。彼は以前から膀胱をわずらっていたのだが、それにもかかわらず、食事の前にトイレにいかず、しかも食事中にかなりの酒を飲んだ。当時、食事中に席を立つのは最も無礼なこととされていた。このためブラーエはオシッコを我慢し、席に座りつづけていて、ついに膀胱が破裂してしまった。それが原因で、ブラーエは11日後に命を落とした。

外科手術にアリが用いられた理由

アリ（蟻）は人には好まれない昆虫の一つだが、そのアリが外科手術に用いられていたことをご存知だろうか。

何らかの原因で体（皮膚）に傷を負ったとき、傷口を縫い合わせる手術を行なう。その縫合に、西欧では古くからアリが用いられていた。すなわち傷口をぴったりと合わせ、それをアリに嚙みつかせたわけである。

その方法を詳しく説明すれば、まずアリの中でも力強い大あごを持っている大型の黒アリなどをつかまえる。そしてそれがあごを大きく開けて嚙みつこうとする際に、傷口のところへもっていき、裂けた皮膚を合わせ、傷口のその部分に嚙みつかせる。次いで嚙ませたまま、その胴体をもぎとってしまう。

アリは死んでしまうことになるが、死んでも噛んだままである。そして傷が治るまで、その状態にしておく。そんなふうにして多くのアリを用いることで、かなり大きな傷でも縫い合わすことができた。

消しゴムができる前は何を使っていたか

16世紀半ば、イギリスのカンバーランド州のボローデールの谷で黒鉛が発見された。それを木片にはさんで用いたのが、鉛筆（黒鉛鉛筆）の起源とされている。１５６５年、スイスの学者ゲスナーが化石についての本を出版。その中に、黒鉛を木片にはさんだ〝鉛筆〟について記している。これが鉛筆についての最初の文献的記録である。

消しゴムが登場したのはそれから２００年後のこと。１７７０年、酸素の発見者として知られるイギリスの化学者プリーストリーがある日、ゴムで紙をこすると鉛筆の文字が消えることを知り、いわゆる消しゴムを作った。これが消しゴムのルーツである。

それでは消しゴムが登場するまでのあいだ、人々はいったい鉛筆で書いた文字や図などをどんな方法で消したのか。手の指につばをつけて、こすって消した？　そんな方法で消した人もいたかもしれないが、鉛筆の文字消しにはもっぱらパンのくずが使われていた。

シラミを使って行なう市長選挙!?

多数の中から代表者を選ぶ。そんなときには、いわゆる選挙によって行なうのが一般的であり、その場合、選ぶのは人である。すなわち人が人を選ぶ。ところが、かつてスウェーデンのフルデンブリーという市においては、市長を選ぶのに一風変わった方法がとられていた。

その方法とは、シラミ（虱）によるものである。アメリカの自然科学者、ルーシー・クラウセンがその著書『昆虫』（1954年刊）の中で、そのシラミによる選挙を紹介している。それによれば、選挙は次のようにして行なわれた。

何人かが市長に立候補する。その全員がテーブルのまわりに座り、身を低くかがめて、それぞれの顎ヒゲをテーブルの上にのせるようにする（昔の西欧人は顎ヒゲをたくわえていた）。ついで1匹の生きたシラミがテーブルの中央に放たれる。そのシラミが最初にもぐりこんだ顎ヒゲの持ち主が、次期の市長に選ばれた。何とも、奇妙な選挙が行なわれたものである。

泰西の貴婦人は「孫の手」をご愛用

17〜18世紀のヨーロッパでは、貴婦人たちはある物を持って外出した。そのある物は今

日でも存在するが、ふつうはそれを持って外出することはなく、たいてい家の中で使う。そのある物とは何だかお分かりだろうか。答えは、孫の手である。

なぜ、そんな物を持って外出したのか。孫の手はかゆいところをかくために用いるが、彼女たちが持ち歩いたのも、そのためであった。彼女たちの衣裳は体に合わせて縫いたてられており、毎夜それを脱ぐというものではなかった。それでシラミにたかられた。そこで、かゆくなった背中などをかくために、孫の手を持って外出したわけである。

また昔のヨーロッパの貴婦人たちは、首にも毛皮のえり巻きをつけていた。それは防寒のためでもなければ、ファッションとしてでもなかった。ノミを捕まえるためである。えり巻きをつけていると、やがてノミがそこへ集まってくる。そこでそれをときどきはずして、ノミを払い落とした。

指揮棒が命とりになった音楽家とは?

オーケストラを指揮するとき、指揮者は指揮棒を用いる。その指揮棒は現在のものは細くて短く、軽いが、昔の指揮棒はそうではなかった。太くて長く、重かった。すなわち杖のようなものであった。そんなものをふり回すわけにはいかない。昔の指揮者はその棒（杖）で床をトントンと叩いてテンポをとった。そのため、それはキッツキ式指揮とも評されたという。

イタリア生まれでフランスに帰化した音楽家のジャン・バティスト・リュリ（1632〜87）があるとき、国王が手術から回復したのを祝う新作の上演で、指揮をした。その最中、指揮棒を床に叩きつけるつもりが、手元が狂って自分の足の指を叩いてしまった。そのときはたいしたことはないように見えたが、やがて壊疽《えそ》を起こした。医者がそこを切断しなければ生命があぶないと言った。しかしリュリは拒否した。そして、それがもとで2か月半後に亡くなった。

いつの間にか眠気を誘われる名曲

夜、眠れないという人がいる。そんな人のためにうってつけの音楽がある。その音楽とはバッハの「ゴールドベルク変奏曲」。これを聴けば眠くなるかもしれない。それというのも、この曲は不眠症に悩む伯爵のために作られたものだからである。

その伯爵は、ロシア大使のカイザーリンクなる人物である。彼は夜なかなか眠れず、不眠症になってしまった。ゴールドベルクというチェンバロ奏者を雇い、毎晩、寝る前に隣りの部屋で演奏させたが、それでも眠れなかった。そこでバッハに眠気をさそうような曲を依頼した。バッハは以前、伯爵には世話になっていたので、依頼に応じ、作曲した。それが「ゴールドベルク変奏曲」（1741年）である。

で、その効果はどうだったのか。言い伝えによれば、たいへん効果があったらしく、そこで伯爵はたびたびその曲をリクエストしたそうである。不眠症に悩んでいる人は、一度お試しあれ。

暗殺「アサシン」の語源は麻薬「ハシッシ」

麻薬を個人が使用することは日本では禁じられているが、その昔、イスラム教徒はインド大麻（ハシッシ、マリファナ）を鎮痛、興奮、麻酔などの薬として利用していた。また中世のイスラム教国では麻薬を使った殺人が流行した。その麻薬は殺す相手に使われたわけではない。使ったのは殺人者のほうである。なぜ殺人者が麻薬を使ったのか。

それは殺人者に麻薬を吸わせることで、幻覚や興奮を起こさせ、危険を恐れずに相手を殺させるためである。イスラム教国の首長や貴族たちは暗殺団を組織し、彼らにインド大麻やアヘンなどを吸わせて暗殺させた。インド大麻を常用すると、妄想・幻覚・幻聴などが起こり、錯乱状態におちいって暴行・破壊行為におよんだりする。その〝効果〟を利用し、暗殺させたわけである。

ちなみに暗殺者を意味する英語のアサシン(assassin)という言葉は、彼ら暗殺団が使用したインド大麻＝ハシッシに由来する。

童貞を守り通した偉大な学者

「万有引力の法則」の発見で知られるニュートンは妻をめとらなかった。そして彼は生涯にわたり女性と肉体関係を持ったことがなかったといわれている。哲学者のカント、美術批評家のラスキンもまた童貞を守りつづけたといわれている。ラスキンについては、こんなエピソードが伝わっている。

ラスキンはニュートンと違って、ちゃんと結婚している。ところが結婚初夜、妻の陰毛を目にし、ショックを受けた。それというのも昔の絵画（や彫刻）には女性の陰毛は描かれていなかったので、女性にはそれがないのが当り前と思っていたからである。ショックを受けた彼は以来、妻と関係を持たなかったといわれている。

ハベロック・エリスという性教育者がいた。彼は物心ついたころからずっと不能だった。二度結婚したが、最初の妻とは不能が原因で別れ、二度目の妻はレズビアンであった。60歳のときある女性と知り合い、彼女と関係を持ち、初めて男になった。

身長が154センチに足りない有名人

多分あなたは音楽家のシューベルトはご存

知だろう。では彼の身長はどれくらいだったか。それを知っている人は少ないはず。シューベルトの身長は154cmぐらいしかなかった。その名はよく知っていても、その人物がどれほどの背丈であったかについては意外と知らないものである。とくにそれが過去の人物となるとなおさらである。

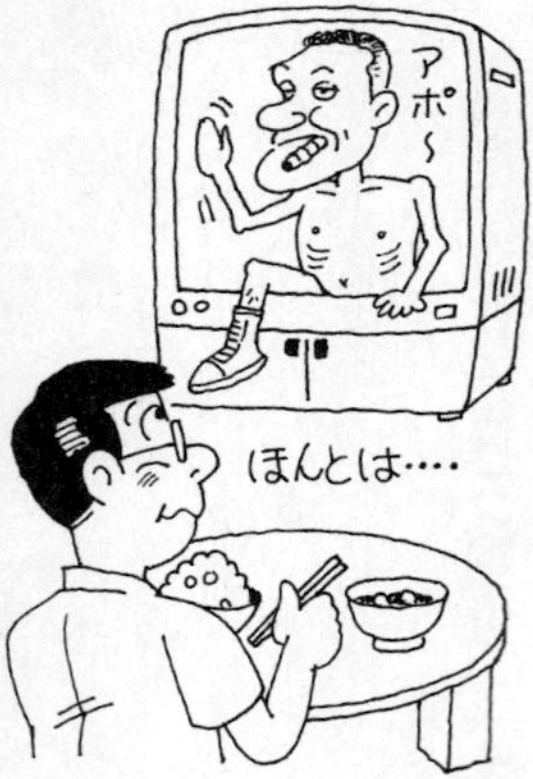

背の低い有名人——そのなかで170cm未満の人を以下に紹介しよう。

ポープ（英国の詩人）137cm、ヴィクトリア女王152cm、キーツ（英国の詩人）154cm、ロートレック（フランスの画家）155cm、バルザック（フランスの作家）157cm、フルシチョフ（ソ連の政治家）160cm、サド侯爵（フランスの作家）160cm、ヴォルテール（フランスの哲学者・作家）160cm、マーラー（オーストリアの作曲家）163cm、ピカソ（スペインの画家）163cm、ナポレオン（フランスの皇帝）168cm。

世界には面白い尺度単位がいっぱい

朝のことをドイツ語では「モルゲン」という。そのモルゲンという言葉は、かつてドイツでは面積を表わす単位であった。「家畜の力で朝のうちに耕すことのできる畑地の面積」、それが1モルゲンであった。フランスでは18世紀ころまで「ピエ・ド・ロワ」という長さの単位（約0・33m）と、その6倍の「トワーズ」（約2m）という単位が用いられていた。「ピエ・ド・ロワ」とは王様の足という意味であり、王様の足の爪先からかかとまでの長さをもとにその単位が生まれたようだが、その来歴はいまひとつはっきりしない。

インドにはその昔、ゴルータという長さの単位があった。それは「牛の鳴き声が聞こえる長さ（距離）」であり、1ゴルータは約4kmであった。スープの冷めない距離といった言い方をすることがある。チベットには「お茶が飲みごろになるまでに走れる長さ（距離）」という単位があった。その長さは2・7kmくらいだったそうである。

「ユニオン・ジャック」の語源

イギリスの国旗のことを「ユニオン・ジャック」ともいう。その「ユニオン」とは連合・結合（連合王国）という意味。イギリスの国旗はイングランド、スコットランド、ア

イルランドの旗を組み合わせたもの。すなわちイングランドの白地に赤十字の旗、スコットランドの青地に白の斜十字の旗、アイルランドの白地に赤の斜十字の旗を組み合わせ、デザインしたものである。

では、ジャックとは？　ジャックといえば人の名前がイメージされるが、それは人名ではない。ジャック（jack）とは、国籍を示すために船首につける小旗のことをいう。

イギリスの場合、それまで船首旗として使っていたものを国旗にした。そこで「ユニオン・ジャック」という名前で呼ばれるようになった。

なお、旗のことをフラッグという。イギリス国旗は「ユニオン・フラッグ」とも呼ばれている。

星条旗の五稜星は初めの案では六稜星

世界の国旗には星が描かれたものが多い。その星のほとんどは五つの稜《りょう》を持つ五稜星である。すなわち☆の形をしたものである。この五稜星はアメリカ合衆国の国旗（星条旗）にも用いられている。ちなみに国旗に星が登場したのは星条旗が最初である。

ところで星条旗の星の形だが、最初の案では五稜星ではなく、六つの稜を持つ六稜星であったという話が伝わっている。

フィラデルフィアの議事堂の近くに、ベッティ・ロスという仕立屋がいた。言い伝えによれば、１７７６年６月、ジョージ・ワシントンらがその店を訪れ、旗（星条旗）の縫製をたのんだ。そのときワシントンは７本の赤い縞と6本の白い縞、六つの稜を持つ星が13個の図案を仕立屋に示した。ところがベッティ・ロスは六稜星より五稜星のほうが切り抜きやすいと言った。ワシントンは彼女の意見に従った。かくして、もともと六稜星であったものが五稜星になったという。

一晩で作られた「聖《きよ》しこの夜」

もっとも広く歌われているクリスマス頌《しょう》歌《か》の一つに、「聖しこの夜」がある。「きよしこの夜、星はひかり／すくいのみ子は、みはははのむねに／ねむりたもう、いとやすく」。これは由木康の訳によるもので、「きよしこの夜、なべて静か／み子イエス、母のかいなに眠る…」という別の訳もある。

この「聖しこの夜」はオーストリアはアルプス山中の村（ハルライン）に住んでいたヨゼフ・モールというカトリックの司祭が作詞したものである。モールはザルツブルグの生まれで、カトリックの司祭となり、終生、故郷の近くの村の教会につとめた。

1818年12月24日、モールは真夜中の礼拝を終えた後、心に浮かんだ言葉をそのまま書き留めた。そして翌日のクリスマスの日、彼の友人で村の小学校の校長をつとめ、また教会でオルガンをひいていたフランツ・グルーバーに頼んで曲をつけてもらった。それが今日まで歌いつがれている「聖しこの夜」である。

リンカーンの演説は注目されなかった

1863年11月、南北戦争の激戦地ゲティスバーグに戦没者を葬る国立墓地ができ、その聖別式でリンカーン大統領は演説を行なった。「人民の人民による人民のための政治」という言葉で、リンカーンはその演説をしめくくった。その言葉は名文句として歴史に残ることになるが、じつは当日、聴衆はリンカーンの演説にたいして注目しなかった。「人民の……」の名文句も人々の関心をひかなかった。

聖別式では上院議員のエドワード・エヴァレットが2時間にわたって大演説した。リンカーンはそのあとで演説したが、それは低い声で、つぶやくかのようであった。聴衆にはリンカーンの言葉が聞き取れなかった。それにリンカーンの演説は3分足らずの短いものであった。演説が終わったあと、聴衆の中にはほとんど反応がなかった。その演説がすばらしい演説として評価されるようになったのは、しばらくたってからのことである。

裾広スカートは情夫を隠すのに役立った

19世紀半ば、フランスの女性のあいだで裾が広がったスカートが流行した。当初その裾の広がりはそれほどではなかったが、しだいに増していき、ついには裾の周囲の長さが10mほどにもなった。このスカートはクリノリンと呼ばれた。スカートの裾を大きく広げようとすれば、支えが必要になる。そこで鯨《くじら》の骨などで籠《かご》のような枠をこしらえ、それを下半身につけ、その上にスカートをかぶせたりした。

ある芝居で、主役の女性が裾の大きく広がったスカートをはいていた。それがクリノリン・スカートの流行のもとになったのだが、このスカートには別の使いみちもあった。当時、フランスでは不倫がさかんであった。愛人とひそかに愛をかわしているとき、とつぜん夫が帰宅する。そんなとき女性はクリノリンを身につけ、その中に愛人を隠したりすることもあったという。またこのスカートは妊娠を隠すのにも役立った。

エッフェル塔と自由の女神の意外な関係

パリの「エッフェル塔」と、ニューヨークの「自由の女神像」。どちらもそれぞれの都市のシンボルとなっているが、両者はじつは深い関係にある。それがどんな関係だかお分かりだろうか。

自由の女神像が完成したのは１８８６年で、エッフェル塔はその3年後に完成している。エッフェル塔の設計者はギュスターヴ・エッフェルだが、彼は自由の女神像にも関わっている。

自由の女神像がアメリカの独立１００周年を記念して、フランスから贈られたものであることはよく知られている。女神像のデザイン（彫刻）は彫刻家のバルトルディによるものだが、その像の中身である鉄の骨組みの設計・施工を担当したのがエッフェル塔の設計者でもあるギュスターヴ・エッフェルであった。像の中身は見えないけれども、女神像が風雪にさらされながらも生きのびてこれたのは、エッフェルによるしっかりした骨組みがなされていたからであった。

ロダンの「考える人」が表わすもの

ロダンに「考える人」という有名な作品（彫刻）がある。洋式トイレに座っているようなポーズをしているところから、冗談にあれはウンコをしながら考えているのだという人もいる。もちろんウンコをしているわけではない。「考える人」はもともと「地獄の門」という作品の一部であった。

パリに装飾美術館が建設されることになり、ロダンはその正面の大扉の制作を依頼された。それが「地獄の門」で、ロダンはダンテの『神曲』の「地獄篇」からその想を得た。「地獄の門」ではその上のほうに「考える人」がいて、火の海でうめき苦しんでいる人々を見下すように、右手をあごにあてたポーズで座っている。

ではその「考える人」とは、いったい誰なのか。「地獄の門」はダンテの『神曲』からその想を得ている。そこで「考える人」は一説にダンテを表わしたものといわれているが、それは特定の人物ではなく、人間一般を表わしているとの説もある。

切手がもとで国際紛争がエスカレート

切手が原因で紛争がエスカレートする。そんな事件が起こったことがある。カリブ海に浮かぶイスパニオラ島は、ドミニカ共和国とハイチ共和国が二分しており、島の東側64％をドミニカ共和国が占めている。

１９２８年、ドミニカ共和国が切手を発行した。この切手にはイスパニオラ島の地図が印刷されていた。ドミニカの領土は島の約３分の2だが、その地図ではドミニカ領を実際より大きくしていた。ドミニカは１８０１年にハイチに占領された経験を持っており、両国は建国以来、紛争を繰り返していた。ドミニカが発行した切手がハイチ人の感情を害し、それがもとで紛争がエスカレートし、国境でたびたび両国は衝突した。ドミニカ側がハイチに侵入し、大殺戮を行なったりもした。

アメリカの斡旋などによって両国は友好関係を結び、やがて紛争は緩和され、１９４６年、ドミニカ共和国は正確な国境を描いた島の地図を印刷した切手を発行した。

消しゴムつき鉛筆が問題になった理由

19世紀の半ばまで、鉛筆と消しゴムはそれぞれ別個の文房具であった。両者がいっしょになっていれば、たいへん便利である。そこで生まれたのが消しゴムつきの鉛筆である。そのアメリカでの最初の特許は、フィラデルフィアのリップマンなる人物（画家）が取得している。1860年代のはじめのことである。

20世紀になると、アメリカの鉛筆は90％は消しゴムつきのものになり、それが登場するや、アメリカの学校ではすぐに普及した。ところがやがて教師たちの間から、それに反対する声が上がった。消しゴムつきの鉛筆は教育上よくないというのである。なぜか。

消しゴムつきだと、生徒はまちがいをすぐに消して直せる。しかし、まちがいが直しやすくなれば、それだけまちがいもしやすくなる。それに生徒のしたまちがいを正すのは教師の義務・役目であり、消しゴムつき鉛筆を使わせるのはまちがいを奨励しているようなものだからというのが、その理由の一つであった。

西洋で在位期間が最も短い帝王

王位についたのに、20分後にはもう王様ではなくなった。そんな王様がいる。ポルトガルのルイス・フィリペ皇太子がその人で、現時点における王としての在位期間の最短記録者である。なぜ20分間だけだったのか。

1908年2月、ポルトガルの国王カルルシュが銃弾に倒れ、皇太子のルイス・フィリペも頸動脈を切断する重傷を負った。父親である王の死後、ルイス・フィリペ皇太子が自動的に王位をついだ。ところが彼もやがて亡くなった。父親の王が亡くなり、王となった

ルイス・フィリペが亡くなるまでの時間が20分。したがってフィリペが王位にあったのは20分間というわけである。

　ちなみに在位期間が最も長い王様は、『ギネスブック』によれば西タンザニアのンゼガ地方の族長ムソマ・カニヨという人で、この人は8歳（1864年）のときに王位につき、1963年2月に亡くなるまで、98年以上もその座にあったそうである。

アメリカ国旗の移り変わり

　世界の国旗の中には、そのデザインがなんと27回も変更されたものがある。その国旗はほとんどの人が知っているが、どこの国のものかお分かりだろうか。

　それはアメリカ合衆国の国旗、星条旗である。現在の星条旗は、赤と白の13本の条《すじ》と、州を示す50の星からなる。13本の条は独立当時の13州を表わしている。

　1776年、独立宣言が出されたとき、アメリカ合衆国は13州であった。そこで13州の連合の旗として、13星13条の旗が採択された。その後、1795年、2つの州が成立して、15星15条となったが、1818年の法律で、原州を表わす13条はそのままに、以後、新しい州が成立した場合は、次の独立記念日から星の数を増やすことにした。

　1912年以来、長く48星だったが、1958年にアラスカ、翌年にハワイが州に昇格し、星の数は50になった。これで星条旗はそのデザインが27回も変更されることになった。

ポパイは初めキャベツを食べていた!?

　サンタモニカ出身の水夫で、ホウレン草を食べるとたちまち千人力を得る――といえば、漫画やテレビでおなじみの「ポパイ」である。

　ポパイはアメリカの漫画家シーガーが1929年、新聞連載漫画「シンブル・シアター」に登場させたセーラーマンで、最初は脇役であったが、やがて主人公になった。1933年、フライシャー兄弟によって短篇アニメ映画のシリーズとなるが、そのアニメ版によって、ホウレン草を食べると怪力を得るポパイが強調されることになる。

　ところで最初、ポパイが食べていたのはホウレン草ではなかった。漫画に登場した当初、ポパイはキャベツを食べていた。初期の漫画では、ポパイは危機に直面すると、相棒が投

げるキャベツを食べて怪力を得ていた。相棒はそのキャベツをどこからともなく手に入れてくる。それがあまりにも不自然であった。そこでキャベツに代わって登場したのが、携帯に便利な缶詰のホウレン草である。

警察官や刑事を「コップ」と呼ぶわけ

警察官のことを「おまわりさん」などという。英語でも警察官（policeman）を別な言葉で表現することがある。たとえばアメリカではコップ（cop）と呼んだりする。一種の俗語で、もともとは警察官に対する軽蔑的な意味で使われていたが、現在では口語として一般的に用いられている。

なぜコップというのか。その由来についてはいくつかの説がある。その昔、警察官の制服には銅（copper）のボタンが用いられていた。そこからコップ（cop）と呼ぶようになった。あるいは「パトロール中の警察」(constable on patrol)、その頭文字からコップ（cop）と呼ぶようになったという説もある。

ちなみに、イギリスでは警察官のことをボビー（bobby）という。これは１８２９年にロンドン警視庁を設立したサー・ロバート・ピールの名に由来する。ロバートの愛称であったボビー（bobby）にちなんで、警察官をボビー（bobby）と呼ぶようになった。

国境線を区切る考え方

国と国が接しているところには、いわゆる国境線がある。ちなみに最も国境が多いところは中国である。モンゴル、ロシア、北朝鮮などをはじめ、15か国との国境がある。ところが国と国が陸地で接していながら、国境線のないところもある。それはどこだかお分かりだろうか。

アフリカにある。ザンビア、ジンバブエ、ボツワナ、ナミビアの4か国は、それぞれが他の3か国に接している。ところが国境線がない。なぜなのか。それは4か国が線ではなく点で接しているからである。世界地図を広げてみれば分かるが、これらの4か国はザンベジ川のある一点で、それぞれが接している。つまり4か国の境は国境点であり、だから接していながら国境線がないというわけである。

なお世界最長の国境線はカナダと米国の国境で、全長は約6400キロ。もっとも短い国境線はバチカン市国とイタリアとの間のそれで、およそ4キロである。

鳥の糞で経済を維持している国

太平洋のまん中あたり、赤道の近くにナウル共和国という国がある。総面積21平方キロメートルの小さな島国だが、この国は鳥の糞と密接な関係がある。それがどんな関係だか、お分かりだろうか。じつはナウル共和国は鳥の糞のおかげで成り立っているのである。そんなことがあるわけないと思う人もいるかもしれないが、本当のことである。

ナウル共和国はサンゴ礁の島であり、国土の5分の4がリン鉱石の鉱床で占められている。この国ではこのリン鉱石の採掘が唯一の産業であり、それを輸出することによって国を維持している。

ところでそのリン鉱石だが、それは石灰質（サンゴ礁）の基岩と、海鳥の糞の堆積とが化学変化を起こしてできたものである。ナウル共和国が鳥の糞と密接な関係があることはこれでお分かりだろう。

リン鉱石のもともとは鳥の糞。だからナウル共和国は鳥の糞によって成り立っているともいえるわけである。

戦争になると逆さになってしまう国旗

それぞれの国には、その国を表示する旗、すなわち国旗がある。そうした国旗の中には場合によって変わるものもある。たとえばフィリピンの国旗がそうである。

フィリピンの国旗は向かって左側に白の三角形があり、中に太陽が描かれている。その三角形の右上のほうは青色、右下は赤色であり、白は純潔と平和、青は格調高い政治目的、赤は勇気を象徴している。ふつうのときフィリピンの国旗は青を上にして掲揚するが、戦争状態になると上下をひっくり返し、上が赤になるようにして掲げることになっている。

変わるといえば、ギリシアの国旗も場合によって変わる。ギリシアの国旗には青色と白色の9本の条《すじ》が描かれているが、海上で用いる場合には9本の条の部分を取り除いたものとすることになっている。だから、たとえばオリンピックなどでも、開会式で使用する国旗と海の上での競技（ヨット競技）の国旗とでは旗が違う。

香港はなぜ「香りの港」なのか

中国に返還された香港は、中国語の標準語ではシャンカンという。ホンコンというのは広東語による読み方なのだが、こちらのほうが一般化し、英語でもHong Kongと書く。「香港」を文字どおり解釈すると「香りの港」という意味になる。どうしてそんな地名になったのか。

「香港」の地名の由来については、いくつかの説がある。その昔、香港は香料の輸入港だった。すなわち中国は南方産の栴檀《せんだん》・白檀《びゃくだん》・伽羅《きゃら》などの香木を輸入していたが、その輸入港が香港だった。そこで「香港」と呼ばれるようになったという。

それとは別の次のような説もある。南シナ海で暴れ回っていた海賊の中に林鳳（リンホン）という親分がいて、香港を根拠地にしていた。そこでその地はホンコン（鳳港）と呼ばれたが、のちに「香港」という良い字に改められた。はたしてどちらが正しいのだろうか。

アメリカのドル紙幣はなぜ緑色？

現在、日本では四種類の紙幣が発行されており、それぞれサイズ・刷色が異なる。他の国の紙幣もだいたいそうだが、例外もある。アメリカのドル紙幣はすべて同一サイズで、どれも同じ色（緑色）で印刷されている。

もともとアメリカの紙幣は黒色で印刷され、偽造されないように、わずかに色がつけられていたが、それは容易に偽造できた。紙幣から黒インクをそのまま残して、色インクだけを簡単に消すことができたからである。ニセ

札造りは色インクを消し、カメラで写し、それを複写し、その上から色の部分を重ね刷りして偽造した。

そこで偽造防止策として、アメリカン・バンク・ノート・カンパニーの創立者の一人、トレイシー・エドソンが黒インクごと消える色インクを考案した。その偽造防止用インクが緑色であった。

なぜ緑色が選ばれたのかは定かではないが、以来、アメリカのドル紙幣には緑色が用いられるようになり、今日でもなお緑色が使われている。

満月を国旗に用いている南太平洋の国

日本の国旗は赤の日の丸だが、それとよく似たデザインの国旗を持つ国がある。それは

どこの国かお分かりだろうか。フィリピンの東方洋上に位置するパラオ共和国がそうである。なお、この国は現地のパラオ語でベラウ共和国とも呼ぶこともある。

パラオ共和国はかつて日本が占領していたこともある。

第2次大戦終了後は国連信託統治領としてアメリカの統治下にあったが、アメリカとの自由連合協定を事実上、凍結した形で1994年に独立した。現在の大統領のクニオ・ナカムラ氏は日系2世である。

この国の旗は日本の日の丸とよく似ており、青地に黄色い丸で、その丸が少し一方に寄っている。色が違うだけで、そのデザインは日本の国旗とほとんど同じである。それもそのはず、パラオ共和国の国旗は日本の日の丸をモデルにしている。

ただし、黄色の丸は太陽ではなく満月を表わしており、満月を国旗に用いているのは、今のところこの国だけである。

第8章

愉快な乗りもの／珍談アラカルト

日本の鉄道の起点はどこなのか

日本の国道1号の起点は東京・日本橋で、日本橋には「日本国道路元標」という文字が刻まれた金属板が設置されている。では鉄道の起点はどこなのか。日本で最初に鉄道が走ったのは新橋〜横浜間。新橋は鉄道の発祥地であり、新橋が鉄道の起点ということができる。

鉄道の発祥の地を示す「〇哩（ゼロマイル）標識」というのが、ある場所に立てられている。そこが鉄道の起点でもあるわけだが、しかしその標識は現在のJR新橋駅にはない。

その標識は新橋駅のすぐ近くにあった汐留《しおどめ》駅の跡地にある。じつはその汐留駅が「汽笛一声新橋を……」と歌われた新橋駅であった。現在のJR新橋駅はかつては烏森《からすもり》という駅だった。大正3年、東京駅が開業し東海道本線の起点となると、新橋駅は汐留駅と名を変えて貨物専用駅となり、烏森駅が新橋駅という名になった。だから「〇哩標識」はかつての汐留駅に設置されているわけである。

船のドラの本来の目的とは？

ドラ（銅鑼）と呼ばれる打楽器があり、船の出港の合図に鳴らしたりする。しかし合図として使わない場合でも、大きな船はドラを積んでいる。もちろんある目的のために積んでいるわけだが、その目的とは？

長さ100m以上の船は、ドラを必ず船に積んでおくことが法律で義務づけられているそうである。ドラはそれを打って音を出すためのものである。だから当然、船に積まれているドラは音を出すためのものであり、ほかのことに利用するためではない。

港の沖合で停泊中などに、深い霧がたちこめたりすることがある。そんなときに用いる。すなわち霧がたちこめて視界が悪くなったとき、ドラを船尾で、鐘を船首で同時に鳴らし、相手の船に知らせることになっている。

つまり船尾と船首でそれぞれ別の音（ドラと鐘の音）を出すことで、自分の船がここに停泊しており、これくらいの大きさであるということを知らせるわけである。

貝が教えてくれたトンネル掘削法

トンネル掘削技術の一つに、シールド工法と呼ばれるものがある。トンネルの断面と同じ大きさのシールド（鋼製筒状の保護枠）を作り、その前面の土を掘りながら、シールドを前に進めていき、掘った穴の壁に型枠をはめこみトンネルを作る工法である。

この工法は1826年、イギリスでテームズ川にトンネルを掘るとき、その工事をまかされた造船技師のブルネルが発明したものだが、ヒントになったのはフナクイムシであった。

あるとき、彼は造船所で古い船材のかけらを拾った。その船材はフナクイムシに食われて穴だらけになっていた。彼はフナクイムシに興味を持ち、その生態を調べた。フナクイムシは二枚貝の仲間で、体は細長く、頭部に2枚の殻を持っており、それで木をこすりながら穴をあけていく。そして穴をあけたあと、粘液を出してその穴の内側にぬりつけ、体を保護する。このことを彼はつきとめた。それをヒントにシールド工法を発明した。

初の〝鉄道〟が設けられた地点

日本で最初の鉄道はどこに設けられたか。新橋〜横浜間の開通は明治5年（1872）。だがそれ以前に、別のところに鉄道が設けられていた。その場所は北海道の積丹《しゃこたん》半島。

安政元年（1854）、箱館（函館）港が開港すると、外国船の入港が多くなり、箱館では外国船に石炭を補給するため、その需要が増えてきた。積丹半島に茅沼《かやぬま》というところがある。その炭鉱で掘られた石炭が箱館に送られていたが、炭鉱から海岸までの輸送が困難で、なかなか増産できなかった。

そこで箱館奉行は英国人技師を雇って、炭鉱から海岸まで約3キロの馬車鉄道の建設をすすめ、大政奉還の直前の慶応3年10月に完成した。

その後、この鉄道は明治新政府に引き継がれ、石炭を輸送した。車両を引いたのは蒸気車ではなく馬（と牛）であったが、それはレールを敷いたまぎれもない〝鉄道〟であり、これが日本最初の鉄道ということになる。

新橋〜横浜間の鉄道は海の上を走った!?

日本で最初の営業用の鉄道、新橋〜横浜間が開業したのは維新後まもない明治5年9月のことであった。全長は29kmで、その線路はかなりの区間が海の上に敷かれていた。海の上に鉄道を通すのは陸地より大変である。それなのにどうして海の上を走ったのか。それは土地の取得が困難だったからである。

新橋から品川にかけては藩邸、兵部省の建物、商家や民家などがたち並んでいた。とくに兵部省の用地が最大の問題点で、軍事上、必要であるとして兵部省は用地の提供をこばんだ。そのため新橋の先の芝浦から品川までは海の中に土手を築き、その上に線路を敷くことにした。

海の上に線路を作ったのはそこだけではない。神奈川から横浜(現・桜木町)にいたる野毛海岸はカーブしており、当時は大きな入江になっていた。陸地に沿って鉄道を走らせると遠回りになるので、海岸から75mの沖に土手を築き、その内側は埋め立て、鉄道を通した。

「汽笛一声、新橋を」の頃のあれこれ

電車や地下鉄などの発車合図にはベルやブザーが用いられている。それでは鉄道が開通した当時は、発車合図としてどんなものが用いられていたのだろうか。日本で初めて鉄道が開通したのは明治5年。当時まだ電気は実用化されていなかったので、ベル（電鈴）などはなかった。

鉄道開業当時、発車合図には太鼓が用いられた。太鼓を打って、発車を合図した。明治5年9月12日、鉄道開業式が行なわれ、天皇を乗せて本邦初の汽車が新橋駅を出発したが、その発車合図に太鼓が用いられた。それを最初として、鉄道開業当時は太鼓が用いられたが、翌年には鐘（木製の把手《とって》を振ってチリンチリンと鳴らす鈴のことで、それを鐘といっていた）が登場し、明治の終わりころまで使われていた。そして明治45年1月に上野駅に初めてベル（電鈴）が登場する。このベルは電気報知器と呼ばれ、ホームに5か所、待合所に1か所、設置されていた。

鉄道と豚とハムの変な関係

日本最初の鉄道（新橋～横浜間）の建設はイギリス人技師が指導した。その一人にウィリアム・カーチスという人がいた。彼が来日したのは、明治天皇が即位するにあたって西洋式礼法を教え、その馬車を作るために招かれたからだった。彼の経歴はよく分からないが、鉄道についての技術的知識を持っていたのだろう。そこで鉄道建設を指導することに

なった。

カーチスはまた、鎌倉郡戸塚に住み、日本人女性と結婚し、ホテルを経営した。そして牛・豚を飼育し、ハムを製造した。これが横浜に住む外国人の間で大好評を博した。一説にそれが日本におけるハム製造の始まりといわれている。その後、日本人のグループがその製法を盗みだし、ハム会社を設立して製造・販売を始めることになる。

鉄道とハム――一見、変な組み合わせだが、両者はじつは同じ人物の手によって生まれたのであった。

踏切は危険、要注意ですぞ！

鉄道には踏切があり、その踏切には遮断機がある。遮断機は線路を横切る道路を遮断するようになっている。そんなことは誰でも知っている。だが、初めからそうだったわけではない。新橋～横浜間に鉄道が開通したのは明治5年のことだが、鉄道の創業当時、踏切の遮断方法は現在とは逆になっていた。

線路を横切る道路のほうではなく、線路のほうを遮断していた。すなわち汽車が通らない平常のときは線路を遮断し、汽車が通ると

きには遮断装置を開き、現在鉄道で行なわれているように道路の通行を遮断した。昔は汽車の運行が頻繁ではなかったので、線路のほうを遮断したわけである。

その後、この遮断方法は明治20年ごろから道路のほうを閉鎖するようになり、踏切道の通行があるときだけそれを開いて線路のほうを閉鎖し、通行が終われば踏切道のほうは常時閉鎖しておくという方法に変更された。そして、さらに今日のような方法に変わっていった。

本邦初の鉄道トンネルは川の下

トンネルといえば、まず山や丘を貫いたものが思い浮かぶ。鉄道用（あるいは自動車道用）のトンネルのほとんどがそうしたトンネルである。ところが、本邦初の鉄道用トンネルは川の下を貫いたものであった。

新橋～横浜間に鉄道が開通したのは明治5年、その2年後に神戸～大阪間が開通する。全長約32㎞のこの路線には六つの大きな川がある。そこで大阪に近い十三《じゅうそう》川、次の神崎川、その次の武庫《むこ》川には鉄橋が架けられたが、他の三つの川（芦屋川、住吉川、石屋川）は川底の高い、いわゆる天井川であったために、それらの川にはその下にトンネルが設けられた。

まず最初に完成したのが神戸にもっとも近い石屋川のトンネル（全長61m）で、つづいて住吉川のトンネル（全長50m）、そして芦屋川のトンネル（全長１１０ｍ）が完成した。この三つのトンネルが本邦初の鉄道用トンネルであり、また同路線の三つの鉄橋が本邦初の鉄橋である。

鉄道列車の愛称第1号、その名は何か

「ひかり」「こだま」「のぞみ」といえば、東海道新幹線の愛称。新幹線をはじめ特急、快速などの列車には愛称がついている。

では、列車愛称の第1号はどんな名前だったかご存知だろうか。

明治13年、北海道開拓使による幌内鉄道（小樽〜札幌間、2年後に幌内まで延長）が開業した。列車を引っぱった機関車はアメリカのポーター社のもので、まず2両の機関車を購入し、第1号機に「義経」、第2号機に「弁慶」の名前がつけられた。これが列車愛称の第1号である。

幌内鉄道ではその後、6両の機関車を同じくポーター社から購入し、そのうち4両の機関車に「光圀《みつくに》」「比羅夫《ひらふ》」「信広《のぶひろ》」「静《しずか》」という名前がつけられた。光圀は水戸光圀（水戸黄門）、比羅夫は7世紀の武将の阿倍比羅夫、信広は室町時代の武士の武田信広、静は源義経の愛妾の静御前のこと。列車の愛称はかくのごとく、人物名からスタートしたのであった。

外国産の自動車も昔は右ハンドル

世界の中で現在、左側通行を採用している主要な自動車生産国は、イギリスと日本だけである。イギリスと日本では車のハンドルは右にあり、他の大多数の右側通行の諸国の車は左ハンドルである。しかし自動車が誕生した当時は、ほとんどの車がハンドルは車体の右側、あるいは中央にあった。1908年、ニューヨークとシカゴのモーターショーには83台のアメリカ車が展示されたが、そのすべてが右ハンドルであったという。

ところがやがて何台かの大衆向けの車に、左ハンドルのものが登場してくる。たとえばフォードのT型がそうであった。フォード車がなぜハンドルを右から左に変えたのか。それについてはいくつかの理由が考えられているものの、いま一つはっきりしない。

じつはこのフォードT型が左ハンドル車への移行のきっかけとなった。これが欧米で大変よく売れ、普及したことから、他の車も左ハンドルを採用するようになった。

石炭を焚《た》いて汽車はゆく

わが国に鉄道が最初に走ったのは明治5年で、それは蒸気機関車を動力としていた。すなわち石炭を燃やして蒸気を発生させ、その圧力で車輪を回していた。石炭を焚く人は火夫と呼ばれ、彼らは大型のシャベルを用いて両手で石炭を缶《かま》に投げ入れていた。それがのちに片手焚きに変わるが、片手焚きは、ある無精者が編みだしたものであった。

片手焚きを〝考案〟したのは関西鉄道会社の後藤茂助（亀山機関庫の機関助手）という人で、明治35年ごろのこと。彼はどうものぐさ人間だったらしく、両手で焚くのは骨が折れるということから、小型のシャベルを使って片手でのんびりと石炭を投げ入れた。

ところが不思議なことに、この火夫の石炭消費成績はまじめに両手で焚いている者に比べて悪くなかった。そのことが鉄道関係者の耳に入り、やがてこの片手焚き（無精者が編みだしたところから無精焚きとも呼ばれた）は日本国中の鉄道へと普及していった。

駅名が地名になった珍しいケース

鉄道の駅名はたいてい町名や市名など地名からとられている。ではその逆はないのか。

逆のケースもまったくないわけではない。東京都に国立《くにたち》市という町がある。国立市は一橋大学をはじめ多くの学校が誘致され、東京西郊の学園都市となっているが、この「国立」という市名は駅名の「国立」からきている。

中央線の国立駅は西国分寺駅と立川駅の間に位置する。国立駅が開業したのは大正15年4月。そのときには西国分寺駅はまだ作られておらず（当駅の開業は昭和48年4月）、国立駅の両隣りの駅は国分寺駅と立川駅であった。国分寺駅～立川駅間はかなりの距離がある。そこでその中間に駅が設けられ、国分寺駅と立川駅からそれぞれ一字ずつとって、国立駅と名づけられた。

その駅名から昭和26年に町名（国立町）が生まれ、さらに市名（国立市）に受けつがれた。「国立」は駅名が地名（行政区域名）になった、全国でもたいへん珍しいケースである。

観光バスガールはみんな美人ぞろい

明治36年3月から7月まで、大阪・天王寺今宮で第5回内国勧業博覧会が開催された。このとき観客を運ぶため、梅田駅と会場間を

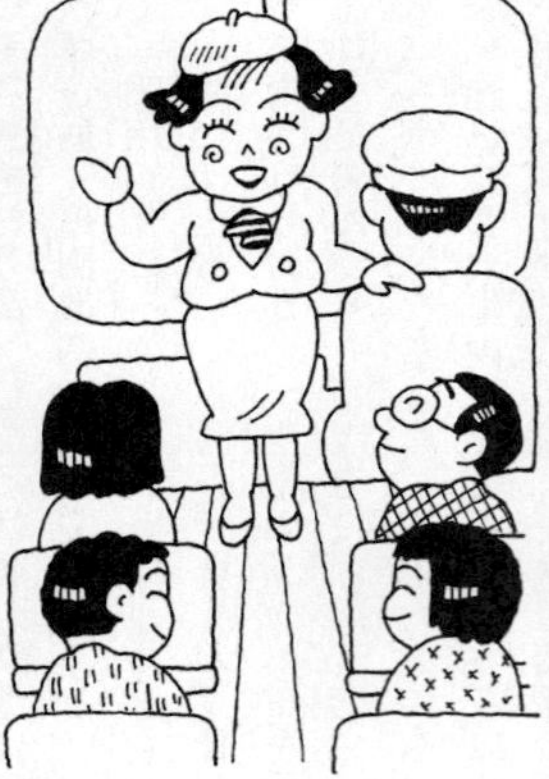

バス（蒸気自動車）が運行された。これが乗合自動車、いわゆるバスの第1号である。このバスにはヘッドライトがついていなかったので、夜間は助手が提灯《ちょうちん》をもって乗りこみ、道を照らした。

バスに女性のガイドが乗り、観光の案内などをするようになったのは昭和になってからである。そのバスバイドの第1号は、いったいどこを観光案内したのか。

昭和2年12月、大分・別府の亀ノ井ホテルが遊覧バスを開業した。これが初のバスガールつきの観光バスで、第1号の女性バスガイドは村上あやめという人。「旅館商店軒並び、夜はさながら不夜城でございます」などと、七五調で案内したそうである。バスガイドはモダンな制服を身につけ、しゃべりも上手だったことから、大いに人気を集めた。

「赤帽」の他に「青帽」「白帽」もいた

赤い帽子をかぶって駅構内で旅客の荷物を運ぶことを業とする人、いわゆる「赤帽」が登場したのは明治29年のことで、山陽鉄道においてであった。その2年後に国鉄が主要駅に赤帽を配置した。そして大正になると、今度は青色の帽子をかぶった「青帽」が東京駅に登場する。

東京駅が開業したのは大正3年12月。当時、東京駅には「赤帽」がいたが、赤帽は駅の待合室から列車までの運搬を担当し、「青帽」は駅と駅の近くの市電の停留所などとのあいだの運搬を担当した。さらに昭和3年になると、大阪駅に「白帽」が登場する。これは女性ばかりの運搬人で、白い帽子をかぶっていたので「白帽」と呼ばれた。

彼女たちは「赤帽」と同じように旅客の荷物を運搬したので、両者は客引きをめぐってもめごとを繰り返し、駅長がいわば裁判長となって争いを〝裁判〟するということもあった。現在、駅には「青帽」も「白帽」もその姿はない。

日本初の女性駅長はモテモテ

ＪＲの前身、国鉄は昔は官鉄といった。明治33年（１９００）、官鉄が独身女性を10名採用。その仕事は乗車券の調査や運賃収入の報告などであった。これが鉄道における女子職員の第1号である。3年後には東京・新橋駅に女性出札係が登場するが、国鉄で最初の女性駅長が誕生したのは昭和55年、山陰本線

の乃木駅（島根県）である。

じつは女性駅長の誕生は私鉄のほうが早い。大正4年（1915）、大阪の私鉄、高野鉄道の芦原町駅（現・南海鉄道高野線）に衣川春野という女性が駅長として登場。それが日本初の女性駅長である。彼女はまだ22歳であった。駅の職員は彼女だけ。出札、改札、発車確認からホームの掃除まで全部を一人でこなした。たいへんな美人で、黒い事務服に白いエプロンのようなものをつけた姿がひときわセクシーだったとか。評判を聞きつけ、わざわざ列車に乗って見にくる者も出てきたが、彼女はすでに人妻であった。

わが国最初の地下鉄が誕生した日

日本最初の地下鉄は昭和2年の大晦日の前日、浅草～上野間（約2・6㎞）に開通した。運賃は10銭均一、切符はなく、出改札は無人で、アメリカから輸入した自動改札機が設置されていて、10銭硬貨を入れると棒が回転して通過できる仕組みになっていた。

3分間隔で運転され、浅草～上野間の乗車時間はわずか9分であったが、もの珍しさもあって、開通当日にはたくさんの人が押しかけ、その数は10万人に達した。ところで、この日本初の地下鉄は女性にも人気があった。何が女性をひきつけたのか。女性優先の車両があったのか。それとも女性には何か特別のサービスでもあったのか。

女性をひきつけたもの。それは駅員・乗務員である。彼らは背の高いハンサムボーイばかりで、金ボタンがたくさんついた薄青色のシックな制服を着ていた。彼らを見るために多くの女性がつめかけた。ボーイハントを目的に、やってきた女性も少なくなかった。

シャワーつきの特急列車

その昔、列車にはいろいろな〝サービス〟があった。シャワーもその一つ。かつてシャワーつきの列車が走っていたことがある。今から60年ほど前のことである。シャワーがついていたのは、東京～下関間を走っていた特急「富士」である。

「富士」にシャワー（シャワーバス）が登場したのは昭和10年（１９３５）7月のこと。当時、「富士」は3編成で運行されていたが、シャワーがつけられたのは1編成1両だけで、シャワールーム（バスルーム）には床下に7

００リットル入りの水タンクと、１８０リットル入りの温水タンクが備えてあり、天井にシャワーが取りつけてあった。

使用時間は午前6時から午後10時まで、料金は30銭。夏には利用者が多く、乗客には評判がよかった。しかし秋になると利用者が減り、冬場は休止した。湯は機関車の蒸気で沸かしていた。ところが沸かすのにかなりの時間がかかり、効率が悪かった。そこで昭和13年についに廃止となった。

その昔、女性の運転士の活躍ぶり

鉄道関係の職場には男性が圧倒的に多い。とくに改札や運転はほとんどが男性である。国鉄（ＪＲの前身）が初めて女性を改札係に採用したのは明治33年（１９００）で、東京・新橋駅に4人の女性改札係が登場している。運輸部の調査係として勤務していた30余人の女子職員の中から選んで登用したもので、4人のうち3人は17歳、1人は18歳であった。服装の規定はなく、各自、筒袖《つつそで》の改良服に袴をはいていた。

昭和18年、戦争が激しくなり、国内必勝勤労対策が閣議決定され、出改札や車掌などに男性を使うことが禁止となった。そこで女性車掌、そして女性運転手が出現することになる。

昭和19年、まず名古屋鉄道局と東京鉄道局に女性車掌が登場。ついで同年、東京の上野と千葉の成田のあいだを走る私鉄の京成電車に3人の女性運転士が登場した。3人の年齢は19歳、20歳、22歳で、紺の制服にズボン姿、さらに帽子（戦闘帽）をかぶって、あご紐を締め、列車を運転した。

バスの中でもっとも乗り心地がいい場所

バスが左右に曲がると、横揺れが起きて乗客は左右に振られ、凸凹の道路では車体が縦揺れして乗客は上下に振られる。それではバスのどの位置に乗っていたら、もっとも揺れ

が少ないのだろうか。

バスがカーブをするとき、車体の横揺れがもっとも大きいのはいちばん前である。逆に横揺れがもっとも小さい場所は、後輪の上である。それはバスがカーブをするとき、二つの後輪の中央を支点として回転するからである。

車体のいちばん後ろも、方向転換の支点(＝後輪)から遠ざかるので、揺れが大きくなる。

いっぽう、凸凹の道路での縦揺れでは、前輪および後輪がその支点となり、その位置がもっとも大きい。すなわち車輪の上の場所は地面からの振動をまともに受ける。

縦揺れがもっとも少ないところは、前輪と後輪の中間。その位置は横揺れもわりと少ないので、バスのなかで乗り心地がもっともいい場所は結局、前輪と後輪の中間ということ

になる。

東海道本線は東京駅からどこの駅まで?

江戸時代、東海道といえば、それは江戸（日本橋）と京都（三条大橋）の間のことであった。では鉄道の東海道本線はどこからどこまでをいうのか。その一方が東京駅であることは誰でも知っているが、片方の駅についてはたぶん答えがまちまちだろう。大阪駅と答える人もいるはずである。あるいは京都駅と答える人もいるかもしれない。だがそのいずれも正解ではない。

東海道本線は東京駅〜神戸駅間である。東京のほうから行くと、神戸駅が東海道本線の終点であり、山陽本線の起点である。

神戸駅の線路の脇に「東海道本線終点・山陽本線起点」を示すプレートが設置されている。しかし、神戸駅を始発・終着とする列車はほとんどなく、またほとんどの特急列車は神戸駅には停車しない。神戸駅は東京駅、京都駅、大阪駅などとくらべると、その存在感が薄いようだが、東西の鉄道をつなぐ地点として位置づけられてきたのである。

列車内の公衆電話のかけ始め

列車の車内からかける列車公衆電話は無線と有線を利用したものである。列車の中から出した電波を鉄道に沿って走る通信線がキャッチし、それを陸上の受信所が受け取り、一般電話につなぐ。それが列車電話の原理で、その原理はすでに戦前から知られていて、昭和12年ごろに逓信省の係長だった松前重義

(のち東海大学総長) が実験に成功している。

だが実用化されたのは戦後のこと。

昭和28年に船舶電話が始まり、その4年後に列車公衆電話が登場した。列車電話を最初に設置したのは大阪の近畿日本鉄道で、昭和32年10月1日、上本町(大阪)と中川(三重)間の特急列車に公衆電話を開設した。これが列車公衆電話の第1号であり、ビジネスマンにたいへん好評だった。その3年後、国鉄も東海道在来線の特急で列車電話サービスを開始した。

ちなみに、列車公衆電話の世界での第1号は1947年、アメリカのニューヨークとワシントン間の列車に設置されている。

東京の山手線をめぐる謎

東京の中心をぐるぐる回っている鉄道路線があり、山手線と呼ばれている。だが正確にいえば、山手線は実際は一周していない。山手線は都内を一周する環状線ではないのである。山手線というのは、本当はぐるぐる回っている路線の一部分だけであり、他は山手線ではない。

山手線には起点と終点があり、起点は品川

駅、終点は田端駅。すなわち品川駅から目黒駅、渋谷駅、新宿駅、池袋駅などを経由して田端駅に至る20・6㎞の線区が「山手線」である。それらの区間はまさに東京の山の手に位置しており、正式にはその区間が「山手線」である。

では、田端駅から上野駅〜東京駅〜品川駅までの下町を走る路線は何なのか。田端駅から東京駅までが「東北本線」で、東京駅から品川駅までは「東海道本線」である。それらの路線も含め、全路線を一般に「山手線」と呼んでいるが、山手線はぐるぐる回る環状線ではないのである。

高速道路《ハイウエー》内のトンネルの灯り

高速道路のトンネルの照明には、たいていオレンジ色のライトが用いられている。そのオレンジ色の光を出しているのはナトリウム灯と呼ばれているランプだが、どうしてオレンジ色が用いられているのか。それには、もちろんワケがある。

高速道路では車はスピードを出して走っているから、前方の車などがはっきり見えないと危険である。白色光だと、ものの形がはっきりとらえにくい。

白色光はいろんな色の光が混ざりあったものだが、赤・青・黄など一種類の光からなる単色光のほうが、ものの形をはっきりとらえることができる。

光とは波（電磁波）であり、赤から紫までの7色の光の中で波長がもっとも長いのは赤い色で、次がオレンジ色。波長が長ければ光は遠くまで届くので、よく見える。オレンジ色は波長が長くて遠くまで届き、また人間の注意を引く色でもある。そこでオレンジ色の照明が選ばれたのである。

国際航空線《エアライン》の乗務員たち

海外へ行くときにはパスポートが必要である。そのパスポートには、出国・入国の証印を押す欄がある。その欄を査証欄といい、「査証」という文字が印刷されている。何度も海外へ行けば、査証欄にはそれだけ出入国の証印が増えることになる。飛行機の国際線の乗務員、機長やスチュワーデスは年に何度となく海外へ行く。

ところが、パスポートの査証欄のページ数は決まっている。だからたびたび海外へ行き、そのたびに証印を押せば、とうぜん査証欄はやがて埋まってしまうことになる。そこで問題である。国際線の乗務員たちは一体どうしているのか。

国際線の乗務員は査証欄がたくさんある特別のパスポートを持っている？　いやそんなことはない。

乗務員のパスポートも一般の人のと同じものである。じつは国際線の乗務員は出入国の

証印はたいてい省略される。だから査証欄が埋まってしまい、足りないということはないのである。

第9章

熱血熱闘スポーツ大会

昔、走り幅跳びは錘《おも》りを持って跳んだ!?

ものごとは時代の経過とともに変化する。スポーツ競技も例外ではない。たとえば野球のルールや試合方法は、今と昔ではかなり違う。走り幅跳びという競技がある。その競技も昔は今とは違ったやり方をしていた。

走り幅跳びは、助走して踏切板を片足で踏み切り、跳躍距離を競う競技である。昔の走り幅跳びもそのようにして行なった。では何が今日とは違うかといえば、昔は〝錘り〟を手に持って跳んでいた。

古代ギリシアでも走り幅跳びは行なわれていたが、競技者はハルテーレスと呼ばれる錘りを持って跳んでいた。ハルテーレスは鉄亜鈴みたいな形のもので、石製のものもあれば鉄製のものもあり、重さは2~4kgであった。どうして錘りを持って跳んだのかは明らかではない。

なお、錘りを持って跳んだほうが跳躍距離は伸びるらしく、今日の国際陸上競技連盟ルールでは、それを防止する目的から、錘りや握りなどを用いて跳ぶことを禁止している。

スケートは江戸時代に伝来していた

日本にスケートをはじめて伝えたのは明治10年、札幌農学校に赴任した米国人教師のブルックスといわれている。だがそのおよそ100年前、江戸時代にすでにスケートはわが国に伝来していた。

寛政4年(1792)9月、ロシア最初の遣日使節ラクスマンが、ロシアに漂着した伊勢出身の大黒屋光太夫らを伴って北海道の根室に来航した。松前藩はラクスマン一行に対して何も応じられず、江戸にうかがいを立てた。そのあいだ一行は根室で冬営した。一行が箱館（函館）に入港したのは、翌年の6月であった。

　ところで根室滞在中、一行はスケートを楽しんでいた。その様子を描いた絵が平成4年に愛知県刈谷市の中央図書館で見つかっている。その絵の作者や制作時期は明らかでないが、スケート靴をはいて滑っているロシア人の絵とともに、「寛政四年・千七百九十二年」「其《その》早キコト鳥ノ如シ」という説明文がある。

ソフトボールの誕生秘話

　ソフトボールはその名の通り、ソフト（柔らかい）なボールを用いる。この球技は1887年、シカゴのファラガット・ボートクラブのジョージ・ハンコックという人が考案した「インドア・ベースボール」がそのもとになっている。それは偶然に生まれたものであった。

　1887年11月、シカゴでハーバード大学とイエール大学のフットボールの試合が行なわれ、イエール大学が勝った。両校の卒業生たちがシカゴのファラガット・ボートクラブに集まり、試合の結果を待っていた。イエール大学が勝ったと知ると、その卒業生たちは大喜びし、近くにあったボクシングのグラブをボールにし、箒《ほうき》をバットにして野球のまねごとに興じた。

それを見ていたハーバード大学の卒業生のジョージ・ハンコックが、ボートクラブ員の冬の運動のために室内でできる野球を思いついた。これが今日のソフトボールの起こりである。

明治6年、本邦初のベースボール紹介

明治6年3月、師範学校編『小学読本』(文部省刊)が発行された。その中に次のような文章がある。「群児相集《あいつど》ひ、毬《まり》を投げて遊び居《を》れり。彼等の棒を持てる子は、投げたる毬を受留めるを以《もつ》て楽《たのしみ》とするなり。良き遊びなれど、暑き日は早くこれをやめよ。酷《はげ》しき熱さに触るるときは身を害《そこな》ふを以てなり」。

これは何を説明したものなのかお分かりだろうか。『小学読本』はアメリカの『ウィルソン・リーダー』をほとんどそのまま翻訳したもので、右の文章は『小学読本』の巻一にのっている。毬を投げ、それを棒で受けとめるとあるが、その毬を棒で打つと書きかえれば、それが何のことであるか、よく分かるだろう。

この文章は野球について説明したもので、子供が球と棒を持って遊んでいる絵がついている。ちなみに、これが日本における野球を

紹介した文献の第1号といわれている。

リレー競走のヒントは駅馬車だった

スポーツ競技の一つに、リレー競走がある。規定の距離を数人の走者がバトンなどを受けついで走るチームレースである。リレー競走はすでに古代ギリシアでも行なわれていたが、今日、陸上競技で行なわれているリレー（4人の走者によるリレー）は、19世紀末にアメリカで創案されたものである。

その発想のもとになったものについては、いくつかの説がある。当時、郵便物は駅馬車が運んでいたが、速達郵便などを扱う駅馬車は早く運ぶために、馬を駅ごとに用意し、つぎつぎに取りかえてリレーしていった。一説に、それをヒントに考えだされたという。

またマサチューセッツの消防士たちのあいだで行なわれていたレース（小さな旗を手渡しながら走るレース）が、今日のリレー競走のモデルになったとの説もある。

発想のもとになったものははっきりしないが、4人の走者によるリレー競走がアメリカで創案され、はじめて実施されたのは1893年のことである。

盗塁の第1号はヘッドスライディング

野球で盗塁をするとき、足から、あるいは頭から滑りこんだりする。足から滑りこむのが一般的だが、頭から滑りこむこともある。盗塁の滑りこみを最初に行なったのは誰なのか。そんなことは分かるわけがない、と思う人もいるだろう。ところが、それがちゃんと分かっている。なぜ分かっているかといえば、野球の歴史の中で、それは大きな出来事であったからである。

1866年のある日（月日は不詳）、米国ロックフォードクラブ・チームのロバート・アディーという選手が2塁に盗塁するとき、頭から滑りこんだ。これが盗塁の滑りこみの第1号で、世界初の滑りこみはいわゆるヘッドスライディングであった。そのスライディングには相手の選手を脅かすという効果もあった。

その日以来、このヘッドスライディングが効果的な盗塁法として全米に広がった。そして以来しばらくのあいだ、盗塁のスライディングといえば、もっぱらヘッドスライディングだけだった。

野球場を最初は「保健場」と言った

日本に野球が伝わったのは明治初期。一説に、明治5年、東京・神田一橋にあった第一大学区第一番中学（のちに開成学校→東京大学となる）の生徒が、アメリカ人教師ウィルソンに教えられて行なった。それが日本における野球の始まりといわれている。

その4年後、鉄道局技師の平岡熙《ひろし》が汽車製造法の研究のため滞在していたアメリカから帰国、滞在中に覚えた野球を伝えるとともに、彼がつとめていた新橋鉄道局の局内に野球チームを作った。このチームは新橋倶楽部（愛称アスレチックス倶楽部）と名づけられたが、これが日本最初の野球チームである。

新橋倶楽部はグラウンド、すなわち野球場も作った。いや、正しくいえば保健場である。そのグラウンドはじつは保健場と名づけられた。ちなみに、これが日本で最初の野球場である。平岡らはユニホームも作り、捕手は剣道の面を改造して、それをマスクとして利用した。

相撲が日本の「国技」になったわけ

相撲は世間一般では国技ということになっている。相撲には古い歴史があるが、柔道や剣道、あるいは弓道もまた日本古来の競技である。だが国技といえば、それは相撲ということになっている。もっとも国や法律が相撲を国技と定めているわけではない。

明治42年、東京・両国に大相撲の常設館が完成した。それに先立ち、その建物に名前をつけることになったのだが、議論百出したものの決定しなかった。板垣退助が委員長となって命名委員会なるものまで結成されたが、議論はまとまらなかった。板垣は「尚武館」という名前を主張したが、採用されなかった。

その時、文人の江見水蔭《えみすいいん》に落成開館式の披露文を書いてもらっていた。その中に「そもそも角力は日本の国技……」という文章があり、結局、それをヒントに新築の常設館は「国技館」と命名されることになった。そしてその名前から、相撲を日本の国技とする考え方が人々に広まっていった。

応援の人文字、最初は「KO」(慶応)

スポーツ競技には応援団がつきもので、楽器を演奏したり、声援を送ったり、あるいは人文字を作ったりする。人文字は高校野球でおなじみだが、本邦初の人文字応援も野球の試合においてであった。

伝統の早慶(早大・慶大)野球戦は、明治36年にその第1戦が行なわれた。そして明治38年の早慶戦では、それまで春秋1回ずつだった試合を秋だけにし、そのかわり3試合行なうことになった。その第1戦が10月28日に

早稲田の戸塚球場で行なわれた。このとき両大学の学生たちが応援団を作り、観客席に陣どった。これがスポーツ競技における組織的な応援団の第1号だそうである。

第2戦は慶応の綱町球場で11月8日に行なわれた。その試合で7回裏が終わったとき、慶応の応援席の学生たちが上着を脱いで、その下に着ていた白の服で9〜10m大の「KO」という人文字を作った。これが人文字応援の第1号といわれている。

幻の皇居前、大野球場とは?

皇居前にでっかい野球場を作る。明治時代のなかば、そんな夢を描いていた男がいた。その夢の持ち主は、東京・駒場の農学校（のちの農科大学）の野球部の鍋島直映。彼は幕末維新の大名、鍋島直正の孫で、野球にたいへん熱心であった。米国から野球関係書を取り寄せて読みあさり、野球の作戦や技術を勉強し、選手としては投手・ショート・一塁手をやっていた。

野球が大好きな鍋島はある日、明治天皇に働きかけて、野球を日本の国技にしようという思いを持つに至る。そのためには皇居前に一大野球場を作るべきであると彼は考えた。鍋島は少年時代から皇太子と親しかった。彼は皇太子に野球をすすめ、ぜひ皇居前に野球場を設けてもらうよう天皇にお願いしてもらいたいと頼んだ。

皇太子は天皇にそれを伝えたが、天皇は野球をご存知なく、野球場の話を聞いて笑われたとか。けっきょく皇居前の大野球場は実現に至らず、その計画は幻に終わった。

初期のバスケットボールのゴール珍話

多くのスポーツは自然発生的に誕生しているが、バスケットボールやバレーボールはある特定の人物によって考案されたスポーツである。バスケットボールはアメリカの国際ＹＭＣＡの体育担当インストラクター、ネイスミスが１８９１年に考案したものである。

ところでそのバスケットボールだが、初期のバスケットボールのゴールには、現在ではあるものがなかった。それは何だかお分かりだろうか。答えはバックボードである。最初、バスケットボールにはバックボードがなかった。

初期のバスケットボールでは、ゴールの籠《かご》が体育館のバルコニー（2階の手すり）の部分に取り付けられていて、そのすぐ後ろに観客が陣取っていた。そして試合中、観客がゴールに手を伸ばし、相手チームのショットを妨害したり、ひいきチームのはずれそうなショットを入れてしまう、というようなことをした。

バックボードはもともと、そうしたことを防止するために設けたものであった。

大相撲の迷勝負、「にらみ出し」とは

相撲は両者が組み合ったり、突いたりして戦う。すなわち互いに体を触れあう。ところが両者がまったく触れあわずに勝負が決まったことが、かつて大相撲の取組にあった。

明治43年夏場所8日目、大関の太刀山と東前頭8枚目の八嶋山の一戦においてである。太刀山はのちに第22代横綱になるが、彼の突っ張りはものすごく、一突きでたいていの相手は土俵外に飛ばされた。八嶋山は166cm・83kgの小柄な力士であった。太刀山の突っ張りを受けたら、それこそ体がどうなるか分からない。八嶋山は恐れた。土俵に上った彼は太刀山にひとにらみされ、ますますおじけづいた。そこで制限時間一杯となって立ち上がると、組みにも突きにもいかず、じりじり後退、そのまま土俵を割ってしまった。

太刀山が勝ち、決まり手は「にらみ出し」。そうした決まり手は実際はないのだが、太刀山ににらまれて土俵を割ったことから、特別に「にらみ出し」とされた。

試合に負けて丸坊主になった⁉

試合に負けたために、あるいは何か失敗をしでかしたために、髪を切って丸坊主になったりする。そうしたことは一体いつごろから始まったのだろうか。

明治45年、大阪〜箕面《みのお》間、約21キロを走る山野横断競走というのが行なわれた。いわゆるクロスカントリー競走である。288名の選手が参加し、名古屋第一中学の田舎片《いなかがた》善次

という人が1着になり、200円の賞金を獲得した。この競走には早稲田大学から4人の選手が参加していた。いずれも当時の一流ランナーであったが、全員入賞できなかった。彼らは大阪へ来るのに汽車に乗らず、東海道を走ってきたために、疲れがまだ残っていた。どうやらそれが敗因だったらしい。

そこで彼らはそれぞれ丸坊主になった。まず一人が途中で棄権し、そのまま沿道の床屋に入って頭を剃った。そして他の三人も丸坊主になった。これが試合に負けて頭を丸坊主にした第1号だそうである。

空からボール……変わり種の始球式

野球の試合に先立ち、主催者または来賓の一人がボールを投げたりする。その儀式、すなわち始球式の第1号は明治41年11月、早稲田大学の戸塚球場でのアメリカのチームと早大との試合で、早大総長の大隈重信によって行なわれた。翌42年、京浜電車のグラウンドが東京・羽田に完成。その開場試合で京浜電車重役の令嬢が始球を投げた。これが女性による始球式の第1号である。

ふつう始球式ではマウンドあたりから本塁

へボールを投げるが、こんな変わった始球式もあった。大正10年9月、ワシントン州立大学と早大との野球試合が早大の戸塚球場で行なわれた。午後1時半、試合開始。早大が守りにつき、ワシントン大学の1番バッターが打席に入った。そのときプロペラ飛行機が低空を飛んできて、飛行士が機上からボールをグラウンドに落とした。

これが空からの始球式の第1号であり、変わり種の始球式のはじまりでもある。

初めてブラスバンドで応援した時

スポーツには応援がつきものだが、その応援にブラスバンドを用いることがある。では日本で最初にブラスバンドが登場したスポーツは何だったかご存知だろうか。

答えは昭和6年6月に行なわれた早慶野球戦においてである。ブラスバンドが登場したのにはわけがある。同年5月に東京六大学野球リーグ戦が始まり、早慶明の応援団が会合して、学生の応援は秩序あるものにしようと話し合った。当時、六大学で組織的な応援団を持っていたのはこの三校だけだった。

ところがその会合の数日後、慶明戦で両校

の応援団同士が大乱闘を演じ、事件に発展した。6月13日から早慶戦が始まり、両校の応援団は規律ある応援を心がけ、応援に音楽部を参加させることにした。

このとき両校の音楽のメンバーは50人ぐらいで、相手の演奏中と試合進行中は演奏しないという申し合わせをしていた。これがスポーツの応援にブラスバンドが登場した最初である。

ベルリン・オリンピックの「前畑がんばれ」

「前畑がんばれ、がんばれ、がんばれ、ゲネンゲルも出てきました……、がんばれ、がんばれ、がんばれ……、前畑、前畑リード……、勝った、勝った、勝った……」。昭和11年8月、第11回ベルリン・オリンピックで、前畑秀子の力泳（200m平泳ぎ）を実況放送した河《か》西《さい》三省《みつみ》アナウンサーのセリフである。

彼は「がんばれ」を24回、そして「勝った」を19回も絶叫した。それを聞いた名古屋新聞浜支局の支局長は、興奮のあまりショック死してしまった。

この有名な実況放送はのちにレコード化されているが、その内容は実際のものとは少し異なっている。実況放送のとき、河西アナは何度か「前畑危ない」と叫んでいたらしく、当時の新聞も河西アナのセリフの中に「前畑危ない」という言葉があったことを紹介している。ところが、レコードにはそのセリフが入っていない。

理由は定かでない。「危ない」などという文句はよろしくないということからなのか、レコードではその部分がカットされている。

日本の女子プロ野球、その歩み

野球といえば、男性のスポーツというイメージが強い。野球ファンには女性も多いが、実際に野球をしている女性は少ない。ところが、かつて女子のプロ野球チームがあった。どこの国かといえば、わが日本である。戦後になって野球が人気のスポーツとなり、女性の間でも野球がもてはやされた。昭和22年ごろから各地で、女子野球大会が開かれるようになった。

そしてついに女子プロ野球チームが誕生することになる。

まず昭和24年に最初の本格プロチーム、ロマンス・ブルーバードが結成され、翌25年にレッドソックス、ホーマー、パールズが誕生。そして同年3月、4球団によって日本女子野球連盟が発足し、4月に後楽園球場で連盟結成の記念大会が開催された。

しかし、ほどなくして消滅することになる。ブルーバード・チームが野球に対する考え方の違いから他のチームと対立し、解散。それをきっかけに、女子プロ野球はやがて姿を消すことになった。

水泳競技の選手紹介、独特のアナウンス

水泳競技で選手を紹介するとき、場内アナウンスでは独特な言い方をする。すなわち「第1のコース、〇〇さん」などとそれぞれの選手を紹介するが、そのとき「第1のコォ〜〜ス」と長く伸ばして言う。最近ではそうした言い方は少なくなったものの、昔はそれが一般的であった。

選手紹介のとき、語尾を長く伸ばす独特の言い方は昭和初期に始まったものらしい。どうしてそうした言い回しが生まれたのか。昔は今のように選手を紹介する電光掲示板などなく、またプログラムもなかった。何という選手がどのコースを泳ぐかという情報は場内アナウンスによってしか得られなかった。スタンドで観戦する客や記者などにとって、場内アナウンスだけが頼りであった。

そこで客や記者たちによく分かるように(記者にとっては選手の名前などを書きとることができるくらい)、語尾を長く伸ばしてアナウンスするようになったそうである。

ボールの速度が最も速い球技とは?

ボール(球)を用いたスポーツでは、ボールの速度が試合の勝敗に大きく影響する。プロ野球の投手が投げるボールの速度はスピードガンによって測定され、テレビの画面で表示されるので誰でも知っている。では、球技の中でボールの速度がもっとも速いのは何かご存知だろうか。

それぞれトップレベルの選手によるボール

の速度は、野球の投手の投球は最速１５０km前後、野球のホームランの打球は時速１８０km前後。テニスのサーブは男性の場合、時速２１０〜２５０km、卓球のスマッシュは時速１００km前後、バレーボールのスパイクボールは時速１８０km前後、ゴルフのドライバーショットが時速２５０〜２７０km。もっとも速いのはバドミントンで、スマッシュの初速は時速３００〜３５０km。バドミントンのシャトルはボールではないが、それも一種のボールとみなせば、バドミントンがボールの速度のもっとも速い球技ということになる。

スピードガンが球速を測定する仕組み

ピッチャーの投げるボールの速度を測る、スピードガンと呼ばれる機械がある。この機械は速球を瞬時にして測定することができる。スピードガンは一体どのようにしてボールの速度をとらえているのだろうか。

電車が近づくと高い音となり、遠ざかると低い音になる。これは音源の速度が音速に加算・減算された分、音の振動数（音波の周波数）が変化することによる。それをドップラー効果という。スピードガンはこのドップラー効果を利用したものである。

ピッチャーの投げたボールにスピードガンから電波を発し、ボールに当たり反射した電波をキャッチする。当てた電波の周波数と反射して戻ってくる電波の周波数は異なる。その差をもとに、スピードガンの中の機械がボールの速度を割りだし、表示する。

なお、ボールの速度をスピードガンで測るときには、ボールの進行方向の延長線上にスピードガンをセットして測らないと、正確な速度は得られない。

回転するボールはなぜ曲がるのか

ピッチャーがボールに回転を与えて投げる。すると、バッターの手もとあたりで曲がることは誰でも知っている。では、回転するボールはどうして曲がるのか。

ピッチャーが自動車の車輪が回るような回転をボールに与えて投げた場合を例にとって説明しよう。回転させながらボールを投げる。飛んでいるボールから見ると、ボールの周囲を空気が流れていることになる。ボールが飛んでいるとき、ボールの上側では、空気の流れとボールの回転が逆方向だから、空気の速度は遅くなる。いっぽうボールの下側では、空気の流れとボールの回転方向が同じ方向であるために、空気の速度はより速くなる。ところで、一般に気体や液体はその流れが速いほど、その部分の圧力が小さくなる性質を持っている。

したがって、ボールの上側では圧力が高くなり、下側では低くなり、下向きの力が作用する。そのために、ボールは下方にカーブを

描くことになる。

V字ジャンプで飛距離が伸びる理由

スキーのジャンプ競技は飛行中の選手のフォーム（飛型）と、飛んだ距離（飛距離）によって採点される。飛距離を伸ばすために、いろいろなジャンプ・フォームが考えだされているが、今日ではスキーの板をV字に開いて飛ぶ方法がよく用いられている。板をV字にして飛ぶと、飛距離が伸びる。では、そのわけは？

飛距離のカギとなるのは揚力。この揚力をいかに大きくするかがポイントである。

スキーのジャンプでは、流線型前傾フォームが主流である。すなわちスキー板を少し上向きにし、それと平行になるように身体を傾けて飛ぶ。

空中に飛びだすと、腹面と板の下に空気（風）が当たり、体を押し上げる。空気が体を押し上げる力を揚力という。スキー板をそろえて飛ぶと、空気がそれによってさえぎられ、その分だけ体に当たる空気が少なくなり、体を押し上げる揚力が減る。

いっぽう板をV字に開くと、風が当たる面積が増え、体を押し上げる揚力が増す。したがって、飛距離が伸びるというわけである。

カーボンファイバー、強度の秘密

ゴルフのクラブをはじめ、テニスのラケット、釣り竿など、いろいろな製品にカーボンファイバー（炭素繊維）が使われている。カーボンとは炭素のことで、カーボンといえば、木炭や鉛筆の芯など、もろくて弱いというイメージがある。ところがカーボンファイバーにすると、ものすごく強くなる。それはなぜなのか。

カーボンファイバーは初期にはセルロース系繊維から作られていたが、現在ではアクリル系の繊維などから作られている。それを酸素のないところで、千度から二千度の高温で焼成し、炭素化させたものがカーボンファイバーである。

木炭などの中では炭素同士は適当に結合している。ところが、カーボンファイバーは焼成の段階で、ダイヤモンドと同じように純度の高い炭素が共有結合する。このため高い強度を持つことになる。またカーボンファイバーは耐熱性が高く、軽くて弾力に富み、薬品などにも強い。

〝えくぼ〟のボールはよく飛ぶ

ゴルフのボールには、ディンプル（えくぼ）と呼ばれるくぼみがつけられている。表面がなめらかなボールより、凹凸のあるもののほうがよく飛ぶ。これはボールの周囲に起きる空気の流れが原因している。

ボールが飛んでいるとき、その後方に空気の流れの乱れが生じ、それがボールを後方へ引き戻そうとする。なめらかなボールの場合はその空気の流れの乱れが大きく、くぼみがあると小さくなる。だから、くぼみのあるほうがよく飛ぶ。

くぼみがあるとよく飛ぶということは、もともとは偶然に発見された。アイアンクラブでボールを打つと表面に切り傷ができた。ところが切り傷のついたボールはよく飛んだ。

これをヒントに19世紀半ば、イギリスはセントアンドルーズのある蹄鉄工が、ためしに刃物でボールの表面全体に網の目の刻みを入れたところ、それはさらによく飛んだ。

そこで網の目を入れた製品が作られるようになり、のちにディンプルをほどこすようになった。

ブービー賞は本来「最下位の賞」のこと

ゴルフに「ブービー賞」というのがある。日本では「ブービー賞」は、最下位から2番目の人に与えられる賞のことである。ブービーは英語のboobyからきており、ブービー賞はbooby prizeといい、それは「びり賞」「最下位の賞」を意味する。

英語のboobyは「馬鹿」「間抜け」という意味である。またカツオドリ（鰹鳥）のことも意味する。カツオドリは間抜けな鳥とみなされていた。そこでこの鳥はbooby（間抜け）と呼ばれるようになった。最下位の者に与える賞を英語で「ブービー賞」（booby prize）というようになったのは、boobyが本来は「間抜け」という意味だからである。

ところが日本では、ブービー賞は最下位から2番目の人に与えられる賞である。どうして2番目に変わったのか。最下位に賞が与えられると、故意にビリになる者が出てくる。ビリから2番目にはなりにくい。そこで、日本では最下位から2番目に変わったらしい。

硬式テニスのボールの構造うら表

テニスには軟式テニスと硬式テニスがあり、硬式テニスで用いるボールは表面が毛羽だっている。そのボールをよく見ると、軟式テニスのボールと違って、どこにもヘソ（空気を入れる穴）がない。硬式のボールは、一体どのようにしてふくらませているのだろうか。

硬式のテニスボールは二重構造になっていて、毛羽だった表面の下は、ゴムでできている。すわち半球の形をしたゴムが2個貼り合わせてあるが、それをくっつけ合わせるときに、その中に発泡剤と水を入れる。これを釜などに入れて加熱する。

そうすると、中の発泡剤が熱と水によって気体（ガス）に変わり、内部が高圧になり、ボールがふくらむというわけである。そのあと毛羽だった布をはりつけ、継ぎ目をゴムで埋める。

テニス愛好者は多いが、テニスプレーヤーでさえ、発泡剤のことについては知らない人が多いらしい。

空振りの球が捕手のマスクに挟まった時

野球の試合で、打者がツーストライクの後、次の投球を空振りする。そのボールを捕手がはじいてしまい、自分のマスクにそれが挟まってしまった。さて、こんな場合、打者は一体どうなるのか。そんなことはめったには起こらないが、かといって全くないともいえない。

そうした場合、打者に1塁が与えられる。球審のマスクに挟まった場合も同じである。野球規則に「三振目の投球が、球審か捕手のマスクまたは、用具に挟まって止まった場合、打者と走者に、1個の塁が与えられる」とある。

ただし、それには条件がある。ノーアウトかワンナウトで、1塁に走者がいた場合には、三振目の投球がマスクに挟まったとしても、打者はアウトになる。

つまり、振り逃げというのがあり、ノーアウトかワンナウトで、1塁に走者がいるときには振り逃げはできないが、そのときと同じように、打者はアウトになる。

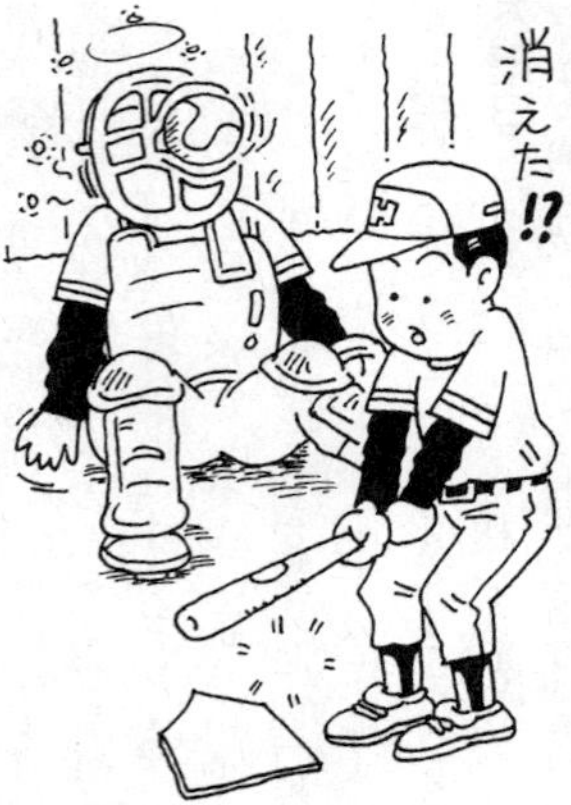

野球界の和製英語とは？

日本で作られ、日本人にだけしか通じない英語を和製英語という。たくさんの和製英語が生まれているが、とくに野球用語には和製英語が多い。公式試合の前、ペナントレース開幕前に行なう試合のことを「オープン戦」という。英語流に書けば「オープン・ゲーム」(open game)だが、それは正しい英語ではない。「オープン戦」も和製英語の一種。「オープン戦」(オープン・ゲーム)によく似た表現に「オープニング・ゲーム」(opening game)がある。これはれっきとした英語だが、開幕試合という意味であり、「オープン戦」とは意味が違う。「オープン戦」は「オープニング・ゲーム」(開幕試合)のさらに前の試合だから、英米人には通じない。

では英米人に分からせるためには、どのように表現したらいいのか。オープン戦は観客に見せて楽しんでもらう非公式の試合。英語ではそうした試合は「エキジビション・ゲーム」(exhibition game)という。

大相撲の番付で西より東が上位の理由

大相撲の番付には「東」と「西」に分けて、力士の名が記されており、同じ番付、たとえば同じ横綱でも東の横綱が西の横綱より格が上とされている。それはなぜなのか。

現在の大相撲は「東」と「西」に分けられているが、昔は「左」と「右」だった。平安時代に宮廷で開かれていた節会《せちえ》相撲では、「左」と「右」に分けられていた。現在のように「東」と「西」になったのは、江戸時代に入ってからである。ただし当初は力士の出身地によって、近江国(現在の滋賀県)以東の力士を東方力士、以西の力士を西方力士として分けていた。

番付で「東」が「西」より上位になったの

は、「左」「右」の時代に、「左」が上位であった関係からである。「左」と「右」を一緒にいうとき「左右」といい、「東」と「西」は「東西」といい、「左」が「東」に、「右」が「西」に対応することから、「東」が上位になったわけである。

一人で二つの型の土俵入りをした横綱

大相撲の横綱の土俵入りには、雲竜《うんりゅう》型と不知火《しらぬい》型の二つの型があり、動作と綱の結び方に違いがある。雲竜型では綱の後ろの結び目は一輪、不知火型は双輪（蝶結び）。横綱になると、どちらかの型を選ぶ。昨年は雲竜型、今年は不知火型でということはない。

ところが、一人で二つの型による土俵入りをやった力士がいる。52代横綱の北の富士である。昭和46年夏の巡業中のこと。当時、横綱は北の富士と玉の海の二人で、北の富士班と玉の海班の二つに分かれて地方巡業を行なっていた。そのとき玉の海が急性盲腸炎を起こし、出場できなくなった。そこで急きょ、北の富士がピンチヒッターとして土俵入りをした。

玉の海は不知火型で、北の富士は雲竜型。

駆けつけてきた北の富士は綱を持ってこなかった。玉の海の不知火型の綱しかなく、そこで北の富士は不知火型で土俵入りした。

ピンチヒッター役とはいえ、長い相撲の歴史の中で二つの型で土俵入りをした力士は北の富士ただ一人である。

第10章

目からウロコ／漢字の吃驚《びっくり》雑学

征服は正しい行為――「正」の語源

漢字の「正」は、今日では「ただしい」という意味に用いられている。「正」は「一」と「止」から成る文字と考えられているが、それはもともとはどういうことを表わした文字だったのだろうか。

「正」は最初から「ただしい」という意味ではなかった。「正」は、はじめは「口」＋「止」と書いていた。その「口」は城郭で囲まれた町を示している。「口」はのちに「一」で表わすようになった。「止」は足跡を表わした象形文字で、ここでは歩いていくことを示している。すなわち「正」＝「口」＋「止」は、城郭に囲まれた町に向かって歩き（進撃し）、その町を征服することを示している。

「正」は本来、そうした意味の字であった。それがどうして「ただしい」という意味になったのか。征服による支配は正当とされていたからである。だから、本来は征服を意味していた「正」は「ただしい」という意味になった。

「賞」として与えたものは「貝」

「賞」という字は「尚」と「貝」から成る形声字だが、もともとの形は「商」プラス「貝」であった。すなわち「商」の下に「貝」と書いていた。「商」が「尚」になったのは字形を簡略化したためだろうといわれている。「尚《しょう》」が音を表わし、「尚」のもとの「商」と「貝」が意味を表わす。漢字の意義を説いた中国最古の文字学書『説文解字《せつもんかいじ》』（西暦10

0年に完成）は「賞」の意味を「功あるに賜《たま》ふなり」と説明している。

その昔、中国では賞賜として（あるいは貨幣として）、宝貝（子安貝）が多く用いられた。ちなみに「貝」という字は子安貝の形をかたどったものである。いっぽう「商」という字には「たまう」という意味もある。そこで「商」に「貝」を加え、「たまう」「ほめる」を意味する「賞」のもとの字＝「商」プラス「貝」という字ができ、それが簡略化されて「賞」となった。

「目」と「臣」は親しい間柄

漢字の「目」は、目の形をかたどったもの。すなわち横目を縦にしたものである。ところで「臣」という字がある。この字は「目」と関係があるのだが、それがどんな関係かお分かりだろうか。

「目」と「臣」はどことなく似ていると思わないだろうか。「目」の右側の縦線「｜」の上の3分の1、下の3分の1を左側・中央に寄せてみると「臣」という字になるはずである。じつは「臣」という字は大目玉をむいて、上を見ている形をかたどったもので、もともととは神に仕える者のことを「臣」と呼んでいたようである。それがのちに転じて、主君に仕える者、すなわち「家来」「部下」という意味に用いられるようになった。

なお「監」という字に「臣」が含まれているが、この字は水の入った皿（盤）を人が上からのぞき、顔をそこに映している姿を表わしたものである。

「洗」は何を洗うことを意味するのか

漢字の「洗」は「あらう」ことを意味する。洗面といえば顔をあらうことであり、洗髪は髪をあらうこと。「洗」という漢字は「あらう」という意味にしか使われていないが、それはもともと何をあらうことを意味する字であったのだろうか。

「洗」という字を分解すると、サンズイ（氵）と「先」になる。サンズイは水を表わす。「先」は「之」と「人」との合成語である。「人」の上に「之」を加えたのが「先」で、「之」は足を表わす象形文字であり、「先」は先頭を歩くこと、具体的には道路の安全などを確かめるために先行することを意味する。

その昔、中国では軍隊などが出かけていくとき、人を先行させて、道路の安全を確かめることが行なわれていた。「先」という字はそれを表わしたものである。

先行した人は目的地に到着すると、まず足をあらう。それが「洗」である。つまり「洗」は本来は足をあらうことを意味する文字であった。

「塩」という漢字の成り立ち

読み方の分からない漢字を漢和辞典で調べるとき、部首（ヘン・ツクリ・カンムリなど）でその字をさがしたりする。「朴」という字がある。この漢字は「木」ヘンだから、木ヘンのページをさがせば、この字が見つかり、読み方が分かる。では「塩」という字を辞書でさがすとき、部首は何でさがしたらいいのか。「土」ヘン？　じつは「土」ヘンではこの字は見つからない。

『徒然草』にこんな話が載っている。学才があると自認している医師が、「しお」という字は何ヘンかと尋ねられ、「土ヘンだ」と答え、「あなたの学才の程度が分かりました」と笑われてしまう。医師は「しお」＝「塩」から「土ヘン」といったわけだが、「塩」はいわゆる略字（俗字）で、正字は「鹽」と書く。この正字の部首は「鹵《ろ》」であり、その略字の「塩」も部首は「鹵」。

だから、漢和辞典では「塩」という字は「鹵」の部首のところに載っている（ただし辞書によっては「土」ヘンのところに載せているものもある）。

「髪」の中には「犬」がいる!?

かつて「髪は長～い友だち」というコマーシャルがあった。だがもちろん漢字の「髪」はそういう意味ではない。なるほど「髪」には「友」という字が入っているが、それはじつは友だちの「友」ではない。

現在では「髪」と書いているが、それは日

本での常用字であって、本来は「友」に「丶」をつけた「髮」という字であった。「髮」の上の字の「髟《ひょう》」はよく整った長い髪のこと。下の字の「犮《はっ》」が音を表わし、それを分解すると「犬」＋「ノ」となり、それは殺して犠牲とした犬の形を表わしているといわれている。

ではどうして犬なのか。髪と犬は一見、何の関係もないように思えるが、昔の中国人は人の首（＝髪）と犬を埋めてお祓いしたという。ちなみにお祓いの「祓」という字にも「犮」（犠牲の犬）という字が含まれており、もともと「髮」という字はお祓いを意味する文字であったようである。

「住」の「主」は燭台で燃える火

「住」という漢字は「人」と「主」からできている。「人」は人間のことだが、それでは「主」は何を意味しているのか。「主」は主人・主人公など、「中心となる」「おもな」という意味に用いられているが、それはもとの意味が転じたもので、もともとは燭台に燃える火を意味する字である。

「主」の上の「丶」が火を表わし、下の「王」

は油を入れた燭台を表わしている。すなわち「主」は、油を入れた燭台で火が燃えている様子を表わした象形文字である。それが「あるじ・主人」などの意味に用いられるようになったのは、古代において火を支配するのは一家の権力者（家長）であったからである。

ところで燭台はじっと立っている。動かずに直立している。そこから「主」は「とどまる」といった意味を持つようになり、「人」と「主」から「住」という字が生まれ、人がじっと立ちどまる→とどまる→すむという意味になった。

「菊」の音《おん》読み&訓《くん》読み

「菊」という漢字は「きく」という読み方しかない。「桜」は「さくら」「おう」、「桃」は「もも」「とう」と、訓読み・音読みの両方があるが、「菊」は音訓の区別がなく、「きく」とだけしか読まない。すなわち「菊」は漢名では「きく」で、訓読みでも「きく」である。

菊は中国から伝わったとされている。その菊はもともとは日本に生育していたもので、日本の野生の菊が中国に伝わり、それが中国で品種改良されて日本に逆輸入されたのではないかともいわれている。

日本では古くは菊はククと呼ばれていた。菊はたくさんの小さな花をくったような形をしている。そこでククと呼ばれるようになったと考えられている。

日本のクク（菊）が中国に伝わり、中国ではそれが転化してキク（菊）となり、日本に再来したときキク（菊）として伝わった。そして以後、キクと呼ばれるようになったのではないかという説がある。

中国人は絶対に「勉強」しない!?

「勉強」という言葉は、今日では「学習」の意味で用いられている。しかし「勉強」にはもともと「学習」、すなわち「学ぶ」という意味はない。中国語で「勉強」といえば、それは力が足りないために、無理に行なうことを意味する。

『礼記《らいき》』に「或《ある》は勉強して之《これ》を行なう」（或勉強而行之）とある。その「勉強」は無理に行なう、努力して行なうという意味である。

日本でもかつて「勉強」という言葉は、気がすすまないことを仕方なしにする、努力をして困難に立ち向かうという意味で用いられていた。

江戸時代中期に書かれた『安斎随筆《あんさいずいひつ》』に「勉強――この二字、なりがたき事をしいてしとげるを云うなり」とある。それがいつしか「学習」という意味に用いられるようになった。

しかし勉強（学習）をしたくない人にとっては、それはまさに勉強（無理に行なうこと）に違いないともいえる。

「習」にはなぜ「羽」があるのか

学習・習慣などの「習」には「ならう・なれる」という意味がある。その「習」という漢字は、もともとは何を表わしたものだったのだろうか。

「習」は「羽」と「白」に分解できるが、この漢字の語源については一説に次のようにいわれている。「羽」は鳥の羽のこと。「白」はもともとは「孔子曰《いわ》く」などの「曰」であったという。この「曰」という漢字は祝詞《のりと》をおさめる器のことで、その器のふたを少し開けて、中の祝詞を見ようとしている形を表わしている。

「習」という字は、祝詞をおさめた器の上に羽を置き、羽で器をなでていることを意味していると考えられている。

なぜ羽でなでるのか。それは祝詞を刺激して、その能力（呪能）を高めるためである。そのような行為を繰り返すと祝詞の能力がさらに高まる。そこで繰り返すところから、「習」は「ならう・なれる」という意味になった。

「字」の中に「子供」がいるわけ

「文字」「字体」などの「字」には「ことば・もじ」という意味がある。また「字」は町村内の小区画の名（あざ名）としても用いられている。ところでその「字」だが、この漢字は「子」という語を含んでいる。上の「ウ」（ウかんむり）は家・家屋を意味する。すなわち「字」は「家」と「子供」から成っ

ているわけだが、それがどうして「ことば・もじ」を意味するのだろうか。

「字」の語源については、一説に次のようにいわれている。「ウ」（ウかんむり）は家を意味するが、「字」の「ウ」は先祖の霊をまつったところ、すなわち家廟《かびょう》を意味している。子が生まれると、一定の期間ののち、家廟に参拝させ、新しい家族として先祖に報告する。「字」はそのことを表わしたものだという。そのとき、子供の呼び名（あざ名）を決めた。そこから「字」は「あざ名」の意味になり、さらに「ことば・もじ」などの意味になったのである。

「白」はいったい何の色なのか

漢字の「白」には白色の意味のほかに、敬白・告白・潔白など、「もらす」「つげる」「あきらかにする」といった意味がある。「白」は象形文字、つまりあるものの形をかたどったものだが、それはいったい何をかたどったものだろうか。あなたは「白」から何を想像されるだろうか。

「白」の語源についてはいくつかの説があるが、その中でもっとも有力と思われる説を紹介しよう。それは白骨化した頭、すなわち髑《どく》髏《ろ》をかたどったものという説である。頭部が風雨にさらされて白くなる。そこで「白」は白いという意味になった。

昔、首長（地区の長）の頭は髑髏にして保存された。そこで「人」と「白」から、指導者（かしら）を意味する「伯」の字ができた。「白」は白骨化した頭のことだったが、その色から「白い」「あきらか」という意味になり、さらに明白・潔白であることを主張する、「つげる」「もらす」という意味が生じた。

「名」という漢字のもともとの意味は?

名前・人名の「名」という漢字は「夕」と「口」から成っている。その「夕」は夕方のことで、「口」は言葉を表わしているという説がある。夕方は暗いので相手がよく見えない。そこで自分が誰であるかを相手に告げる。それが「名」という漢字の本来の意味だというのである。そういわれれば、なるほどと思ってしまう。しかし、この説はウソだといわれている。

それでは「名」は本当はどういう意味なのか。「夕」は夕方のことではなく、肉を意味する。「口」は祝詞《のりと》をおさめる器の形をかたどったもの。

古代の中国では子供が生まれて3か月になると、祖廟《そびょう》（先祖をまつるみたまや）に肉を供え、その前で先祖に報告する儀式が行なわれていた。「名」という漢字はその儀式を表わしたもので、このとき子供に名前をつけ、子供は初めて家族の一員となった。そこから「名」は名前という意味になった。

「雅」はガーガーと鳴く鳥、カラスのこと!?

優雅・風雅の「雅」には「みやびやか」「上品」といった意味がある。「雅」の右側の「隹」（ふるとり）は鳥の姿をかたどったもので、鳥を意味する。左側の「牙」は獣の上下の大きな歯、つまり「きば」をかたどったもので、「が」と発音するが、「雅」の「牙」はきばの意味ではなく、単に「が」という音だけを表わしている。

すなわち「雅」はガーガーと鳴く鳥を表わしており、その鳥とはカラスのことである。カラスは「烏」とも書くが、「雅」もカラスのことであり、とくにミヤマガラスを指す。

では、「雅」はカラスのこととして、それがどうして「みやびやか」という意味になったのか。カラスが上品な鳥とされていたから、というわけではない。

本来、「みやびやか」を意味する字は「夏《か》」であった。その「夏」と「雅《が》」が発音が似ているため、「雅」を「夏」の代わりに用いたことから、「みやびやか」という意味になっていった。

「兄」と「弟」はもともと無関係

「兄」という漢字は「口」と「人」からできている。その「口」は一説に、神に捧げる祝詞《のりと》を収める容器を表わしているといわれている。兄は兄弟の年長者であるとともに、祖先に対する祭りの主催者でもあった。

そこで祭りで神に捧げる祝詞を入れた容器を表わす「口」と「人」から「兄」という漢字が生まれた。また兄は祭りの主催者であったことから、祭りに関係した「示」という文字と「兄」の文字から「祝」(祝)という文字ができた。

いっぽう「弟」という漢字だが、これは本来は人間と直接関係する文字ではない。「弟」という漢字は、なめし皮で何かを巻いた形を表わしている。それがどうして「おとうと」という意味になったのか。なめし皮で何かを順序よく巻き束ねる。そのように一定の形式・手続きにしたがって束ねることから、順序の意味を持つようになり、「兄」に対する「おとうと」の意味になった。

「犯」は人が獣《けもの》をおかしている姿

犯人・犯罪・違犯の「犯」という漢字は、人が規則や法律などをやぶることの意味に用いられている。本来はどういうことを表わした字だったのだろうか。「犯」の語源については一説に次のようにいわれている。

「犭」(けものへん)は「犬」または「獣」を意味する。「犯」の「犭」は「犬」ではなく「獣」の意味。「犯」の右側の字は人が前方にうつむいている形、あるいは人が跪いている形を表わしていると考えられている。すなわち「犯」は獣のそばで人がうつむいている姿を表わしている。

それは具体的には何を示しているかといえば、人が獣とセックスをしている姿を表わしている。いわゆる獣姦である。

獣とセックスすることは、昔からタブーとされていた。そこから「犯」はタブーをおかすという意味になり、それがさらに転じて、人としてしてはならないことをする、規則などをやぶるという意味になった。

「外」という漢字は占いから生まれた

外国・海外などの「外」は「そと・よそ」を意味するが、この「外」という漢字はもともとは占いと関係のある言葉であった。「外」は「夕」と「卜」の二つの字から成る。その「卜」はボクと音読みし、占うことを意味する。

その昔、中国では獣骨や亀の甲羅を用いて占うことが行なわれていた。獣骨や亀の甲羅に縦長の穴と円形の穴を彫り、その部分を強く焼く。そうすると、それぞれの部分に縦横

の線が走る。すなわちひびが生じる。その線の形によって吉凶を占った。その線の形を表わしたのが「卜」という字である。

「外」の左側の「夕」は肉を表わしていると考えられている。亀の甲羅で占いをするために、その肉を削りとる。それを表わしたのが「外」。亀の甲羅で吉凶を占うことを亀卜《きぼく》といい、腹の甲羅を用いた。すなわち外側の骨を用いた。そこで「外」は「そと」という意味になったようである。

「半」は本来、何を半分にしたのか

半ドン・半日・半分などの「半」は、「二つに分ける・二分の一にする」という意味の漢字。その「半」はそもそもは何を表わしたものだったのだろうか。「半」は新字で、旧字では「半」と書く。その旧字をよく見ると、ある漢字に似ていることに気づく。「牛」という漢字がそうである。

漢字の「牛」は牛を正面から見た形をかたどったものだが、「半・半」という漢字は「牛」と関係がある。「半」の上の字の「八」は数字の8の意味に用いられているが、これはもともとは両方に分けることを意味する字であった。

「半」の下の字、カタカナの「キ」に似た字は「牛」を表わしている。

すなわち「半」は「八」と「キ」から成り、それは牛を半分に切り分けることを意味する。それが「半・半」のもともとの意味である。のちに牛の意味が脱落し、物を「二つに分ける・二分の一にする」という意味に用いられるようになった。

「獄《ごく》」の中にいる動物とは?

仏教によれば、この世で悪いことをした者はあの世では地獄に落ちるという。ところで、その地獄の「獄」という字だが、それは「犭」(けものへん)と「言」と「犬」から成り、「犭」は犬を意味する。すなわち「獄」は「言」の左右に「犬」を置いた形になっている。その2匹の犬はいったい何を意味しているのか。

「獄」という字の語源については、一説に「訴訟」を意味しているといわれている。獄の「言」は神に誓うこと、誓って約束することを意味する。その左右の2匹の犬、「犭」と「犬」は犠牲の犬を意味する。訴訟にあたって、原告と被告が神に誓い、それぞれ犠牲の犬を1匹ずつ提供した。「獄」という字はそのことを表わしたものと考えられている。

訴訟にもとづき審判が行なわれ、その結果によって「獄舎」(牢屋)に入れられたりすることになる。そこから「獄」は獄舎・牢獄という意味になった。

「身」は妊娠の姿を表わしたもの

妊娠すると女性は腹部がふくらんでくる。その姿を表わした漢字があるが、それはどんな漢字だかお分かりだろうか。

「身」という漢字がある。この「身」は今日ではもっぱら「からだ」の意味に用いられている。しかも男女の区別はなく、「身」は男女いずれもの「からだ」を意味する。ところ

がもともと「身」は女性の「からだ」、すなわち妊婦を意味していた。妊娠すると腹部が大きくなる。それを横からながめた姿をかたどったもの、それが「身」という字である。
ところが「身」はのちに転じて、「からだ」を意味するようになった。そうなると「みごもる」ことを意味する別の字が必要になってくる。

そこで考えだされたのが、「身《しん》」と同じ発音を持つ「娠《しん》」という字である。「娠」の右側の「辰《しん》」には動くという意味があり、妊娠すると胎内で胎児が動きだすところから、「女」＋「辰」＝「娠」という字が作られた。

「然」と「燃」がよく似ているわけ

中国の詩人、杜甫《とほ》の「絶句」と題する詩に「山青花欲然」（山は青くして花は然《も》えんと欲す）という詩句があり、「然」を「もえる」という意味で用いている。「もえる」といえば、今日では「燃」という漢字がその意味で用いられているけれども、じつは「然」は本来は「もえる」という意味であった。
「然」の上の左の字は「肉」を意味しており、「然」はもともと犬の肉を焼くことを表わした字であった。そこから「もえる」という意味になった。ところが、この「然」はやがて「しかり」「しかるに」といった意味にも用いられ、その意味で用いることが多くなってきた。すなわち「然」からは次第に「もえる」という意味が薄れてきた。

そうなると「もえる」ことを意味する漢字が必要になってくる。そこで「然」に「火」を加えた「燃」という漢字が新たに作られ、それが「もえる」という意味で用いられることになった。

なぜ「島」と「鳥」は似ているのか

四方が水に囲まれた陸地、すなわち島と、空を鳥ぶ鳥、両者はそれぞれ異なる存在だが、漢字の「島」と「鳥」はじつによく似ている。

似ているのには、何かわけがあるのだろうか。それとも、たまたま似ているにすぎないのだろうか。

「鳥」という漢字は鳥の姿をかたどったものである。いっぽう「島」という漢字は古くは「鳥」という字の下に「山」という字をつけた形であった。「島」は「鳥」＋「山」の「灬」のが略されたものである。その語源については、一説に「山」は海中に突きだした岩山を意味し、「鳥」はその山にいる鳥を意味しているといわれている。

すなわち「島」はもともと海鳥がいる海の中の岩山のことを表わしたものだという。海中に突きでた岩山の上に海鳥が止まる。それを表わしたのが「島」というわけである。この説にしたがえば、「島」と「鳥」がよく似ている理由がお分かりだろう。

「旅」はもともと集団でするもの

旅には一人旅もあれば、修学旅行のような集団でする旅もある。ところで「旅」という字をじっくりながめてもらいたい。その右側に「人」に似た字が二つ見えないだろうか。右側の字の下の部分はじつは人が二人いることを表わしている。

それでは「旅」というのはもともと二人ですることをいったものかといえば、そうではない。

「旅」という字は、旗じるしのもとに二人の人間がいることを表わしている。「旅」の左側の「方」と右側の上の字が旗じるし（もっと正確にいえば、旗竿とその先についた吹流し）を表わしており、その下の二人の人間は単に二人の人間ではなく、多数の人間を意味している。

つまり「旅」という字はもともとは旗をかかげて、多くの人が出かけていく様子を表わしたものであった。

そこから、多数の兵士が集まって移動すること、すなわち軍列の意味になり、そしてさらに「たび・旅行」の意味になった。

「来」は麦をかたどったものだった

もの形をかたどった字を象形文字という。「鳥」「馬」「犬」などはいずれも象形文字である。「来」という漢字がある。これも象形文字である。では「来」は何をかたどったものか、ご存知だろうか。

「来」は旧字では「來」と書くが、これはムギ（麦）、すなわちムギが実って芒《のぎ》を大きく左右に張りだしているさまをかたどったものである。最初、「来」（來）という字はムギを意味していた。それがどうして「くる」という意味になったのか。

それについては一説に、ムギは天からもたらされる（天からくる）ものとされていたことによるといわれている。

ムギは今日、漢字では「麦」（旧字では「麥」）と書く。それはムギをかたどった「來」の下に、「夊」を加えたものである。「夊」は人間の足をかたどったもので、「麥」はムギを足で踏みつけているさま、すなわちムギ踏みを表わしているといわれている。

「秀」と「禿」の親しい関係とは？

優秀・秀才の「秀」という字は今日では、ひいでる、すぐれるという意味に用いられている。この「秀」の字は、もともとは稲などがその頭部から花を咲かせている姿を表わしたもので、そこから、はなさく、さかえる、すぐれるなどの意味になった。

ところで「秀」によく似た字に「禿」がある。禿は、はげ、すなわち毛髪が抜け落ちること、毛がないことをいう。「秀」と「禿」は似ているだけでなく、両者は親しい関係にあるのだが、それがどんな関係かお分かりだろうか。

じつは「禿」は「秀」ののちの姿を表わした字である。「秀」は前に述べたように、稲などがその頭部に花を咲かせている姿をかたどったもので、花が咲くとやがて実《み》ができるが、その実が落ちたあとのさまを表わしたのが「禿」である。それがのちに人の髪の毛になぞらえられ、髪の毛が抜け落ちてしまうこと、すなわち「はげ」の意味に用いられるようになったというわけである。

中国語で「卵」といえば何を指すのか

漢字の「卵」はいったい何の卵を表わしたものだろうか。それについては、蛙の卵という説をはじめ、魚の卵という説、虫の卵という説など、いくつかの説がある。このほか、「卵」はタマゴとはまったく関係なく、機《はた》を織るときに足で踏む左右の板を表わしたものという説もある。語源はともかく、日本で「卵」といえば、ふつうそれはニワトリの卵を意味する。

ところが、中国では「卵」はニワトリの卵ではない。中国語で「卵」といえば、それは男性の持ちもので、卵のような形をしたもの、すなわち睾丸を意味する。中国語でも日本語と同様に睾丸と称しているが、ほかに「卵」ともいい、たんに「卵」といえば、それは睾丸のことである。

それでは、中国語ではニワトリなどの卵は何というかといえば、「蛋」（たん・だん）という。ニワトリの卵は「鶏蛋」で、アヒルの卵は「鴨蛋」。ただし蛙の卵などは「蛙卵」と表わす。

「馬」が「蚤《のみ》」に食われて「騒ぐ」!?

「騒」という漢字は「馬」と「蚤」からできている。馬が蚤にくわれてあばれる。そこから「騒」という字ができたのだろうか。じつは、「騒」はそういう意味ではない。

「蚤」の上の字は人の爪を表わしている。ノミは人間の血を吸い、かゆみを起こさせる。爪でかゆいところをかく。そこで「人の爪」＋「虫」＝「蚤」という字ができた。

その「蚤」と「馬」から成る「騒」の語源については、いくつかの説がある。「蚤」は音読みでは「そう」という。そのソウという音が「集まる」という意味の「聚《しゅう》」を表わしており、「騒」はもともと馬がたくさん集まることを意味し、転じて「さわがしい」という意味になった。これが一つの説。

このほか、「蚤」が「搔」（そう・かく）を意味し、「騒」という字はもともと馬が前足のヒヅメで地面をかいて、いらいらしている状態をいったもので、転じて「さわがしい」

という意味になったという説もある。

「老」と「考」は同じ意味の字だった

人は年をとると、体が衰えてくる。年をとること、弱くなることを「老《お》いる」といい、年をとった人のことを「老人」という。ところで「老」とよく似た字に「考」という字がある。「考」は今日では「かんがえる」という意味に用いられているが、じつは「考」はもともと「老」と同じ意味の字であった。

「老」の上の部分は、長い髪をした人の形をかたどったもの。下の部分は人がさかさまになっている状態を表わしており、それは人の死、あるいは人が死に近づくことを意味する。年をとること、老いるということは死に近づくことでもある。だから「老」には死を意味する字が含まれている。

いっぽう「考」は「老」の下の部分を、コウという音の別の字に替えたもので、本来は髪の長い老人、死が近づいた老人を意味していた。それがのちに「かんがえる」という意味に借用されたわけである。

「疾」の重くなったものが「病」

「病」（びょう・やまい）と同じ意味を表わす漢字に「疾」（しつ・やまい）がある。その「疾」は「ヤマイダレ」と「矢」から成っているが、もともとの字形は「大」と「矢」から成っていた。すなわち「大」という字のそばに「矢」の字を書いていた。「大」は人間が立った形を正面から描いたもの。「矢」は弓矢のことで、「疾」のもともとの字形＝

「大」＋「矢」は、人の脇のあたりに矢が突き刺さった姿を表わしたものであった。のちに「大」は「ヤマイダレ」に改められ、「疾」という字が生まれた。

「疾」とは、もともと矢による外傷を意味していた。矢を脇に受ければ痛くて苦しむことになる。そこで「疾」はやまいという意味になり、そのやまいが重くなった状態を表わした字が「病」である。

『論語』に「子の疾、病なり」とある。先生(孔子)の「疾《やまい》」は重くなって「病」になったという意味である。

「童」は本来は入れ墨をされた受刑者

童話・童謡・童画などの「童」は子供という意味である。ところが本来そういう意味ではなかった。「童」は古くは「辛」＋「目」＋「東」＋「土」と書いていた。すなわち「辛」の下に「目」、その下に「東」さらに「土」と書いていた。

上の「辛」と「目」がこの言葉の意味を表わす。「辛」は罪人などに入れ墨を加えるための針のことで、「童」とは目の上、すなわち額に入れ墨を施された受刑者のことであっ

た。では、どうしてそれが子供の意味になったのか。それは受刑者は結髪《けっぱつ》が許されず、子供のようなおかっぱの髪をしていたからである。そこで「童」は子供の意味に借用されたわけである。

ちなみに「妾」という漢字があり、「めかけ」の意味に用いられているが、「妾」は「辛」と「女」から成り、額に入れ墨を施された女性のことであった。つまり入れ墨を施された男の受刑者が「童」、女の受刑者が「妾」であった。

「善」という言葉はもともと裁判用語

「善」という字の中には「羊」がいる。「善」という字のもともとの字は、「羊」の左右にそれぞれ「言」という字を添えたもので、それは羊を中心に原告と被告が宣誓している姿を表わしている。羊はかつて中国では有罪の者を識別する霊獣とされ、神判に用いられ、羊神判なるものが行なわれていた。

羊神判は一般の審理では解決されない困難な問題について行なわれたが、『墨子《ぼくし》』にその方法が記されている。それによれば、二人の村人が訴訟して争ったが、決することができなかった。そこで羊神判によることにした。各自に羊を提供させ、神前で両者は羊の血をすすって誓う。そして羊が異常を示した方が敗訴となった。

「善」のもとの字は、羊を前に原告・被告が宣誓をしている姿を表わしたものだが、その審判によってどちらが正しいかを決定することから、「善」は「正しい」「よい」という意味になった。「善」という字は、もとはいわば裁判用語であった。

「蝙蝠《こうもり》」が中国ではなぜ幸福の象徴か

コウモリをあなたは好きだろうか。たぶん好きではないだろう。コウモリは薄気味わるい動物とみなされ、日本ではあまり歓迎されていない。西洋でも魔女や吸血鬼と結びついているために、人々のコウモリに対する印象はよくない。

ところが中国ではかなり昔からコウモリは幸福の象徴とみなされていた。それは昔だけでなく、今でもそうである。どうしてコウモリが幸福の象徴なのか。

コウモリは漢字では「蝙蝠」と書く。この漢字にそのワケが隠されている。それは「蝙蝠」の「蝠」が、幸福の「福」に通じるからである。「蝠」は中国語では「フゥ」と発音し、「福」も同じく「フゥ」と発音する。また「蝙」という字は「あまねく・到るところ」という意味を持つ「遍」に通じ、「蝙」も「遍」も同じく「ビエン」と発音する。つまり「蝙蝠」は幸福が行きわたっているということになり、そこで中国ではコウモリは幸福の象徴とされているのである。

「音《おと》」とは神の訪れのこと

世の中にはさまざまな「音」がある。では漢字の「音」はいったい何の音を表わしたものだろうか。

中国文学者の白川静氏によれば、「音」のもともとの字は「言」の下の部分の「口」に「一」を加えたもので、「言」は「辛」と「口」から成り、「辛」は入れ墨に用いる針の形をかたどったもの、「口」は盟誓（約束・誓い）の書を入れる器の形をかたどったものという。したがって「言」の本来の意味は、神に誓ってある一定の行為を約束し、もしその行為が果たされないときには、辛をもって入れ墨の罰を受けるということである。

その「言」の「口」に「一」を加えたのが「音」で、「一」は「口」（誓いの書を入れる器）の中で発する音を意味している。神に告げ祈る、あるいは神に誓って約束する。それに対する神の反応（＝神のおとずれ）が「音」なのである。古代にあっては「音」は神の訪れを示すものと考えられていた。

「即」と「既」は兄弟の関係にある字

その場でただちに作ること、あるいは当座の間にあわせのことを「即席」という。英語では「インスタント」がそれに相当する。即席料理といえば、その場ですぐに作った料理のことだが、じつは「即」という字は料理と深い関係がある。

「即」の左側の字は、食器に食べ物を山盛りに盛りあげた形をかたどったもの。いっぽう右側の字は、人がその横に跪いて口を大きく開いている姿を表わしたもの。つまり「即」は山盛りの食べ物を今にも食べようとしている形を表わしたものである。そこから「(食事の席に)つく」という意味になり、転じて「ただちに」という意味になった。

「即」に似た字に「既」がある。この字は「即」とは反対に、山盛りの食べ物のそばで、後ろに向かって口を開いている(つまり、もう腹いっぱいと、口をそむけている)形を表わしたもので、食べ終わったことから、「終了する」「すでに」という意味になった。

「害」という漢字の本来の意味は？

損害・公害・危害などの「害」という漢字は「そこなう」「きずつける」「こわす」という意味に用いられている。もともとは、どういう意味だったのだろうか。

「害」の語源については、一説に次のようにいわれている。「害」にはその下に「口」という字が含まれている。この「口」は、神に捧げる祝詞《のりと》を入れた器(箱)を意味している。その「口」の上の字は、把手のついた大きな針を表わしている。すなわち「害」という漢字は、把手のついた大きな針で祝詞の入った器を突いていることを表わしている。

そんなことをすれば、器の中の祝詞の呪力が失われてしまう。祝詞の呪力をそこなう、だめにする。それが「害」という漢字の本来の意味であった。

なお、現在用いられている「害」という字はいわゆる新字体で、旧字では「害」と書く。この旧字は真ん中の縦の棒線が下に突き出て、

「口」の近くに達しており、針が器を突き刺すような形になっている。

「夢」は死をもたらす!?

死という言葉を避けて、天皇が亡くなったときは「崩《ほう》」（崩御）と婉曲的に表現する。死の婉曲的表現としては、ほかに「薨《こう》」がある。薨（薨去）は貴人の死に対して用いられるが、その薨という字をよく見ると、それは「夢」と「死」から成っている。では、なぜ夢なのか。夢と死との間にはどんな関係があるのか。

「夢」という字は、寝台の上で、角《つの》のようなものをつけた人間が寝ている形をかたどったものである。その角は敵方の巫女《みこ》を示しているといわれている。古代においては呪師的な性格を持った巫女がいて、戦争のときなど相手に呪いをかけた。つまり相手に悪夢を見させるようにした。その悪夢を見ている姿を表わしたのが「夢」という字である。

悪夢を見ると、それにうなされ、ときとして死ぬこともある。そこで「夢」（夢という字の上の部分）と「死」から、「薨」という字が生まれた。

「顔」は何を表わしたものか

物の形をかたどって作った文字のことを象形文字という。「目」「耳」「口」などの字はいずれも象形文字である。漢字には象形文字が多いが、それでは「顔」という字はどうだろうか。どうもそのようには思えない。漢字の「顔」はどう見ても人間の顔には見えない。

漢字の「顔」は人の顔の形をそのままかたどったものではない。「顔」は「彥《げん》」と「頁《けつ》」の合成語であり、会意文字である。

成人になり成人式の儀を行なう。そのとき、額《ひたい》に入れ墨を加えた。それを表わしたのが「彥」(旧字では「彥」)という字である。「頁」は頭に飾りをつけた形を表わしており、それは儀式のときの姿である。

つまり「顔」という字は、もともとは成人の儀式において額に入れ墨をほどこした姿を意味するものだった。それがのちに、顔全体を意味するようになったのである。

第11章

使っていて知らない/言葉の由来

「ぴかいち」の〝ぴか〟とは?

「ぴかいち」という言葉があり、「ぴかいちの美人」などという。「ぴかいち」とは多数の中で最もすぐれているもののことを言う。漢字で書けば「光一」だが、その「光・ぴか」とはどういう意味なのか。

「ぴかいち」という言葉は、花札遊びからきている。花札の札は1年12か月になぞらえ、各月同種の札4枚、総数48枚からなる。たとえば1月は松で、20点の札1枚、5点の札1枚、さらに1点のカス札2枚の計27点となり、以下12月まで異なる点の札に分かれる。総点数は264点、それを3人で争うのが標準的な遊び方。

その花札の中で点がもっとも高いもの、すなわち松・桜・柳(雨)など20点の札を「光りもの」といった。手札は一人で7枚もつが、その中で1枚だけが光りもので、残り6枚がすべてカス札の場合、それを「光一・ぴかいち」と呼んだ。それが転じて、多数の同類の中で最もすぐれているものを言うようになった。

「女房《にょうぼう》」がいれば「男房《なんぼう》」もいる!?

妻のことを「女房」ともいう。女房の「房」は部屋のこと。平安時代、宮廷につかえた女官に与えられた一人住まいの部屋を「女房」といった。それが女房という言葉の語源である。のちに「女房」はそこに住む女官を意味するようになり、さらに女性一般を指すようになった。そして中世末には自分の妻を呼ぶものに変わっていった。

今日では「男房」という言葉はほとんど用いられていないが、「女房」に対して「男房」もあった。天皇の側近に仕え、天皇の日常生活の諸事をつかさどった蔵人《くろうど》と呼ばれる者たちが住む部屋を「男房」といい、その者たちのことも男房といった。それが転じて、貴人のそばにつかえる男子を意味するようになった。

「女房」は妻の意味にも用いられるようになったのに対し、「男房」はそれ以上の意味には用いられず、夫のことを男房と呼んだりすることはなかった。

「おめがねに適《かな》う」の〝めがね〟とは?

目上の人に気に入られること、認められることを「めがねに適う」という。あるいは「お」をつけて「おめがねに適う」といい、その「めがね」は漢字では眼鏡と書く。

視力を補うレンズを用いた器具のことをメガネといい、漢字では眼鏡と書く。「おめがねに適う」のメガネも眼鏡という字を用いるが、その「おめがねに適う」は器具のメガネのことをいったものではないようである。

慶長8年（1603）に刊行された『日葡《にっぽ》辞書』に「めがねある人」という項目があり、それを「見るものすべてを非常によく記憶する人」と説明している。その「めがね」は器具のメガネではなく、物の善悪などを見抜くこと、すなわち眼力・鑑識眼のことであり、それは「目のさしがね」（さしがねは物差しのことで、目の物差し、目の尺度という意味）からきていると考えられている。「おめがねに適う」のメガネも、そのメガネ（眼力・鑑識眼）のことのようである。

「しっぺ返し」の〝しっぺ〟とは?

「しっぺ返し」という言葉がある。やられたらすぐに仕返しをすることをいう。ふつう「しっぺ返しを食らわす（食らう）」といった言い方をする。その「しっぺ」とは、いったいどういう意味なのか。

「しっぺ返し」は「しっぺい返し」が変化したもので、「しっぺい」は漢字では「竹篦」と書く。竹篦は禅宗で用いる法具のこと。禅宗では座禅を組むとき、眠けをさましたり、雑念を払ったりするために鞭に似た竹の杖を用い、それで肩を叩く。これを竹篦という。

江戸時代、この竹篦が遊びに取り入れられ、竹篦のかわりに指を使った「指しっぺい」というのが生まれた。賭け事などで負けた者の手首や甲を人差指と中指でパチンと叩く。それが「指しっぺい」で、そして前に打たれた指を次の機会に打ち返すのが「しっぺい返し」である。

そこから、ある仕打ちに対して、ただちに仕返しをすることを「しっぺい（しっぺ）返し」というようになった。

「ちょっかい」とはどんな意味なのか

横合いから口を入れたり、余計な手出しをすることを「ちょっかいを出す」という。よく用いられる言葉だが、江戸時代には「ちょっかいが回る」という言い方もあり、それは手先がよく動くこと、三味線などのバチさばきがうまいことを意味していた。

慶長8年（1603）に出版された『日葡辞書』は、「ちょっかい」の語を収録したもっとも古い辞書だが、この辞書は「ちょっかい」を「歪《ゆが》み曲がってちぢんだ手、または指が曲がって不具になった手」と説明している。江戸時代には「ちょっかい」は手や腕の意味に用いられていた。

ところで「ちょっかい」の語源だが、それは一説に「ちょっ掻《か》き」が変化したものではないかといわれている。

なお、江戸時代には「ちょっかいを出す」といえば、それは猫などが前の片足で物をかき寄せるような動作をすることを意味していた。

「フリーマーケット」の〝フリー〟とは？

不用の品を公園などに持ち寄って売買したり、交換したりすることがよく行なわれている。それを「フリーマーケット」という。その「フリー」とは、どういう意味かお分かりだろうか。フリーマーケットでは誰もが自由に品物を売ったり、交換したりすることができる。そこで「フリー」とは「自由」を意味するfreeのことだと思っている人がいる。それは誤解である。

フリーマーケットを英語で書けばflea market。freeではなくfleaであり、そのfleaは「蚤《のみ》」のこと。古物市のことを「蚤の市」という。その「蚤の市」という言葉はフランス語の「マルシェ・オー・ピュス」(marché aux puces＝蚤の市という意味) からきている。

フランスのパリで開かれていた古物市が、いつごろからか「蚤の市」と呼ばれるようになった。その「蚤の市」を英語に訳したのが「フリーマーケット」であり、その「フリー」は「蚤」という意味である。

「はすっぱ」が女性を意味する理由

言動が下品で軽はずみな女性のことを「はすっぱ」という。「はすっぱ」は、「はすは」が変化したものであり、「はすは」は蓮葉、すなわち蓮の葉のことである。では、どうして蓮の葉（蓮葉）が軽はずみな女性を意味するようになったのか。

昔、お盆のとき供え物を盛るのに蓮の葉を用い、その蓮の葉を売り歩くことを「蓮葉

商《あきな》い」あるいは「蓮の葉商い」といった。蓮の葉はお盆のときだけ、すなわち一時的にしか用いられない。そこで「蓮葉商い」はきわものの商売、粗悪品の商売という意味に変化していった。そこから軽はずみなこと、言動につつしみがない人のことを「蓮葉」と呼ぶようになった。

もともとは男性に対して用いていたが、「蓮葉女」「蓮葉娘」などの言葉も生まれ、とくに女性に対して「蓮葉」というようになった。その「蓮葉＝はすは」が促音化して「蓮っ葉＝はすっぱ」になった。

「ぽしゃる」はどこからきた言葉なのか

計画などがつぶれたりすること、何かがだめになることを「ぽしゃる」という。この言葉は一体どこからきたのだろうか。「ぽしゃる」の「ぽしゃ」は何かがつぶれたときの音のようにも思えるが、その音からきているのだろうか。

「ぽしゃる」という言葉は帽子と関係がある。降参すること、あるいは相手に対して頭を下げることを「シャッポを脱《ぬ》ぐ」という。その「シャッポ」はフランス語の「シャポー」が変化したもので、シャポーとは帽子のことである。

「ぽしゃる」という言葉は「シャッポ」からきている。「シャッポ」の「シャ」と「ポ」を逆にして「ポシャ」、それに「る」をつけたのが「ぽしゃる」である。

「シャッポを脱ぐ」、降参する、あるいは相手に対して頭を下げたりするのは、何かがだめになったり、失敗したときなどである。そこで「シャッポ」をひっくり返して「ぽしゃる」というようになった。

「ぽん引き」の〝ぽん〟とは何のこと?

盛り場を歩いていると、見ず知らずの者が声をかけ、いかがわしいところに誘いこんだりする。そうした人のことを「ぽん引き」という。この言葉はすでに江戸時代からあり、歌舞伎の『善悪両面児手柏《ぜんあくりょうめんこのてがしわ》』に「ぽん引きという者があって、親切らしく連れて行き、身ぐるみ剝《は》いだその上に、女郎に売って金を取る、ふてえ奴がいくらもある」というセリフが登場する。古くは、地方から出てきた女性をだまして金を奪ったり、かどわかしたりする者のことを「ぽん引き」といった。

その「ぽん」とはいっ

たい何のことなのか。それは一説に、ぼんやりした者を意味する「凡《ぼん》」からきているといわれている。ぼんやりした者（＝凡）を誘惑するから「凡引き・ぼん引き」、それがなまって「ぽん引き」になったという。

別の説もある。詐欺的な賭博犯のことを「盆引き」というそうである。それが変化して「ぽん引き」になったともいわれている。

「フルーツポンチ」の〝ポンチ〟とは？

数種の果物を小さく切って、シロップ・ソーダ水・ペパーミント・氷などを加えたものを「フルーツポンチ」という。フルーツは果物、ではポンチとは？

ポンチは大正2年に初のフルーツパーラーとして開店した東京・銀座千疋屋《せんびきや》の斎藤義政氏が考案したものである。酒・砂糖・水・レモン・香料などを大きなボウルの中で混ぜて作る飲み物を「パンチ」(punch)という。あるとき斎藤氏は、このパンチにさまざまな果物を刻んで入れた新メニューを考えつき、それをフルーツポンチの名で売りだした。

フルーツパンチとせずに、なぜフルーツポンチとしたのか。フルーツパンチでは当り前で面白くない。そこで政治風刺漫画のポンチ絵にひっかけ、フルーツポンチとしたのである。ちなみにフルーツサンデー、フルーツパフェ、フルーツアラモードも、千疋屋のアイデアである。

「じゃじゃ馬」の〝じゃじゃ〟とは

おてんばな女性、扱いにくい女性のことを

「じゃじゃ馬」という。もちろん、それはたとえであって、じゃじゃ馬とは本来は人に馴れない暴れ馬のことをいう。

「じゃじゃ」を漢字で「邪々」と書くこともある。だが、それはいわゆる当て字である。その「じゃじゃ」だが、語源については二つの説がある。

一つは「いやじゃ、いやじゃ」という言葉の「いや」を略したものだという説。

もう一つは「じだだ」から出たという説である。「じだだ」は「じたたら」ともいい、足で踏んで風を送るフイゴのこと。くやしがって地面を踏みつけることを「じたんだを踏む」という。昔は「じゃじゃ踏む」ともいった。その「じたんだ」は「じたたら」が変化したものである。いっぽう「じゃじゃ踏む」、そして「じゃじゃ馬」の「じゃじゃ」は「じだだ」が変化したものだという説がある。はたしてどちらの説が正解か。あなたはいずれの説を支持されるだろうか。

「ひょんなこと」の〝ひょん〟とは?

意外で奇妙なこと、とんでもないことを「ひょんなこと」という。その「ひょん」とは、そもそもどういう意味なのだろうか。それについては二つの説がある。

一つは、ヒョンという植物からきているという説。イスノキ（柞）という木があり、別名をヒョン、あるいはヒョンノキという。この木の実は卵形で、毛が密生し、他にあまり類のない姿をしている。そこから意外で奇妙なさまを「ひょんな」というようになったという。

もう一つの説は、漢字の「凶」に由来するというもの。新井白石が『同文通考《どうぶんつうこう》』の中で、「物のよからざる事をヒョンというが、それは『凶』という字の中国語読み（唐音）のヒョンからきている」と述べている。「凶」はよくないことを意味し、唐音では「ヒョン」と発音するので、よくないことを「ひょんな」というようになったというのである。

前説も説得力はあるが、どうも後説のほうが有力のようである。

テレフォンはもともと電話にあらず

電話のことを英語ではテレフォン（telephone）という。電話を発明したのはアメリカの科学者のベルで、1876年にその特許を取得している。ベルは自分が発明した電話にtelephoneという名前をつけた。

ところでtelephoneという英語は、それ以前から存在していた。つまり電話が登場する前から、telephoneという言葉はあった。したがって、telephoneはもともとは電話（電話機）という意味ではなかった。ではtelephoneは本来、何を指していたのか。1834年、フランスのスドレーという科学者が電

信器を作り、それをtelephoneと名づけた。これがtelephoneという言葉の起源である。

このtelephoneという言葉はそのまま英語にも取り入れられ、英国ではまずtelehoneは船の警戒信号装置を指す言葉として用いられ、のちにはメガフォンのようなものもtelephoneと呼んだりした。そして電話が発明されると、telephoneはもっぱら電話を意味する言葉となった。

「月極」を「つきぎめ」と読むわけ

駐車場の看板に「月極駐車場」という文字を見かけることがある。その「月極」を「げっきょく」「げっこく」と読む人もいるようだが、それは「つきぎめ」と読む。「極」という字は今日では「きわめる」「きわみ」と読むのが一般的であり、それ以外の読み方はあまりない。

それなのに「月極」と書いて、なぜ「つきぎめ」と読むのだろうか。

じつは江戸時代から第二次大戦ごろまでは、「極」という字は「きわめる」「きわまる」のほか、「きめる」「きまる」とも読んでいた。式亭三馬の『浮世風呂』に「極まったものだ」「極めておきませう」という文章が出ており、「極」を「きまる」「きめる」と読んでいる。近代になっても「極」は「きまる」「きめる」と読まれていた。

そこで「月ぎめ」を「月極」と書くようになったわけだ。今日では「極」は「きめる」「きまる」とは読まないので、「月極」を正しく読めない人がいるのも当然である。

ひどいことを「べらぼう」という理由

「べらぼう」という言葉があり、「べらぼうめ」などと、人をののしって言うときに用いる。また「べらぼう」は、あまりにひどいことの意味にも用いられている。

この言葉は江戸時代から使われており、

「便乱坊」「可坊」「部羅坊」などと書いていた。「べらぼう」とは面白い響きの言葉だが、いったいこれはどこからきたのか、

江戸時代の寛文年間から延宝年間にかけて、「べらぼう」という畸人《きじん》（男性）の見世物が評判になった。「べらぼう」という言葉は、一説にそれに由来するといわれている。その男は全身まっ黒で頭がとがり、目は赤くて丸く、あごは猿のようで、愚鈍な仕草をして観客を笑わせたという。

はじめ大坂の道頓堀で興行していたが、京都や江戸でも興行し、たいへんな評判となった。

そこから馬鹿で間抜けなこと、まともに相手ができないほど、あまりにもひどいことを「べらぼう」というようになった。

「ポンコツ」とはどこの言葉?

壊れた自動車、あるいは老朽化し廃品同様になったものを「ポンコツ」という。このポンコツという言葉は明治の初期に誕生したもので、もともとは拳骨《げんこつ》で殴ることを意味していた。

ポンコツの語源については。一説に、拳骨=ゲンコツを西洋人が聞き違えて言ったボンコツが変化して、ポンコツになったのではないかといわれている。拳骨で殴る、すなわち罰として拳骨で殴るということから、罰することを意味する英語の「パニッシュ(punish)」と「げんこつ」との混成によってポンコツという言葉ができたという説もある。そのほか数説あるが、最初の説が有力とされている。

ポンコツは当初は拳骨で殴ることを意味していたが、のちに大きな金槌《かなづち》のことをポンコツというようになった。そして自動車を金槌で叩いて解体するところから、ポンコツは自動車の解体の意味になり、さらに壊れた自動車、中古品・廃品を意味するようになった。

「ばつが悪い」の〝ばつ〟とは?

人前で欠点を指摘されたり、あるいは嘘がばれたりしたとき、いたたまれなくなる。そうした状態、すなわちその場の調子・具合が悪いことを「ばつが悪い」という。その「ばつ」とは、そもそもどういう意味なのか。

「ばつが悪い」の「ばつ」の語源についてはいくつかの説がある。著書や書画などの最後に記す文章、いわゆる「あとがき」のことを

「跋《ばつ》」あるいは「跋文」という。そこから「跋・ばつ」は物事の結末などの意味に用いられるようになるが、「ばつが悪い」の「ばつ」は一説にそこからきたといわれている。「場都合《ばつごう》」の略という説もある。場都合とはその場の都合という意味。それが略されて「ばつ」になり、「ばつが悪い」という表現が生まれたという。

　このほかにも説があるが、右の二説がわりと支持されている。この二つの説の中では、どちらかというと「場都合」説のほうが有力視されているようである。だが「跋」説にも十分に説得力がある。

「どじを踏む」の〝どじ〟は何のこと?

　へまをする人のことを「どじ」といい、「どじを踏む」といえば、へまなことをする、失敗するという意味になる。

　「どじ」「どじを踏む」の語源については諸説がある。ここでは、そのうちの三つの説を紹介しておこう。

　一つは相撲からきたという説。相撲では土俵の外側に足を出すと負けになる。土俵外に足を出して負けることを、昔は「土地《とち》を踏

む」といった。それがなまって「どじを踏む」となった。

二つ目は「とちる」が変化したという説。やりそこなうことを「とちる」という。それがトチリ→トチ→ドジと変化し、あわてる足取りを意味する「踏む」をつけて「どじを踏む」というようになったという。

江戸時代、あれこれを取りちがえるさまをいう「どじぐじ」という言葉があった。それは「どちこち」が変化したものと考えられているが、「どじぐじ」の下の「ぐじ」が略されて「どじ」となり、「どじを踏む」という言い方が生まれたという説もある。

「女だてらに」の〝だてら〟とは?

女性に似つかわしくないことをするさまを「女だてらに」という。この「だてらに」という言葉は、男性に対しては用いない。すなわち「男だてらに」とは言わない。とはいっても、それは現代においての話であり、昔は男性に対しても用いた。

古くは「に」のない「だてら」の形で用いられていたが、「男だてら」という言い方もあった。歌舞伎の『大雑書伊勢白粉《だいざっしょいせのおしろい》』に「こな様もこれを京へ持っていくことがあるものか、男だてら」とある。また法師に似つかわしくないことを意味する「法師だてら」、遊女(傾城《けいせい》)に似つかわしくない振舞いを非難した「傾城だてら」という言葉も古書に見える。

その「だてら」は、とげとげしい、かどかどしいという意味の「たてだてし」(形容詞)からきており、その「だて」に「ら」がついたものと考えられている。古くは「だてら」の形で用いられていたが、のちに「に」をつけて用いるようになった。

「あっけらかん」の本当の意味

「あっけらかん」という言葉がある。あなたはこの言葉をどういう意味で使っているだろうか。「平然としているさま」、あるいは「意に介さないさま」という意味に使っているかもしれない。現在ではそうした意味で使うことが多く、「叱られても、あっけらかんとしていた」というような言い方をする。

だが、この言葉にはもともとそういう意味はない。

「あっけらかん」は「あけらかん」が変化したもので、江戸時代から使われている。「あけらかん・あっけらかん」の「あけら・あっけら」は口を開ける意味の「あけ」に由来すると考えられており、「あっけらかん」とは口を開けてぽかんとしているさまを表わす言葉である。

古くは「あけらかん」「あんけらかん」「あけらこん」ともいった。言葉は使っているうちにその意味が変わったりするものだが、「あっけらかん」を平然としているさまの意味に用いるのは、本来の意味からいえば、明らかに誤用である。

「ちゃきちゃきの江戸っ子」が示すもの

「ちゃきちゃきの江戸っ子」などという「ちゃきちゃき」は血統にまじりけがないとか、純粋であるという意味。

その言葉は何かの音を表わしたもののようにも思えるが、もともとはどういう意味の言葉だったのか。

『曾我《そが》物語』に「十郎と云ふも伊東のちゃくちゃくたり」とある。「ちゃくちゃく」を漢字で書けば「嫡々」で、嫡々とは嫡流、すなわち純粋な正しい血筋という意味である。「嫡々」という言葉は中世の軍記物語などによく用いられているが、江戸時代においても使われていた。曲亭馬琴《きょくていばきん》の『椿説弓張月《ちんせつゆみはりづき》』に「天孫氏の嫡嫡にして」とある。

ところで「ちゃきちゃき」という言葉だが、それはこの「嫡々」が江戸時代になって、なまったものだと考えられている。江戸時代には「ちゃきちゃき」という言葉は、血統にまじりけがないという意味のほかに、仲間の中で優れて注目されていることの意味にも用いられていた。

「たらい回し」はなぜ〝たらい〟なのか

「たらい回し」という言葉がある。一つの物事を順送りに移し回ることをいい、あまりいい意味には用いない。「たらい」は湯や水を入れて手や顔などを洗う平たい容器。ちなみ

に「たらい」という言葉は「手洗い」がなまったものである。

その「たらい」を回すのが「たらい回し」だが、なぜたらいを回すのか。主婦が洗濯をするとき、たらいを回して洗った？　そうではない。江戸時代、たらいを回す曲芸があった。足の先で回すものである。

ただし曲芸のたらい回しには、皿回しのように、長い竹の先にたらいをのせて回す曲芸もあった。北斎の絵本『隅田川両岸一覧』に、竹でたらいを回している男の姿が描かれている。「たらい回し」という言葉は、たらいを回す曲芸から出たものである。

それが転じて、贈り物などをぐるぐると回したり、政党のボスや有力者などが順送りに政権の座についたりすることをいうようになった。

「ポン酢」の〝ポン〟とは何の意味？

酢使い上手は料理上手だとか。酢には米酢、粕酢、穀物酢、ポン酢などがあり、最近ではリンゴや柿などをベースにした果実酢もある。ところでポン酢だが、その「ポン」とはどういう意味なのか。

ポン酢はダイダイ（橙）の果実から絞った汁で、ダイダイ酢である。それがどうしてポン酢なのか。じつはその「ポン」はオランダ語のポンス（pons）に由来する。

ポンスとはダイダイのしぼり汁のことであり、ワインやブランデーにレモン汁・砂糖・卵・ソーダなどを加えて作った飲み物のこともポンスという。ポンス（ダイダイのしぼり汁）はすっぱくて酢のかわりとなり、また語尾の「ス」が「酢」と意味が通じるところから「ス」に「酢」の字をあて、ポン酢と呼ぶようになったというわけである。

なお「ポンジュース」というミカンジュースがあるが、この「ポン」は「ニッポン（日本）一」の「ポン」という意味だそうである。

賄賂のことを「鼻薬《はなぐすり》」といったわけ

「鼻薬」といえば、あなたは何を想像されるだろうか。ほとんどの人が鼻の病気を治すために用いる薬のことを思うに違いない。

江戸時代には、「鼻薬」という言葉は、鼻の病気に用いる薬の意味のほかに、別の意味があった。その別の意味とは賄賂である。江戸時代の人々は賄賂、すなわち袖の下のことを「鼻薬」といっていた。


江島其磧《えじまきせき》作の浮世草子『傾城禁短気《けいせいきんたんき》』に「利《き》きめの強い鼻薬をもって篤《とく》と頼み……」という文章が見える。この「鼻薬」は相手の気を引き、手なずけるための贈り物、いわゆる賄賂の意味である。

ではどうして鼻薬が賄賂を意味するようになったのか。子供が鼻を鳴らして泣く。その子供をなだめるために与える菓子のことを、鼻を鳴らして泣くのを止める薬ということから「鼻薬」と呼んだ。それが転じて、相手をなだめるための贈り物、すなわち賄賂・袖の下の意味に用いられるようになったわけである。

なぜ「鼬《いたち》ごっこ」というのか

双方が同じことを繰り返して、いつまでも決着がつかないことを「鼬ごっこ」という。

子供の古い遊びの一つに、二人で互いに手の甲をつまみ合う遊びがある。その遊びを「鼬ごっこ」といった。

近世の風俗習慣を記した『嬉遊笑覧《きゆうしようらん》』（天保元年刊）に「鼬ごっこ。童の戯に、鼠《ねずみ》ごっこ鼬ごっこといふことすなり。二人して手の甲をつみ、下の手をはづしては上をつむ故、果てなきなり」とある。AとBの二人が向き合い、Aが左右どちらかの指で、Bの手の甲をつまみ、次にBが空いている手の指で、自分の手をつまんでいるAの手の甲をつまむ。そしてAが空いた手の指で、自分の手をつまんでいるBの手をつまむ。それを繰り返す。その際、「鼠ごっこ、鼬ごっこ」と唱える。そこでこの遊びは「鼬ごっこ」と呼ばれた。

この遊びには終わりがない。そこから、双方が同じことを繰り返して決着がつかないことのたとえとして用いられるようになった。

「引っぱりだこ」の〝たこ〟について

多くの人から求められることを「引っぱりだこ」という。漢字では「引張蛸」あるいは「引張凧」と書く。「蛸」は海にいるタコ、「凧」は糸をつけて空に飛ばすタコのこと。

では「引っぱりだこ」の「たこ」は、どちらのタコのことなのか。

凧は糸を引っぱって上げる。そこで「引っぱりだこ」とは凧のことだと思っている人もいるかもしれない。だが、それは間違いである。「引っぱりだこ」のタコは蛸のこと。したがって「引張凧」と書くのは、本当は正しくない。

蛸を干物にするとき、8本の足をまっすぐ伸ばして(つまり引っぱって)干す。その形が、物や人を多くの人が求めて引っぱり合っているようであることから、多くの人から求められることを「引っぱりだこ」と呼ぶようになった。

また昔は、磔《はりつけ》の刑に処せられることを「引っぱりだこ」といった。磔にされた人の姿が、足を引っぱられている蛸に似ているからである。

ズボンの前開きはなぜ「社会の窓」か

男性のズボンは前の部分が開いており、ボタンやファスナーで閉じる。その部分を俗に「社会の窓」などという。正式には(服飾の世界では)、その部分は「前開き」と呼ぶそうだが、ではどうしてそれを「社会の窓」というようになったのか。

ズボンの前開きは、いわば社会に向かって開かれた窓でもある。そこで社会の窓と呼ぶようになった——と思っている人もいるかもしれない。だが残念ながら、それは当たっていない。社会の窓という呼称はラジオ番組に由来するといわれている。

戦後、NHKラジオに「社会の窓」という

番組があった。この番組は社会の裏側をさぐったドキュメントもので、人気があった。普段は見ることのできない社会の裏側が見える番組――それがズボンの前開きと通じるところから、誰とはなしに「社会の窓」と呼ぶようになったらしい。すなわち社会の窓というのは当時の流行語で、それが今日まで生きているというわけである。

なぜ「水入らず」がよいのか

人間にとって水は生きていく上で欠かせないものだが、ことわざなどの中では水は邪魔者扱いされている。たとえば「水入らず」がそうである。夫婦、親子、あるいは親しい者だけで、他人がまじっていないことを「水入らず」といい、水は異物とされている。近松門左衛門の『信州川中嶋合戦』に「若い女子、若い男、水いらずの二人連れ……」とあり、この言葉はすでに江戸時代には使われていたことが分かる。

では、なぜ水が入るのはよくないのか。なぜ水は異物とされるのか。水と仲が悪いのは油。水と油はしっくりなじまない。そこで、うまく調和しないことを「油に水のまじる

（入る）ごとし」、あるいは略して「油に水」といった。そうした表現がまず生まれ、そのたとえから、さらに「水入らず」という言葉が生まれた。

なお、男女などの親しい仲を裂くことを「水をさす」というが、これは濃いものに水を入れると薄くなることによる。

勘定のことを「お愛想《あいそ》」というのは？

飲食店での勘定のことを「おあいそ」という。寿司屋や小料理屋などで食べたり飲んだりしたあと、「おやじさん（おねえさん）、おあいそ」などと使う。「おあいそ」は漢字で書けば「お愛想」で、愛想は好意とか親しみを意味する。それがどうして勘定を意味するようになったのだろうか。それについては一説に、次のようにいわれている。

本来、「おあいそ」は客が使う言葉ではなかった。店の人が客に対して使った言葉で、勘定の際、「愛想がなくて申し訳ありませんが……」「愛想づかしなことではありますが……」などと断りを言いながら、客に勘定書を示したところからきている。それが短くつまって「あいそ」→「おあいそ」となり、

なった。そして客のほうも、その言葉を用いるようになった。

　なお、勘定の意味の「おあいそ」はもともとは京都で使われていたものだといわれている。

なぜ「どっこいしょ」というのか

　力を入れたり、はずみをつけて何かをするとき、「どっこいしょ」という掛け声をかけたりする。その掛け声には、一体どんな意味があるのか。

　「どっこいしょ」は「どっこい」に「しょ」を加えたもので、もとは「どっこい」といった。その「どっこい」は相撲の掛け声に由来するといわれている。昔、相撲を取っているとき、相手の気勢をそらし、相手の出てくるのをからかって、「どこへ行くか」という気持ちで、ドコへ（ドコエ）と掛け声を発した。

　この掛け声は歌舞伎でも用いられ、ドコへ（ドコエ）が変化して「どっこい」となった。そしてその「どっこい」は、「どっこい、そうはさせない」というように、相手の行動をさえぎる言葉となった。

　「どっこい」に「しょ」をつけたのが「どっこいしょ」で、相手がいない場合でも相手を意識して、力を入れたりするとき、「どっこいしょ」というようになった。

「虎の巻」があれば「犬の巻」も!?

　学校の教科書を分かりやすく解説した参考書のことを俗に「虎の巻」、あるいは「アン

チョコ」という。アンチョコは安直《あんちょく》がなまったもの。では「虎の巻」の「虎」とは何か？「虎の巻」があるなら、「犬の巻」や「猫の巻」もあるのか。

「猫の巻」はないが、「犬の巻」はあり、「竜の巻」「豹《ひょう》の巻」もある。中国の代表的な兵法書に『六韜《りくとう》』というのがある。これは「文韜」「武韜」「竜韜」「虎韜」「豹韜」「犬韜」の6巻から成る。また『三略《さんりゃく》』という兵法書もあり、この二つの兵法書は日本では古来、武士の間で尊ばれてきた。牛若丸（源義経）が『六韜』を読んで、武略を身につけたという話が伝わっている。

『六韜』の「虎韜」の巻には戦略・用兵の奥義が記されている。そこから兵法の秘伝書のことを「虎の巻」と呼ぶようになり、教科書を解説した学習参考書の意味にも用いられるようになった。

野菜を売る店がなぜ「八百屋」なのか

野菜を売る店のことを「やおや」といい、漢字では「八百屋」と書く。「八百屋」は江戸時代になってから登場した言葉だが、当時は「やおものや」（八百物屋）、「やおやみせ」

「やおやだな」（八百屋店）ともいわれていた。また八百屋で扱う品物のことを「やおやもの」（八百屋物）と呼んでいた。

野菜を売る店のことを、古くは「青物屋」といっていた。菜っ葉のことを宮中の官女たちは「青物」と呼んでいた。そこから野菜のことを「青物」と呼ぶようになり、江戸時代になると野菜を売る店のことを「青物屋」というようになったのだ。井原西鶴の『日本永代蔵』に「須田町・瀬戸物町の青物屋におろし売り」とある。

江戸の須田町には八百屋、瀬戸物町には青果商があった。その「青物屋」は略されて「青屋」とも呼ばれるようになり、アオヤ（青屋）が転じてヤオヤとなった。そして扱う商品の種類が多いことから、ヤオヤに「八百屋」の漢字を当てたわけである。

カツオ節を「おかか」というわけ

カツオ（鰹）を背割りにし、煮たあと、よく干し固めたものをカツオ節（鰹節）といい、削ってダシをとるのに用いる。カツオ節はかなり古くから作られていたが、今日のようなものを最初に作りだしたのは紀州の甚太郎《じんたろう》という漁師で、延宝2年（1674）のことと伝えられている。そのカツオ節のことを「おかか」ともいう。おかかとは一体どういう意味なのか。

江戸時代後期の滑稽本『八笑人《はっしょうじん》』に「そこで鰹節をどっさりかいてくだっし。したぢは此位でよかろう」とあり、鰹節をおかかと読ませている。この用例から、江戸時代にはすでにおかかと呼ばれていたことが分かる。

おかかは女房ことばで、おかきは（御掻き端）が変化したものだといわれている。カツオ節を削るとき、その端を引っ掻くようにして削る。そこからカツオブシのことをおかきはと呼んだ。それが転じておかかになったと考えられている。

「丼勘定」の〝どんぶり〟とは？

収支がきちんと分かるように帳面などに記入したりせずに、手もとにある金にまかせて気ままに支払いをすること、おおまかに金の出し入れをすることを「どんぶり勘定」という。その「どんぶり」は漢字ではふつう「丼」と書くが、それは何のことなのか。

丼といえば、飯を盛る深くて厚い陶製の容器を思い浮かべる人が多いだろう。それもたしかに丼というが、「丼勘定」のどんぶりは、どうもそのことではないようである。厚紙を芯にして、更紗《さらさ》や緞子《どんす》などで包んで作った大形の袋のことをどんぶりという。また職人などが着ける、前面に大きなポケットのある腹掛けのこともどんぶりという。

「丼勘定」のどんぶりは、一説にその腹掛けのことだという。職人がそのどんぶり（腹掛

け）のポケットの中に金を入れておいて、無造作に出し入れしたために、いいかげんに金を出し入れすることを「丼勘定」と称するようになったといわれている。

「殿」と書いて「しんがり」と読む理由

隊列・序列・順番などの最後につくこと、あるいは最後尾のことを「しんがり」という。この言葉はもともとは軍隊が引きあげるとき、軍列の最後にあって敵の追撃に備えること、またその一隊を意味していた。転じて、順番などの最後の意味にも用いられている。

「しんがり」は、最後を駆けるという意味の「しりがり」（後駆り）が変化したものだと考えられている。この「しんがり」に「殿」という漢字を当てることがある。『鎌倉大草子《かまくらだいぞうし》』という軍記に「太田道真を殿にて利根川をわたり」とある。その「殿」は「しんがり」と読む。

どうして「しんがり」に「殿」という字を当てたのか。「しんがり」は最後尾、つまり尻である。尻を表わす「臀」という漢字があり、尻のことを「臀部《でんぶ》」ともいう。その「臀」が「殿」に通じるところから、すなわち「しんがり」→「尻」→「臀」→「殿」という連想によって、「しんがり」に「殿」を当てたわけである。

ませた子はなぜ「おしゃま」なのか

女の子が年齢に似合わずませていること、またそうした女の子のことを「おしゃま」という。この「おしゃま」という言葉は猫と関係がある。それはいったいどんな関係かといえば……。

江戸時代後期、江戸で「猫じゃ猫じゃとおしゃますが、猫が下駄はいて杖《つえ》ついて、絞りの浴衣《ゆかた》で来るものか」という歌がはやった。その猫は動物の猫ではなく、芸者のこと。芸者の商売道具の三味線の皮には猫の皮が使われていたことから、三味線のこと、そして芸

者のことを「猫」といった。

その江戸時代の流行歌が明治5年ごろふたたび流行した。このとき、「おしゃます」（おっしゃいますの略）の「おしゃま」を芸者の意味ではなく、動物の猫の意味に用いた。猫が人間に馴れ甘えるさま、あるいは無遠慮な行動は、ませた女の子とどことなく相通じる。そこから、ませた女の子のことを「おしゃま」というようになった。

「取り越し苦労」の〝取り越し〟とは？

将来のことをあれこれ考え、むだな心配をすることを「取り越し苦労」という。ふだんよく使う言葉だが、その「取り越し」の本来の意味を知っている人は案外少ない。

「取り越し」とは取り越すこと、すなわち一

定の期日よりも早目に事を行なうことをいい、とくに忌日を繰り上げて法事を行なうことをいう。浄土真宗の宗祖・親鸞《しんらん》の忌日は11月28日だが、それを取り越し、その前に法要を行なうことを「御取り越し」という。

親鸞の忌日の11月28日には本山で法要が行なわれ、全国から門徒や真宗末寺の人たちが本山に集まる。

法要は全国の真宗末寺でも行なわれるが、11月28日に法要を行なうと本山に行けないので、末寺では取り越して（日を繰り上げて）、法要を行なう。そこで「御取り越し」という言葉が生まれた。

それが転じて、先のことを予測する、将来のことを考えることを意味するようになり、「取り越し」に「苦労」をつけ「取り越し苦労」というようになった。

英米にもある〝モーニング・サービス〟

午前中にかぎって、コーヒーなどの飲み物のほかに、トーストや卵などを低料金で出す喫茶店がある。それをモーニング・サービス、またモーニング・セットと呼んでいる。ちな

みにモーニング・サービスは戦後の昭和25〜26年ごろ、大阪から始まったといわれている。

日本人が用いている英語には、いわゆる和製英語が多いが、モーニング・サービスはれっきとした英語である。英語にもモーニング・サービスという言葉がある。ただし、その意味は日本におけるそれとは異なる。英米人にとってのモーニング・サービスは喫茶店が出すトーストや卵のことではない。英語のサービス（service）には「世話」「もてなし」などの意味のほかに、「礼拝」という意味もある。英語のモーニング・サービスのサービスは礼拝を意味する。すなわち、モーニング・サービスとは、英語では教会などでの「朝の礼拝」のことであり、夕方の礼拝はイブニング・サービスという。

第12章

自然&気象の謎/なるほど大知識

酸素がないのになぜ太陽は燃えるのか

太陽は燃えているように見える。物が燃えるには酸素がいる。だが宇宙には酸素はない。では酸素のない宇宙で、太陽はなぜ燃えているのか。

じつは太陽は地球上で物が燃えるのと同じように燃えているわけではない。太陽は核融合反応によって輝き、熱を放射している。太陽はその4分の3が水素、4分の1がヘリウムでできた巨大なガスのかたまりである。その中心部に半径約10万キロメートルの核があり、ここで核融合反応、すなわち水素原子がおたがいに結合してヘリウム原子に変わる反応を起こしている。

この反応のとき、莫大なエネルギーが生まれ、それが太陽の熱と光になっている。つまり太陽は水素爆弾とよく似た仕組みによって、熱と光を作りだしているわけである。

太陽の寿命はあと何年くらい?

地球は太陽の引力によって空間を運動しており、その地球で暮らしている人間(生物)にとって太陽は生命の母ともいえる。太陽から人間はその存在に必要な光と熱を得ている。太陽が誕生したのは、今から45~50億年前と推定されている。ところで物には寿命がある。太陽はこれから先、どれくらい燃え続けていられるのだろうか。

太陽は高温度のガス球で、そこでは水素原子の核融合が行なわれている。前項で述べたように、太陽は巨大な水素爆弾が連続して爆発しているようなものである。ひと昔前には、そうした水素原子の核融合はこれから１００億年は続くだろうと考えられていた。しかし今日では、太陽の寿命は１００億年くらいではないかと推定されている。

太陽の年齢はいま45〜50億年くらいと考えられているから、これからまだ約50億年は健在ということになる。少なくとも、われわれが生きている間に太陽が燃えつきるという心配はいらない。

地球の自転速度は神秘に満ちている

地球が太陽の周りを回りながら自転していることは誰でも知っている。それは木星も土星も同じであり、太陽系が作られたときから公転し自転している。地球は約24時間で１回転（自転）する。では、その自転の速度が遅くなったり速くなったりすることはないのだろうか。

答えを先にいえば、地球の自転の速度は遅くなっている。その一つの原因は潮汐《ちょうせき》の作用による。潮汐とは月の引力によって海面が周期的に昇降する現象である。海水が移動すると、自転している地球は摩擦を起こす。この

ため速度が遅くなる。とはいっても潮汐による速度の遅れは微々たるもので、10万年にわずか1秒ぐらいだという。

また地球の内部の液体（鉄・ニッケル・イオウなどが溶けたもの）がブレーキになっているともいわれているが、しかしそれもたいしたことはない。地球がこのままの状態であれば、自転速度が極端に遅くなったりすることはありえない。

大気はなぜ宇宙空間に逃げださないのか

地球の表面を大気（空気）が覆っている。その外側には、大気が逃げていかないように、フタがついているわけではない。

それなのに、なぜ大気は宇宙空間に発散してしまわないのか。

地球には引力がある。地球上のすべてのものは、引力で地球の中心のほうに引きつけられている。大気（空気）も同様である。大気が宇宙空間に逃げだしていかないのは、一つには引力があるからだが、それだけではない。地球上の温度も関係している。

気体はたくさんの分子から成り立っており、それぞれの分子はいろいろな速度で飛び回っている。その速度は温度が高いほど速くなる。

ところで高度が高くなると引力が弱くなる。だから大気（空気）の分子も引力に負けないような速度を持てば、地球から逃げだすことができる。

しかし地球上の温度くらいでは、地球を脱出できるだけの速度が得られない。引力と温度のバランスによって、大気（空気）は地球の表面にとどまっているのである。

かつて猫座という星座があったらしい

夜空に輝く星（星座）には、いろんな動物の名前がつけられている。白鳥座、大熊座、大犬座、小犬座、山羊座、魚座など、現在では88の星座がみとめられている。その中に、

猫座というのはない。犬はいるのに、どうして猫はいないのか。

猫好きの人の中には、不満を持つ向きがいるかもしれない。じつはかつて猫座という星座があった。

フランスの天文学者に、ジョセフ・ジェローム・ルフランセ・ド・ラランド（1732～1807）という人がいる。彼が猫座という星座を設けている。春から夏にかけて、南の空に海蛇座という星座が見られる。ララン ドはそのそばに、猫座という小さな星座を設けた。

彼はどうも猫が好きだったらしい。そのため、猫を天に配置すべく、猫座なるものを設けたのであった。この猫座はみとめられて天体図に載ることになった。

しかし猫座の寿命は長くはなかった。やが

ていつのまにか、星座（天体図）から消されてしまった。

南半球では太陽は西からのぼる⁉

北半球と南半球では季節が逆である。日本が冬のとき、オーストラリアは夏である。日本では季節の順序も逆なのだろうか。北半球の日本では季節は春・夏・秋・冬の順序で移り変わるが、南半球ではその順序が逆になるのだろうか。

正解は、逆にならない。北半球と南半球で、季節の移り変わりの順序はやはり同じ。

それでは太陽がのぼってくる方角はどうだろうか。北半球と南半球とでは逆になるのだろうか。北半球の日本では太陽は東からのぼり、西に沈む。南半球ではそれが逆になり、西からのぼり、東に沈むのだろうか。そう思っている人もいるかもしれない。

北半球と南半球で季節が逆になるのは、地球の自転軸が公転面に対して傾いているためだ。だが、太陽がのぼってくる方角は南半球も北半球と同じである。南半球でも太陽は東からのぼり、西に沈む。

ただし、昼間の太陽が通る方向は北半球と南半球では正反対になる。北半球では太陽は南の空を通るが、南半球では北の空を通る。

太古、月はもっと地球の近くにあった⁉

オウム貝という貝がいる。この貝はいわゆる「生きている化石」の一つで、約5億年前から今と同じ姿で生き続けてきている。

オウム貝は面白い特徴を持っている。どん

な特徴かといえば、この貝は月と深い関わりを持って生きているらしい。

オウム貝の貝殻には、成長線と呼ばれる縞がら模様がある。現在のオウム貝は、その縞模様（成長線）が隔膜に仕切られた一部屋（一区画）当たり平均して30本認められる。これはちょうど月の公転周期、満月から次の満月までの日数（29・5日）とほぼ一致する。つまりオウム貝は1日ごとに縞模様（成長線）を刻み、1か月ごとに隔膜を設けて部屋を作っているらしい。

今から4億年前のオウム貝の化石では、その縞模様が9本で、年代が新しくなると縞模様の数が増えてくる。このことから、昔は月の公転周期が現在よりはるかに短く、また月が地球のずっと近くをめぐっていたことが推理できる。

来年の今月今夜も同じ月を見られるか

尾崎紅葉の小説『金色夜叉《こんじきやしや》』の中に、「来年の今月今夜は、貫一はどこでこの月を見るのだか！（中略）来年の今月今夜になったならば、僕の涙で必ず月は曇らしてみせるから」という主人公・貫一の有名なセリフがあ

る。

さてその月だが、今日見ている月は来年の同じ日（1年後の同じ日）にも、同じ形をしているだろうか。

貫一が先のセリフを吐いたのは1月17日のことだが、来年の1月17日の月はその日と同じ形ではない。月が、たとえば新月から次の新月までに要する時間は29・530589日である。1年は365・2422日だから、それを29・530589で割ると、12・368266になる。その回数だけ月は新月～新月を繰り返すことになり、端数の0・368266は約11日に相当する。

したがって今日が満月であれば、来年の同じ日には満月から11日後の月の形になっている。今日見た月が、同じ日に同じ形になるのは19年後である。

気象衛星が夜中の写真を撮るメカニズム

気象衛星によって、天気図の解析や天気予報の精度が大幅に向上した。気象衛星は昼間はもちろんのこと、夜中でもちゃんと観測している。われわれがふだん使っているカメラは、暗いところでは写真を撮れない。明りがないところで撮るにはストロボやフラッシュがいる。

気象衛星は夜中は一体どうやって雲の状態を写しているのか。

気象衛星は昼間用と夜間用の二種類の計器を搭載しており、夜は赤外線センサーで雲の状態をとらえている。雲が放射する輻射温度（雲からの赤外線）をセンサーで検知し、それを映像化しているわけである。

昼間は可視光線、夜は赤外線による観測なので、昼と夜では映像に違いが出る。可視光線では上層の雲は薄いのでぼんやりと写り、下層の雲は厚いのではっきり写る。

いっぽう赤外線による映像では、上層の冷たい雲ほどはっきり写り、低い雲は地面の温度に近いためにあまりよく写らないそうである。

オゾンホールが南極の上空に生ずるわけ

南極の上空では1980年ごろから、オゾン量の少ない区域、すなわちオゾンホールが観察されるようになった。オゾン層破壊の原因としてはフロンガスが指摘されているが、ではどうして南極の上空なのか。

フロンガスは炭素に塩素・フッ素の原子が結びついた化合物の総称で、成層圏まで上昇すると、強い紫外線を浴びて分解し、塩素を放出する。この塩素が触媒として働き、オゾンを破壊するのだ。

成層圏にはメタンガス、窒素化合物、水蒸気などが浮遊しており、それらがフロンガスがオゾンを破壊するのを阻止している。ところが、南極では冬には強風が吹き、上空の成層圏の大気は極度に冷やされる。

その結果、大気中の浮遊物は氷粒（成層圏雲）となり、塩素ならびに塩素と反応する物質は氷に閉じこめられ、大気中の塩素濃度が増加する。そして春になると太陽によって成層圏の氷が溶け、大量の塩素が放出される。そこでオゾンの破壊が起こると考えられている。

なぜ雲は空中に浮かんでいられるのか

空に浮かぶ雲は、大気中の水蒸気が上昇気流に乗って上空に上がり、冷やされて小さな水滴や氷の粒になったものである。そうした水滴や氷の粒は空気よりも重い。それなのに、どうして雲は空中に浮かんでいられるのか。

雲を作っている水滴や氷の粒はたいへん小さく、その直径は一ミリの百分の一くらいである。また、その重さも百万分の一グラムくらいしかない。

水滴や氷の粒は空気より重いから、少しずつは落ちてきているわけだが、それらはあまりに軽いために、重力の影響をほとんど受けず、落ちる速度がたいへん遅い。しかも雲には下のほうから上昇気流が吹き上げてくるので、いつまでも落ちずに、空中に浮かんでいられるのである。

雲を構成している水滴は、空気に流されて動きまわっているうちに、他の水滴とくっついて大きな粒となる。また、氷の粒のほうは空中を落ちていく間に、しだいに成長して雲の結晶になる。そして雨や雪となって地上に落ちてくるのである。

霧・もや・霞《かすみ》――その違いは？

霧は水蒸気が凝結して微小な水滴となり、大気中に浮遊しているもので、雲と同じである。霧が地面や海面に近いところを浮遊しているのに対し、雲は大気中の高いところを浮遊しているだけの違いだ。

では、もやは？

もやは霧と同じもので、その別名にすぎない。ただし気象学の上では両者は、はっきり区別されている。

区別の基準は視界距離。どれだけ見通せるかによって区別されている。すなわち気象学上は水平視界が1キロメートル未満のものを霧、1キロメートル以上のものをもやと呼んでいる。

また霧やもやに似たものに霞があるが、これは霧やもやなどによって空がぼんやりして、遠方がはっきり見えない状態のことをいう。別に気象学上の用語ではない。

ちなみに、古くは春秋いずれの季節に立つ霧のことも霞とか霧といったが、今日、俳句の世界では春に立つものを霞と呼び、秋のそれを霧と呼んでいる。

天気予報の「宵のうち」とは何時ごろ？

天気予報では「明け方」とか「宵のうち」といった言葉を使っている。では、「明け方」とはいったい何時ごろのことなのか。

季節によって太陽が昇ってくる時間は異なる。あなたにとって「明け方」は何時ごろのことだろうか。

天気予報で使われている言葉の中には、たとえば「夜半前」など、いつのことか分からないものがあった。そこで平成9年7月、時間を表わす言葉が改正された。

新しい言い方では、3時間単位で表わすことになった。午前0時から3時までが「午前3時ごろまで」。これは以前と同じである。3時から6時までが「明け方」、6時から9時までが「朝のうち」、9時から12時までが「昼前」。そして12時から15時までが「昼過ぎ」、15時から18時までが「夕方」、18時から21時までが「宵のうち」。

なお、この「宵のうち」は以前と同じ呼称だ。21時から午前0時までが「夜遅く」。新しい言い方では、以上のように表現することになっている。

朝焼けよりも夕焼けの方が赤く見えるわけ

太陽が昇るときと沈むとき、空が赤くなる。朝焼け、夕焼けと呼ばれるもので、朝焼けと夕焼けでは、夕焼けの方が赤く見える場合が多い。太陽は同じなのに、どうして夕焼けの方が赤く見えるのだろうか。

朝焼け・夕焼けが起こるのは、空気中の小さな粒子や雲粒、細かな塵《ちり》などの影響による。太陽の光は白色光と呼ばれ、全体では白い色をしているが、さまざまな色（赤・橙・黄・緑・青・藍・紫）を持っている。

地平線付近に太陽があると、太陽光線は日中よりも長い空気の層を通ってくることになるので、それだけ空気の粒子や塵などに多く当たる。波長の短い紫や青の光はそれらにぶつかって散乱して失われ、比較的波長の長い赤に近い色の光だけが地上に届く。

だから朝焼け・夕焼けは赤くなるのだ。夕焼けが朝焼けよりも赤いのは、夕方の方が空気中の塵や雲の量が増え、それによって青い光が多く散乱し、失われるからである。

「夕立ち」の〝立ち〟とは?

夏の午後など、にわかに雲が出てきて、大粒の雨が降ってくることがある。そうした雨のことを「夕立ち」という。夕立ちは雷をともなうこともあるが、どうして「夕立ち」というのだろうか。その「立ち」とはそもそもどういう意味なのか。

「夕立ち」という言葉は『源氏物語』にも登場しており、すでに平安時代にはその言葉は使われていた。夕立ちは午後の早いうちに起きることもあるが、夕方近くになって起きることが多い。では「立つ」とはどういうことなのか。この「立つ」は、「目立つ」とか「際立つ」の「立つ」と同じく、ある現象が現われること、ある様子がはっきりしてくることを意味する。

夕方になって風や波や雲などが現われてくる。そうしたことを古くは「夕立ち」といった。

それが雨に対しても用いられ、夏の夕方などに急に降る雨のことも「夕立ち」というようになった。

蒸し暑い日の翌日は雨になりやすい

今日はいやに蒸し暑いと感じたら、次の日

には雨になったりすることがよくある。蒸し暑さと雨。両者の間には何か関係があるのだろうか。あるとすれば、それは一体どんな関係なのか。

雨をもたらす主たるものは低気圧。その低気圧は大きな空気の渦巻きである。北半球では、低気圧の中心に向かって時計の針と反対回りに風が吹きこむ。周囲から中心に向かって吹きこんできた風は低気圧の圏内で行きどころがなくなり、上のほうに流れる。つまり上昇気流になるのだ。上昇気流が起こると雲ができ、雨になる。

ところで、低気圧は時計の針とは逆回りの渦巻きなので、その前面では南風が吹く。日本で南風といえば、多くの地方（太平洋沿岸の地方）では、太平洋のほうから吹いてくる湿気を多く含んだ暖かい風である。だから蒸し暑さを感じたら、低気圧が通る前ぶれでもあるわけで、やがて低気圧がやってきて雨が降ることになる。

日本に梅雨をもたらすチベット高原

日本では春と夏の間に梅雨がある。6月から7月にかけて前線が停滞し、長雨になる。

どうしてこの時期は長雨になるのか。梅雨を起こさせている主要原因の一つは、チベット高原である。

日本の上空には偏西風であるジェット気流が吹いている。この気流は幅が数百km、厚さが数kmある。春から夏にかけて、ジェット気流はヒマラヤ山脈とその北側に広がるチベット高原付近を流れている。高原にぶつかったジェット気流はその北と南に二つに分かれ、再び日本の付近で合流し、それが日本の北側にオホーツク海高気圧を作る。

いっぽう冬の間はハワイ方面にあった太平洋高気圧が、夏が近づいてくるにつれて勢いを増しながら、日本の南方洋上まで張り出してくる。その太平洋高気圧とオホーツク海高気圧が日本列島付近でぶつかり合い、前線ができて停滞する。その前線上を低気圧が通過していくため、雨の日が続くことになる。

台風にはなぜ「目」ができるのか

台風の中心に生ずる、風もなく雲も少ない穏やかな区域のことを「台風の目」と呼んでいる。台風は熱帯低気圧が発達したものだが、ふつうの低気圧には「目」はない。ではどうして台風には「目」ができるのだろうか。

台風は低気圧だから、その中心は気圧が低くなっており、風（まわりの空気）が中心に向かって吹きこむ。ところが風が強くなってくると、中心付近では遠心力が強く働きだし、風が中心に向かってなかなか進めなくなってしまう。

そして風速が秒速20メートルくらいになると、風は中心に届かないまま、ついに上昇気流となって吹き上がる。その結果、台風の中心には雲のない区域、すなわち「台風の目」ができることになる。

台風の中心へ風を引きこむ力が強いと、台風の目は小さくまとまり、引き締まった感じになる。台風が衰えてきて、中心の吸引力が弱まってくると、台風の目は大きくなり、ぼんやりした形になる。

沖縄には台風が上陸しない!?

南方の海上で発生した台風は、太平洋高気圧の縁《へり》に沿うようにして北西に進み、そののち北東に進路を変えるのが一般的なパターンである。

台風発生数の平年値（１９６１～９０年）は28個で、日本への上陸台風の平年値は約３個。すなわち、発生数の約１割が上陸している。

ちなみに、昭和26年から平成7年までの台風の上陸数は１３１個。もっとも多く上陸したのは鹿児島県の30個、2位は和歌山県と高知県の18個、4位は静岡県で13個、5位は長崎県で10個。

右の数字を見て、沖縄県がないことを不思

議に思う人がいるかもしれない。沖縄県は台風の通り道にあたる。ところが沖縄には台風は上陸しないのである。

上陸というのは、台風が北海道・本州・四国・九州の海岸に達したときをいい、島・岬・半島などを横切ってすぐに海上に出た場合は通過という。だから沖縄県では台風が島を〝通過〟することはあっても、〝上陸〟することはない。

豪雨が3時間周期で降るのはなぜ?

にわか雨が降る。その雨は初めは強くても、しばらくすると弱くなる。終始、強いわけではない。にわか雨は対流によって生じた雲から降る雨で、この雲は発生して衰弱するまでの時間が30~60分。そこでにわか雨の場合、強い雨が降り続くのはおよそ30~60分ということになる。

豪雨（大雨）になるときには、そうした雲が次々と通過していく。しかしその豪雨も、いつまでも強い雨が降り続くわけではない。雨の源となる水蒸気は対流雲の周りから集められるが、集められる範囲は限られているからである。

１００km四方の地域で大雨が降る場合、１時間に２００km四方の水蒸気を寄せ集めて降る。２時間では２８０km四方、３時間では３５０km四方の水蒸気を集めてくる必要があると考えられており、集められる範囲は３５０km四方が限界だ。５００kmも１０００kmも先から水蒸気を集めることはできない。

そこで豪雨は3時間ほど強く降ると、ひと休みとなり、弱い雨に変わる。

「キツネの嫁入り」はなぜ起きるのか

太陽が出ているのに、雨が降ってきたりすることがある。これを「天気雨」とか「キツネの嫁入り」などという。晴れているのに雨が降るというのは、なんとも不思議である。なにか化かされているような感じがする。

そこでキツネが引きあいに出されたわけだが、どうしてキツネが「嫁入り」をしているのだと想像するようになったかは、はっきりしない。

雨は雲から降ってくる。雲は細かい水滴や氷晶からできている。それらの粒が大きくなると空中に浮かんでいられなくなり、雪あるいは雨となって地上に降ってくる。

雨は粒の大きさによって落下スピードが違う。たとえば弱い雨の場合、その粒の大きさは直径が1ミリくらいだが、それが1km落ちるのに4分ほどの時間がかかる。また雲から落下する雨は風に流される。太陽が出ていても、近くに雲があると、その雲から落ちた雨が強い風に流されて降ってきたりすることになる。それがすなわち天気雨である。

「カエルが鳴くと雨」の的中率は？

昔の人々は動物の行動や植物の生育状態などから天候や災害を予知した。それを表わしたことわざがたくさんある。その中でもっともポピュラーなものの一つに、「カエルが鳴くと雨」ということわざがある。それは果たして信じていいものだろうか。

資料としては少し古いが、大正時代に気象台の技官がカエルの鳴きだしと雨との関係を調べている。それによればカエル（アマガエル）が鳴いてから30時間以内に雨となった割合は北海道の帯広で64％、和歌山で70％、潮岬で52％だったそうである。平均すれば62％の確率となり、この調査結果からは「カエルが鳴くと雨」というのは信じてもよさそうである。

ではカエルが鳴くとどうして雨になるのだろうか。カエルの皮膚はいつも濡れている。皮膚が乾くと死んでしまうらしい。雨が近づけば空気が湿ってきて、カエルには好ましい状態となる。そこで元気になり、大声で鳴きだすということのようである。

「月が傘をさす」と雨になる可能性が大!?

月のまわりに白色あるいは黄色のボーッとした輪ができることがある。そのことを俗に「月が傘をさす」などという。そんなときには、その晩か翌日に雨になる可能性が高い。

月が傘をさすときには、空に薄い絹のような雲（絹層雲）がかかっていることが多い。この絹層雲は地上から8千メートルほどのところにできる雲で、微小な氷の結晶が集まったものである。その氷の結晶に月の光が当たって屈折したり、反射してできるのが、いわゆる「月の傘」である。絹層雲は低気圧が進んでくるとき、その前面に現われやすい。すなわち、月が傘をさすのは低気圧が近づいてきている前ぶれであり、やがて雨になるというわけである。

ちなみに日本付近を通る低気圧は、その約8割が3日ないし5日おきに通過している。平均すると4日ごとに低気圧が通っているわけだ。よって、平均4日おきに天気は悪くなるということになる。

雨粒の大きさを知る簡単な方法とは?

雨が降っているのを見て、その粒の大きさはどれくらいなのかと思ったことはないだろうか。雨粒の大きさを知りたいと思って、手で受けてもすぐに変形してしまう。

雨粒の大きさを知る簡単な方法をご紹介しよう。まず小麦粉、茶こし、平らな皿を用意する。茶こしは目の細かいものがよい。小麦粉を茶こしでふるい、かたまりを取り除き、皿に入れる。そして雨が降ってきたとき、雨粒を皿で受けると、小麦粉の上に落ちてきた雨粒は小麦粉に包まれて丸いかたまりになる。しばらく時間をおき、茶こしでふるい分け、丸いかたまりを取りだす。それを測れば、雨粒のだいたいの大きさが分かることになる。

これは今世紀の初め、雪の結晶の研究者として有名なアメリカのベントレーが考案したといわれる方法である。こんな簡単な方法で本当に雨粒の大きさが測れるのかと、疑問に思う人もいるかもしれない。だが、けっこう正確な大きさを知ることができる。

雷はどうして音を発するのか

雷は電気が引き起こす現象である。フランクリンが凧《たこ》をあげて、そのことを実証したエピソードはよく知られている。だが電気的な現象だと分かってはいても、ではなぜ雷は音がするのかとたずねられたら、返答に困るという人が少なくない。雷はゴロゴロと音を発する。そのわけは……?

物は帯電することがある。すなわち、プラスあるいはマイナスの電気を持つことがある。雲は無数の水滴の集まりだが、雲もまたときとしてプラスの電気を持ったり、マイナスの電気を持ったりする。そしてプラスの電気を持つ雲とマイナスの電気を持つ雲との間の、電圧の差が大きくなると、放電が起こる。空気は通常は絶縁体となっているが、それが破壊されるのだ。これが雷である。

ところで放電が起こると、その通路に大量の熱が生まれて空気が爆発的に膨張し、収縮する。その結果、空気の波が生まれ、まわりに広がっていく。それが雷鳴の正体である。

地上から空へ〝落ちる〟雷もある

雷はふつう〝落ちる〟と表現する。雷は放電によるものだが、放電は雲と雲との間や、雲と地面との間などで起こる。雲と雲との間で起こる放電を雲放電という。雲と地面との間で放電が起きたとき、雷が〝落ちた〟と表現する。

雷の放電はいちばん通りやすい道を通って起こり、高い木のてっぺんや金属性の棒の先などによく落ちる。しかし雷（放電）は、いつも空から地面へ向かうとは限らない。

雲から地面へ向かう放電がある一方で、その逆、すなわち地面から雲に向かって上昇する上向きの放電もある。上向きの放電は山頂や高い塔などから始まることが多いらしいが、そこから雲に向かって上昇していく。

なお、雷の寿命はわずか40～50分。多量の水蒸気を含む大気の上昇によって、雷のもとなる雷雲（積乱雲）ができるまでが15分。雷雨や放電が激しくなるのが15～30分。その後しばらくすれば雨もあがり、命はつきる。

雪の結晶はなぜ六角形なのか

雪の結晶は大別すると、柱状のものと板状のものがあり、板状のものには扇状のものや、樹枝状のものなどがある。同じ雪の結晶でもその形にはバリエーションがあるが、いずれも六角形をしている。

雪は空気中の水蒸気が、空中に浮かんでいる微小なゴミを核として水滴となり、それが凍ったものである。丸い水滴は凍って丸い氷の粒（氷晶）となり、やがてこの粒は六角柱になる。そして温度と湿度の違いによって、この六角柱の結晶は変化し、縦に長くなったり、横に広がっていったりする。しかし変化してもその形は変わらず、六角形をしている。

雪の結晶が六角形になる理由。それは、そのもととなる水の分子（酸素原子と水素原子）が、正六角形の組み合わせを基本にして結晶を作るからである。つまり、その形が水の分子配列にとって、もっとも安定する形なのだ。だから雪の結晶は、どうしても六角形を基本にした形になる。

地震が多いと豊漁になる!?

「地震・雷・火事・親父」ということわざがある。この世で怖いものを表わしている。その怖いもののトップにランクされる地震だが、じつは地震が多いとイワシやアジなどの魚が豊漁になるといわれている。これは昔からいわれており、物理学者の寺田寅彦も、伊豆の群発地震とアジの漁獲には相関関係があるという説を昭和初期に発表している。

１９２３年の関東大地震と１９７４年の伊豆半島沖地震のとき、イワシの漁獲量が急増している。またイワシが不漁のときには大地震が発生していない。マグニチュード６以上の地震は、豊漁期に、しかも不漁期の２〜３倍も多く発生していることが分かっている。地震と漁獲にはどうも相関関係があるらしい。

地震が起きるとなぜ豊漁になるのか。その理由として、地震の地殻変動によって、海底から魚にとって有用な化学物質が溶けだし、それを求めてアジやイワシが集まってくるのかもしれないと考えられている。

海水には50億トンの金《きん》が含まれている

海水は1リットルにつき約35グラムの塩を含有している。その塩を地球表面の全部にならしてみると、約50メートルの厚さになるという。海の水がしょっぱいのは塩類が溶けこ

んでいるからだが、海水には金も含まれていることをご存知だろうか。

じつは、海水にはいろいろな元素が溶けこんでいる。現在、103種の元素が公認されているが、そのほとんどが海水に含まれており、それらを取りだすことも行なわれている。また、海水には金も含まれている。世界の海水全体では、約50億トンの金があるといわれている。

それだけあれば放っておく手はない。実際、かつてドイツでは海水から金を取りだそうとしたことがあったらしい。ところが、うまくいかなかった。その理由。金を取りだすことは可能だが、約50億トンあるとはいっても、それは海水全体の中の量であり、100万トンの海水からわずか0・5グラムぐらいしか取れず、採算が合わないからである。

海の中にも滝がある!?

滝という言葉から、あなたはどんなものを思い浮かべるだろうか。

たぶん多くの人が華厳《けごん》の滝やナイアガラの滝などをイメージするに違いない。それらの滝は陸上の滝だが、じつは海の中にも滝がある。海の中に山がそびえ、その斜面を海水が滝となって流れ落ちている。

世界最大の海中滝はデンマーク海峡にあり、その高さは3・5km、厚さ200m、幅はなんと200kmもある。陸上の世界一高い滝はベネズエラのカラオ川の支流にあるエンジェル（アンヘル）の滝とされているが、その高さは約1kmである。

ヤカンで湯を沸かすと、底の温められた水が上昇し、対流が起こる。海でも対流が起こっている。海中の滝は海の対流であり、海底にそそり立つ山の斜面にそって、海水が流れ落ちていく。

もっとも滝とはいっても、陸上の滝のように海水が激しく落下しているわけではない。海中の滝は大西洋で4か所が確認されているが、太平洋では見つかっていない。

富士山の高さは7000メートル!?

日本を代表する富士山は、高さが3776メートルある。その高さが正確に測定されたのは、大正時代になってからである。富士山の高さの計測はすでに江戸時代中期から行なわれていたが、実際の高さとはかなり誤差があった。たとえば伊能忠敬は三角測量によって富士山の高さを計測しているが、彼が得た数値は3927・7メートルであった。

昔の人々にとっても富士山は日本一の山であったが、彼らはその高さを正確にはつかんでいなかった。では一体どれくらいの高さの山として理解していたのだろうか。天文17年(1548)に成立した『運歩色葉集《うんぽいろはしゅう》』という国語辞書がある。そこに富士山の高さは1由旬《ゆじゅん》と記されている。これが富士山の高さに言及した最初といわれている。

由旬は古代インドで用いられた距離の単位だ。時代によって長さが違っているが、ある時代には1由旬は7㎞くらいだった。『運歩色葉集』が成立した室町時代、1由旬がそれくらいの長さだと考えられていたとすれば、富士山は現在の2倍ほどの高さがあると思われていたことになる。

第13章

動物/もの知り生態百科

死体を〝埋葬〟するゾウ

人が亡くなると、遺骨を墓に埋葬する。それと似たような行動をとる動物がいる。陸にすむ最大の動物、ゾウ（象）がそうである。ゾウは死をもっとも強く意識する動物だといわれている。

ゾウには死者に対する埋葬儀式のような行動が見られる。仲間のゾウが死ぬ。そうすると群れの全員がそのゾウを囲み、死体に土や木の葉などをかぶせる。そんな目撃例が数多く報告されている。ゾウはまた暑さで肉が溶け、牙と骨だけになった死体に対しても同じような行動をとるという。仲間だけではない。敵である他の動物の死体、たとえばサイの死体に対しても同様のことをしたという報告がある。人間を殺したゾウがその死体を木の葉などで覆ったという話もある。

ゾウのそうした〝埋葬〟行為が人間の死者に対するそれと同じ意識によるものかどうかは明らかでないが、ゾウが死についてそれなりの認識を持っているのは確かなようである。

牛のよだれは1日に100リットル

「商いは牛のよだれ」ということわざがある。牛はいつもよだれをたらしている。細く長く続く牛のよだれ。そのようにはげむのが商売のコツというのが右のことわざの意味。

牛に限らず、一度胃に入れた食べ物を再び口中に戻して噛み砕く反芻《はんすう》動物は、みんなよだれをたらしている。人間は1日に1リットルくらいしかよだれ（唾液）を出さないが、牛は1日に約100リットルのよだれを出す。

牛がよだれをたくさん出すのは彼らが反芻動物だからである。また水気が少ないと草などをうまく飲みこめない。牛の胃にはたくさんの微生物がすんでおり、微生物が活発に活動するためにも十分な水分が必要である。

牛は大量のよだれを出す。だが水はそんなにたくさんは飲まない。では、よだれはどのようにして作られているのか。牛はじつはよだれを再利用している。よだれとして出てきた水の大部分を胃から吸収して回収し、それを血液を通して唾液腺に送り、再び利用するというわけである。

カバはピンク色の汗をかく!?

アフリカに生息しているカバは日中は沼や川のなかにいて、朝と夕方、岸へあがって草を食べる。アフリカは暑い。暑いと人間は汗をかくが、じつはカバも汗をかく。水の外にいるとき、カバはかなりの汗をかく。しかもその汗は人間の汗とちがって、ピンク色をしている。このため昔からカバは血の汗を流すといわれてきた。

そのピンクの汗はカバが生きていく上で重

要な働きをしている。カバの皮膚は丈夫そうに見えるが、実際はそうでもなく、いちばん外側の角質層はかなり薄いそうである。だから水の中から出てそのままだと、水分が蒸発し失われ、生命にかかわることになる。

そこで水分の蒸発を防ぐために、皮膚からピンク色の液体を分泌して、皮膚の表面を覆う。そのピンクの色素には紫外線をカットする働きがあるので、皮膚を日光から守ることができる。またその液体（汗）は細菌の感染を防いでいるともいわれている。

ウンコで情報を交換しているタヌキ

人間をはじめ動物は食べものを食べ、そのカスを排出する。すなわちウンコをする。動物のなかにはそのウンコを情報交換に利用しているものがいる。たとえば、タヌキがそうである。

タヌキには俗にタメフン（溜糞）といわれる習性がある。同じ地域に住むタヌキたちは同じ場所にウンコをする。その場所、すなわち共同トイレに行ってウンコをするとき、そこに積もっているウンコの臭いをかぎ、自分のウンコの臭いもかぐ。またウンコをしないときでも、ときどき共同トイレに行って臭いをかぐ。どうやらタメフン（共同トイレ）はタヌキの社会では情報交換の場としての意味を持っているらしい。

タヌキの家族はいつも行動をともにするわけではない。タヌキは自分のウンコと他のタヌキのウンコをかぎわけており、タメフンのウンコによって、家族の安否や他のタヌキの存在などを確かめているのではないかと考えられている。

木の上のナマケモノはどこで排泄する?

1日のほとんどを木にぶらさがっている動物がいる。ナマケモノがそうである。ナマケモノは睡眠時間がたいへん長く、1日に20時間ぐらい眠る。ほとんど眠っているようなものである。彼らの食物は木の葉だ。近くにある木の葉で食事をすまし、おいしい食べ物を探しに出かけていくということはしない。近くのもので空腹を満たしている。動けばエネルギーを消費するから、できるだけ動かないようにしている。

ではトイレはどうするのか。

木にぶらさがったまますする? そうすればたしかにエネルギーは使わずにすむ。だが彼らはそんなことはしない。樹上で生活するオランウータンなどは木の上からトイレをするが、ナマケモノの場合はちがう。同じように樹上で暮らしてはいるものの、彼らは地上に降りてトイレをする。

ナマケモノはもともとは地上で生活していたので地上でトイレをしていた。木の上で暮らすようになってからも、その習慣は捨て切れなかったようである。

鼻で歩く奇妙な哺乳類!?

太平洋上のハイアイアイ群島に、かつて奇妙な動物が生息していたという。その群島は1941年に〝発見〟されたが、その奇妙な動物はそこだけに生息していた。どこが奇妙かといえば、その動物は哺乳類で、鼻で歩いていた。足も持っていたが、足ではなく鼻で歩いていた。

鼻で歩くその奇妙な哺乳類は動物学上は鼻行類と呼ばれており、鼻を複数(4個、6個、38個)持つものなど、さまざまな種類がいたらしい。鼻行類は鼻で歩くとともに、その鼻で餌の昆虫類もとらえていた。

ドイツのハラルト・シュテュンプケという人が1961年にその生態図をのせた本を出版しており、これによって鼻行類の存在が世界中に知られるようになった。ハイアイアイ群島は核実験によって海面下に没してしまった。そこで鼻行類は絶滅したという。だが、はたして本当にそんな動物がいたのだろうか。シュテュンプケの本はフィクションだとの説もある。

馬は3本足で立ったまま眠る!?

馬について、あなたはどれだけご存知だろうか。

馬は人間と親しい動物の一つだが、彼らの行動について知っている人は意外と少ない。たとえば睡眠。馬は1日にどれくらい眠るのかお分かりだろうか。馬の睡眠時間は約4

時間。しかもそれは合計した時間で、彼らはこま切れに眠る。4時間のうち、3時間前後は浅い眠りで、熟睡するのは約1時間。

また馬は立ったままで眠る。その際、馬が3本足で立っていることは意外と知られていない。馬はもちろん4本の足を持っている。ところが立って眠っているときには、いずれか1本の足はいつも膝やつなぎ（足首）のあたりを軽く曲げて休ませ、3本の足で体重を支えている。

横になったり、腹ばいになって眠ることもあるが、そうして眠るのは1時間程度。立って眠る時間のほうが長い。横になって眠るのは深い眠りのときで、馬にとっては横になって眠るよりも立って眠ったほうが楽なようである。

犬や猫も夢を見ている

睡眠には脳が休息している深い眠りと、脳が少し活動している浅い眠りがあり、前者をノンレム睡眠、後者をレム睡眠という。レム睡眠のときには眼球が左右に素早く動くという特徴がある。レムとは「急速眼球運動＝Rapid Eye Movement＝REM」からきている。ノンレムはレムでないという意味。人は睡眠中、ノンレム睡眠とレム睡眠を交互に繰り返しており、夢はいずれの状態の場合にも見ているらしい。

ところがノンレムのときは脳が休息しているので、その内容が記憶できない。したがって、夢というのはレム睡眠のときのこととみなすことができる。

このレム睡眠は人間に限らず、ほとんどすべての哺乳類に見られる。猿、犬、猫にも急速眼球運動が起きており、どうやら動物も夢を見ているらしい。

実際、犬や猫が眠っているときにうなり声をあげたりし、夢を見ていると思われる動作をすることがある。ただし、それがどんな内容の夢かは分からない。

三毛猫にはなぜオスが少ないのか

黒・白・茶（オレンジ）の3色の毛色を持つ猫を三毛猫という。そうした毛色の猫はほとんどがメスで、オスの三毛猫はたいへん少ない。

性別を決定するのはX染色体とY染色体で、その組合わせはメスがXX、オスがXY。3色のなかの1色、茶色＝オレンジ色を子孫に伝える遺伝子はX染色体上にあり、その色の遺伝子があると黒色などの遺伝子を持っていても、表面にはその色は現われない。またX染色体には非オレンジ遺伝子というものがあり、これがオレンジ遺伝子と対《つい》になったときだけ、他の毛色の遺伝子も現われ、つまり三毛になる。オレンジ・非オレンジはともにX

染色体上にある遺伝子だから、三毛はXX＝メスにしか存在しない。

ところが例外的に、X染色体の上にあるはずのオレンジ遺伝子がY染色体の他の遺伝子と入れ替わることがある。そこで三毛のオスが誕生することになるが、そうした入れ替わりはまれにしか起こらないので、オスの三毛猫は少ないというわけである。

コウモリは逆さまのままで出産する？

洞窟や廃坑などにすんでいるコウモリは、2本の足でぶら下がり、逆さまの状態で暮らしている。

ではコウモリは、一体どのようにして子どもを産むのだろうか。逆さまのままで産むのか。頭を上にしてか、あるいは地上に降りてなのか。この三つが考えられるが、はたして正解は？

正しい答えは、頭を上にして産む、である。コウモリは通常は2本の足で洞窟の天井などにぶら下がっているが、出産のときには翼の先にあるカギ爪のようなもの（それを小翼手という）で天井にぶら下がり、頭を上にして出産する。そして出産すると、赤ん坊が落ちないように、尾の膜や片方の翼などで受け止め、胸の位置までもってきて授乳する。コウモリの赤ん坊は後ろ足で母親の胸の毛をしっかりとつかむ。

こうなると赤ん坊が落ちる心配はなくなる。そこで母親コウモリは反転して、いつものような頭を下にした姿勢、すなわちもっとも楽な姿勢に戻るのだ。

目から血を飛ばすトカゲがいる

動物は敵に襲われたとき、逃げるか戦うかのいずれかの行動をとる。なかには、身を守るために体の一部を犠牲にするものもいる。トカゲがそうである。トカゲは敵に襲われると、尻尾を切って逃げる。それを「自切《じせつ》」という。トカゲの尻尾には切れやすい構造のところがある。その部分は血管の発達も悪く、切断部の筋肉はすぐに収縮して出血を食い止める。だから出血多量で命を落とすということはまずない。

　トカゲといえば、血を吹くトカゲもいる。それも口からではなく、目からである。中央アメリカに生息しているツノトカゲがそうである。このトカゲは体長10～13センチで、頭にトゲ状のものを持っており、敵にむかって目から血を飛ばす。

　その仕組みはどうなっているかといえば、驚いたりすると、ツノトカゲは体をふくらませる。それによって血圧が高まり、目尻の近くの毛細血管が破れる。こうして血を飛ばすわけである。

成長するにつれて小さくなる生き物

人間をはじめ、ほとんどの生物は成長すると大きくなる。動物であれ植物であれ、成長すれば大きくなる。だから国語辞典などは「成長」という言葉を「育って大きくなること」と説明している。だが、この説明は正確ではない。なぜなら成長するにつれて小さくなるものもいるからである。

南アメリカにアベコベガエルという奇妙な名前のカエルがいる。このカエルはふつうのカエルと姿形は同じなのだが、他のカエルと違った面白い性質を持っている。アベコベガエルは成長すると逆に小さくなる。このカエルの子ども（オタマジャクシ）はきわめて大きく、25㎝ほどのサイズである。

ところが、それが成長してカエルになると5～10㎝ほどにしかならない。オタマジャクシの時代の方がはるかに大きい。そこで英語では「パラドクシカル・フロッグ」（paradoxical frog＝辻つまのあわないカエル）、日本では「アベコベガエル」と呼ばれている。

クジラが空に向かってジャンプするわけ

クジラはときおり空に向かってジャンプする。何十トンもあるクジラがジャンプするにはかなりの力を要する。たとえば体長15メートル、体重33トンのザトウクジラの場合、ジャンプに必要な力は、体重65キロの人間をまとめて５００人以上、空中に放り投げる力に相当するらしい。

クジラはなぜジャンプするのだろうか。そ

の理由はまだよく分かっておらず、いくつかの説がある。その一つは、体に付着した余分なものを振り払おうとしているという説。すなわち海藻やフジツボなどを払い落とすためというのである。

このほかオキアミなどの餌を脅かしたり、行く手を阻止したりして、それを一か所に集めるためという説や、自分の存在を知らせた

り、ライバルに対する示威、あるいは交尾に至る前戯との説がある。クジラはイルカと同様に、戯れることが好きである。そこでジャンプは単なる遊びとみる説もある。

ウミガメはなぜ産卵のとき涙を流すのか

ウミガメ（海亀）は産卵するとき、目から涙みたいなものを流す。それは出産の苦しみによる涙だといわれている。つまり、ウミガメは苦しくて泣いているのだというのである。彼女は本当に泣いているのか。そもそもカメは泣くのか。

ウミガメが泣いているというのはどうも誤解のようである。たしかに涙をだして泣いているように見えるが、流しているのはいわゆる涙ではないらしい。ではあれは何なのか。

海の中で生活している魚やウミガメは体内の水分が減るのを防ぐために海水を飲む。そして体液と同じ低塩分の水分だけを体内に取りこみ、余分な塩分はエラなどから体外へ捨てる。ウミガメの目には、濃い塩分を排出する腺細胞がある。ウミガメが産卵のとき涙を流しているのは、体内の余分な塩分（濃い塩分）を目から捨てているということらしい。ウミガメのその涙をなめてみると、海水よりもずっとしょっぱい味がするそうである。

枝で眠っている鳥が落ちないのはなぜ

動物の中には立ったままで眠るものがいる。野生の動物、とくに草食動物には立ったままで眠るものが多い。鳥も同じように立ったままで眠る。鳥はたいてい枝などにとまって眠るが、けっして枝から落ちるなんてことはない。枝が風で揺れても落ちない。

その秘密は筋肉の中にある筋紡錘《きんぼうすい》という細胞群にある。

筋紡錘は筋肉の収縮状態を監視し、それを調節する役目を持っている。筋肉の収縮の状況を脊髄に伝え、神経に知らせている。その情報によって運動神経が興奮させられて、筋肉の収縮を強めたり、弱めたりしている。

鳥が枝にとまって眠っているとき、枝が揺れて傾いたとする。すると筋肉に変化が起き、筋紡錘がすぐに筋肉の変化の状態を脊髄に伝え、神経（運動神経）に興奮を起こさせ、筋肉の収縮を強めさせて、筋肉を元の状態にもどすので、体も元にもどる。

だから鳥は眠ってしまっても枝から落ちるということはない。

カラスは「3引く1」の計算ができる!?

カラスはかなり頭がいいらしい。木の実の中には堅い殻を持つものが多いが、カラスはそれを道路に落とし、自動車に踏ませ殻を割らせて食べたりする。人間でもそんなことはなかなか思いつかない。

カラスは簡単な計算もできるそうである。西岡秀雄・慶応大名誉教授によれば、カラスは「3マイナス（引く）1」の計算ができるという。なぜそんなことが分かるかといえば、たとえばカラスが4個の卵を産んだとする。その1つを人間が隠してみても、カラスはその変化が分からない。ところが産んだ卵が3個で、そのうちの1つを隠すと、カラスはその変化を理解し、ヒステリックになるという。

カラスは3つ以下の数なら分かり、3つあったのに1つなくなったということがちゃんと分かるらしい。すなわちカラスは、「3マイナス（引く）1」の計算ができるというわけだが、この説をあなたは信じることができるだろうか。

左右の目で別々に物を見るヘンな鳥

人間は目によってすべての情報の8割を認識しているという。網膜に映った像が視神経を通して大脳に届き、脳の働きによって見えるわけだが、人間はものを見るとき両目で見る。2つあるからといって、それぞれが別のものを見ているわけではない。

ハシブトガラという鳥がいる。シジュウカ

ラやヤマガラなどと同じカラ類の鳥である。
この鳥は食糧（植物の種子など）を貯蔵し、後でそれを食べることで知られているが、この鳥は左と右の目で別々にものを見て、記憶するらしい。なぜそんなことが分かるのかといえば、たとえばハシブトガラの左目を見えなくして、植物の種子を近くに置いて、それを貯蔵させる。そして右目だけで種子を探させると、ちゃんと発見する。ところが右目を見えなくして、貯蔵したその種子を左目で探させると、まったく探すことができない。
このことから、ハシブトガラは左右の目で別々にものを見て、記憶しているということが分かる。

コガラは抜群の記憶力を持つ

コガラという鳥がいる。シジュウカラ科の小鳥だ。この鳥には食糧をたくわえておく習性がある。コガラは昆虫、草花の種子、木の実などを食糧としているが、冬には食べる物が少なくなってくるので、秋になると冬にそなえて草花の種子や木の実などを採って集め、貯蔵しておく。集めた食糧はほかの鳥などに見つからないように、あちこちの隠し場所に少しずつ分けておく。しかもその隠し場所をちゃんと覚えている。

コガラはどうしてそんなに記憶力がいいのだろうか。同じシジュウカラ科のアメリカコガラに関する研究論文がある。脳の中に海馬と呼ばれる部分があり、記憶をつかさどっている。研究論文によれば、秋になるとアメリカコガラの海馬の細胞が一気に増える。すなわち食糧を隠す時期になると、海馬では新しい細胞が生みだされていく。その結果、記憶力が高まり、隠し場所を忘れずに覚えているのだろうと考えられている。

〝裁縫〟をする鳥とは?

サイホウチョウという名の鳥がいる。ウグイス亜科の鳥で、インド、中国南部、マレー半島などに分布している。体長13㎝くらいの小さな鳥だが、この鳥は〝裁縫〟をする。そこでサイホウチョウ(裁縫鳥)と名づけられた。英語ではテーラー・バード(tailor bird)という。

サイホウチョウが裁縫するのは巣である。この鳥は木の葉を裁縫して巣を作る。そのとき用いる糸がクモの糸である。葉は木につい

ているものをそのまま使う。隣りあっている2枚の葉を選び、それぞれの葉の縁にくちばしで穴を開け、クモの糸をその穴に通して縫っていき、袋状の巣を作る。

それが裁縫を思わせるところから、サイホウチョウと呼ばれるようになったわけだが、裁縫して巣を作り終えるまでには5~6日かかる。だが、これで完成ではない。巣ができあがると、今度は4日ほどかけて巣の内部に、パンヤノキの綿やアシの毛などを敷きつめるのである。

フクロウの首はなぜよく回るのか

鳥の多くは、目が顔の横のほうについている。したがって視野が広い。ところが、フクロウの目は人間と同じく顔の前面に並んでいるので、視野が狭い。人間は200度の視野をもっているが、フクロウの視野は110度ぐらいといわれている。

しかし視野は狭くても、フクロウは首を左右にぐるりと回すことができる。つまり体の向きを変えずとも、360度の視野を得ることができる。

フクロウが首をぐるりと回すことができるのは首の骨の特徴による。鳥の頸椎《けいつい》は哺乳類に比べると数が多い。人間をはじめ哺乳類は頸椎は7個しかない。これに対し、鳥類は11~23個(平均14個)ある。首の長いハクチョウ類がもっとも多く23個で、首の短いフクロウでも14個の頸椎がある。

頸椎は自由に動く関節でつながっており、頸椎が多ければそれだけ動きが自由になる。ただしフクロウの頸椎の構造だけが、とくに優れているというわけではないらしい。

メスを巣の中に閉じ込めてしまう鳥

サイチョウ（犀鳥）という鳥がいる。アフリカ、東南アジアなどに生息している鳥で、大きなクチバシを持っており、種類によってはそのクチバシの上部に角状の突起がある。独特な顔立ちをしているが、独特なのは顔だけではない。行動もまた独特である。

サイチョウの夫婦は一生連れ添うといわれている。サイチョウは樹木の洞《うろ》を巣として利用するが、その巣作りがじつに独特である。交尾し、産卵の時期になると、オスはメスを巣の中に閉じこめてしまうのである。すなわちメスが巣の中に入ると、オスはその巣の入口を泥や糞などでふさいでしまう。ただし全部ふさぐわけではない。すきまを少しだけ残してふさぎ、そのすきまからオスがメスやヒナに食べ物を渡したりする。

このフタのついた巣のおかげで、卵やヒナは猛禽類などに襲われずにすむわけだが、オスはメスが幼鳥を育てあげる間、せっせと餌を運び、メスとヒナに食べさせる。

息子をえこひいきする鳥がいる

セグロセキレイ（背黒鶺鴒）という鳥がいる。その名のとおり背と胸が黒くて腹部は白い色をしており、大きな川の中流〜上流に生息している。この鳥は日本固有種で、川から離れず、季節的な移動もほとんどしない。

どんな生き物もそれぞれに独特な習性を持っている。セグロセキレイにも、この鳥ならではの習性がある。この鳥は秋につがいを作り、縄張りを持つ。交尾を誘うのはメスのほうである。交尾をすれば、やがてヒナが誕生することになるが、セグロセキレイの社会では女の子は大事にされない。ヒナがある程度大きくなると、メスのヒナは親の縄張りから追いだされる。一方、オスのヒナはいつまでも親から食事の面倒を見てもらえる。

どうして娘より息子のほうをかわいがるのか。縄張りを守っているのはおもにオスであり、自分の血を濃く子孫に伝えるために、息子を大切に扱い、強い子に育てあげるのではないかと考えられている。

オスに育児をさせるタマシギの美人妻

哺乳類には一夫多妻型が多い。ただし人間は別である。いっぽう鳥類は大部分が一夫一妻型であり、鳥類ではふつうはオスのほうが美しく、メスは地味な色をしている。鳥のメスが地味なのには、それなりの意味がある。卵をあたためたり、ヒナを育てるには地味なほうが敵の目につきにくく安全なのだ。

ところが水田や湿地にすむタマシギは、い

ろんな点において、ふつうの鳥とは逆である。タマシギは一妻多夫型であり、メスのほうが美しく、オスは地味な色をしており、メスが縄張りをつくり、オスをめぐって争う。それにメスは卵を産むだけで、卵を抱き、ヒナを育てるのはオスである。メスは1回に3～4個の卵を産むが、産み終わると去っていき、他のオスを探してつがいになり、卵を産む。

奄美大島や沖縄にすむミフウズラも同じような習性を持っている。日本に生息している鳥の中で、そうしたユニークな習性を持つのはタマシギとミフウズラだけである。

弟や妹を殺して餌を独占するイヌワシ

動物の中には兄弟喧嘩をして、弟（妹）を殺してしまうものがいる。たとえばイヌワシがそうである。イヌワシの夫婦は人が容易に近づけないような深山の断崖などに巣を作り、ふつう2個の卵を産む。卵は同時には孵化せず、3～4日ずれて孵化する。

3～4日も間隔があると、最初に孵化したほうが早く成長するので、イヌワシの兄弟は生まれたときから力の差がはっきりしている。そこで遅く生まれたヒナはいじめに遭《あ》う。とりわけ餌が少ないときには、いじめは激しくなる。兄（姉）は弟（妹）の餌を横取りしたり、猛烈に攻撃し、ついには殺してしまうことがある。

イヌワシの親たちは子供たちの喧嘩を見ても、弟（妹）を助けたりすることはなく、平然としている。むしろ、いじめている兄や姉のほうにたくさんの餌を与えたりする。それは、大型肉食鳥では何羽ものヒナを同時に養うには餌の確保が困難であり、強いほうを生き残らせようとするためだと考えられている。

仲の良い夫婦の代表は実はワシタカ

仲の良い夫婦のことを「オシドリ夫婦」という。では実際のオシドリ夫婦はどうかといえば、彼らは一緒にいるときには確かにぴったり寄り添ったりしているが、たいていの鳥がそうであるように、オシドリはふつう年ごとに相手を変える。仲の良い夫婦にたとえられることから、オシドリの夫婦は一生つれ添うと思っている人もいるかもしれない。だが実際は毎年、カップルになる相手を変えている。その意味では、オシドリ夫婦を仲のいい夫婦にたとえるのには問題がある。

鳥にも仲のいい夫婦はいる。そのトップに位置するのはワシタカ類だ。ワシタカは他の鳥のように、年ごとに相手を変えるということはしない。事故などで、どちらか一方が死んだりする以外は、寿命のほとんどを同じ相手と夫婦になって過ごし、一緒に子育てをする。「オシドリ夫婦」ではなく「ワシタカ夫婦」こそ、仲の良い夫婦にたとえるのに、もっともふさわしい鳥といえる。

渡り鳥は時差ボケにならないのか

飛行機でヨーロッパやアメリカなどへ行くと、時差ボケになったりする。

それでは渡り鳥はどうなのか。冬になるとシベリアから日本に鳥たちが渡ってくるが、彼らも日本にたどりついたときには、時差ボケになったりするのだろうか。

日本で午前8時だと、たとえばパリは午前0時だ。8時間の時差がある。それが飛行機でパリへ行ったとき、いわゆる時差ボケをもたらす。では渡り鳥はどうなのだろう。彼らには時差ボケはないようだ。というのも、渡り鳥の多くは北から南へ、南から北へと移動しており、時間の変更線をいくつも越えることはあまりないからである。だから昼と夜が逆転するといった、ひどい時差ボケになることはまずない。また渡り鳥は休みながら移動するので、少々の時差があっても問題はない。

ただし渡り鳥を飛行機に乗せて、東から西、あるいは西から東へと移動させれば、時差ボケになるかもしれない。

オウムや九官鳥が人まねできる理由

オウム、九官鳥、インコは人まねをする鳥としてよく知られている。彼らは人間の言葉をまねてしゃべる。もっともそれは人間に飼われているものだけで、野外で生活しているオウムや九官鳥は人間の言葉や、他の鳥の鳴き声をまねることはない。オウムたちはなぜ、人間の言葉をまねることができるのか。他の鳥はできないのに、どうして彼らだけがまねることができるのか。

人まねができる鳥と、できない鳥とでは、肉体的に明らかに異なる部分がある。それは舌である。

鳥類には口唇がなく、一般に舌は硬くて細く、動きもかぎられている。そのため複雑な音を作りだすことができない。ところが人まねができるオウム、九官鳥、インコなどの舌は肉が厚くて柔らかである。自由に動かすことができ、人間の言葉をまねしやすい。オウムや九官鳥が人間の言葉をまねることができる秘密――それはどうも彼らの舌にあるようである。

面白い生き方をするツチハンミョウ

地球上には300万種以上の昆虫がいるといわれている。そのなかで、たいへん面白い生き方をする虫を紹介しよう。その虫とはツチハンミョウ（土斑猫・土斑蝥）である。

土中で孵化したツチハンミョウの幼虫は花によじ登り、そこへオスのハナバチがやってくると、その体にしがみつく。そしてハナバチのオスとメスが交尾する際、今度はメスのほうへ乗りかえる。メスのハナバチはやがて土のなかの巣で産卵する。そのとき、ツチハンミョウの幼虫は卵の上にすべりおりる。ハナバチは産卵すると泥で巣の口をふさぐ。巣の下のほうには蜜がたまっており、そこに落ちると溺死するので、ツチハンミョウの幼虫は蜜の上に浮かんだハナバチの卵の上に乗り、その卵をエサにする。

卵を食べつくすと乗るものがなくなってしまうが、そのころになると幼虫は脱皮して、蜜の上で浮くような体になる。そして今度は蜜を食べながら成長し、地表に這《は》い出る。

動物の中で最も嗅覚が鋭いのは?

犬の嗅覚が発達していることはよく知られている。犬の嗅覚は、匂いの種類によっては人間の百倍とも百万倍ともいわれている。犬は500メートル先の風上の匂いもかぎわけることができるそうだ。では動物のなかで、もっとも嗅覚が鋭いのは何だろうか。犬も鋭いが、犬よりもっと鋭敏な嗅覚を持つものがいる。それは昆虫のガ(蛾)である。

ファーブルに『昆虫記』という本がある。そのなかに、ヤママユガ(山繭蛾)の一種のメスの匂いにひかれて、数キロメートルも離れたところから、そのオスがやって来たと書かれている。また『ギネスブック』によれば、1961年にドイツで行なわれた実験では、ヤママユガの一種のエウディア・パボニアというガのオスは、11キロメートルも離れた風上にいるメスの発する匂いを探知できたそうである。『ギネスブック』は、動物のなかでもっとも嗅覚が鋭いのはそのエウディア・パボニアだとしている。

メスの体に穴をあけて交尾する昆虫

虫の中には害虫として、人に嫌われているものがいる。ナンキンムシ（南京虫）もその一つである。ナンキンムシはトコジラミとも呼ばれ、寝床にしのびこみ、人の血を吸う。最近ではナンキンムシが出現することはあまりなくなったが、この虫はたいへん変わった交尾の仕方をする。

昆虫のセックスの方法は、われわれ人間と同じように体内受精である。オスが人間のペニスに相当するものをメスの穴（膣）に挿入し、精子を送りこむ。ところが、ナンキンムシのメスには交尾のための穴がない。

ではオスは一体どのようにして交尾するのか。穴がなければ穴をあけざるをえない。そこでナンキンムシのオスはペニス（交尾器）をメスの体に突きたて、穴をあける。そしてその穴から精子を注ぎこむ。ただし穴をあけるところは決まっている。メスの腹部には中間に切れこみがあり、オスはその部分に穴をあけて交尾するのである。

アリに育てられるチョウの不思議

クロオオアリ（黒大蟻）というアリがいる。日本全土に分布している大型のアリである。このアリは乾燥した土地にトンネルを掘り、集団で暮らしている。そのアリの巣の中にクロシジミというチョウの幼虫がいて、育てられていることがある。

なぜアリはチョウを育てているのか。それには、もちろんわけがある。クロシジミの成

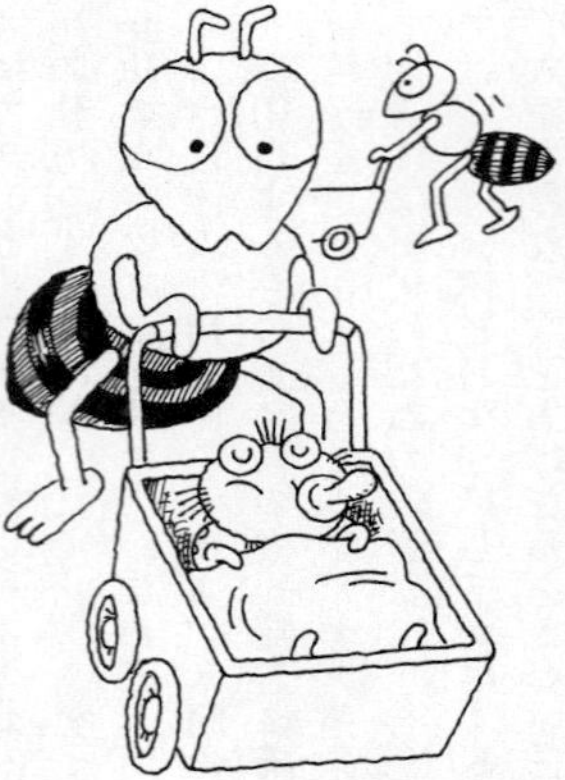

虫はアブラムシがいる小枝を選んで産卵する。孵化した幼虫はアブラムシの分泌物をなめて生きる。そのうちクロオオアリが、クロシジミの幼虫を自分の巣へ運んでいく。クロシジミの幼虫は腹部に蜜腺を持っており、そこから分泌する蜜はクロオオアリの大好物である。クロシジミは蜜を分泌し、クロオオアリになめさせてやる。そのかわり、クロシジミはアリから餌（アリが消化したもの）をもらう。

こうしてクロオオアリに育てられたクロシジミの幼虫は、やがて蛹《さなぎ》になり、羽化すると、アリと別れ、巣から出ていく。

交尾のために卵を破壊するタガメのメス

タガメという水生昆虫がいる。この昆虫はオスが子育てをする。それもユニークだが、ほかにもまだユニークな点がある。

タガメのオスとメスは何度も交尾をする。交尾をして卵を産み、また交尾をして卵を産む。中には20数回も交尾と産卵を繰り返すものもいる。メスは水面に突きでた植物の茎などに卵を産みつけ、卵が孵化するまでオスがその近くにいて、卵に水分を与えるために、ときどき卵に覆いかぶさったりする。そのようにしてオスは卵を守っているのだが、オスには心配なことがある。それは他のメスに卵をこわされてしまう心配である。

タガメのメスは交尾相手が見つからないと、他のメスが産んだ卵の塊りを破壊してしまう。子守りのオスは必死で抵抗するが、メスより体が小さいため防衛できない。

メスは卵を破壊するだけではない。破壊すると、メスは子守りのオスを征服し、そのオスと交尾し、産卵する。そして、オスがその卵を育てるのである。

カブトムシとクワガタ、どちらが力持ち

昆虫は体は小さいが、かなりの力持ちである。平均して体重の20倍の重さを引っぱることができるという。アリは体重の50倍の石を動かすことができ、ミツバチは体重の300倍の物を引くことができるそうである。

力持ちといえば、カブトムシやクワガタはその代表選手である。両者は一体どちらが力持ちなのか。カブトムシの場合、体重の100倍以上の物を引くことができる。一方クワガタはといえば、クワガタ界の王者、ミヤマクワガタはカブトムシの半分の重さしか引けない。しかし体重はカブトムシの3分の1なので、体重の割合からいえば、クワガタのほうが力持ちということになる。

なお熱帯にいる巨大コガネムシ（サイコガネ）は自分の体重の850倍の重さを背中に乗せて運ぶことができるそうだ。『ギネスブック』は、この昆虫を昆虫の世界ではもとより動物界における力持ちのナンバー・ワンとしている。

ミズスマシはなぜぐるぐる回るのか

池や水田の水の上をぐるぐる泳ぎ回る、ミズスマシという名の昆虫がいる。ちなみにミズスマシという名の語源だが、一説によれば、水面を旋回する姿が、水が澄むのを念じているまじない師のように見えるところから、そう呼ばれるようになったといわれている。

ミズムシはなぜ水面を旋回するのか。何の理由もなく、ぐるぐる回っているわけではない。ぐるぐると回ることで、ミズスマシは餌となる小昆虫を捕らえようとしているのである。

水面を旋回すると波ができ、それが物（餌となる虫など）にぶつかって戻ってくる。その波の違いを触角でとらえる。ミズスマシの触角はたいへんすぐれており、触角によって波の違いをとらえ、餌となる虫がどの方向にいるかを知ることができる。

獲物との距離が約30センチ以下であれば、ミズスマシは獲物にぶつかって戻ってくる波の違いが分かり、ほとんど正確に獲物を捕えることができるそうである。

カマキリのオスが示す交尾への執念

カマキリは交尾中にメスがオスを食べることで知られている。だがいつも食べるわけではない。交尾の最中に体勢がくずれ、オスがメスの眼前に身を乗りだしてしまったときなどに、メスに食べられてしまうらしい。

交尾中、カマキリのメスがオスを食べる。まずメスはオスの頭をかみ切る。ところが、オスはそれでも交尾を続行する。むしろ頭がなくなってからのほうが、オスの交尾活動は激しくなる。頭を失ってもオスは交尾をやりとげる。頭を失うとオスの性欲は逆に高まる。

どうして、そんなことになるのか。昆虫のオスでは、交尾を支配する中枢は腹部の神経節にあり、脳の役割は抑制することにある。だから頭（脳）がちょん切られるということは、脳の抑制神経を取り払うことを意味する。その結果、脳の抑制がきかなくなるため、性欲が高まり、交尾行動が促進されるのだろうと考えられている。

なお、オスを食べたメスは、そのタンパク質を卵を作るために利用する。

ゴキブリが死ぬとあおむけになる理由

ゴキブリを嫌いな人は多い。そのゴキブリの死んだところを見たことがおありだろうか。殺虫剤のコマーシャルなどで、殺虫剤をかけられたゴキブリがやがてあおむけになって死ぬ場面がよく登場する。実際、ゴキブリは死ぬとあおむけになることが多い。

それはゴキブリの脚に原因がある。ゴキブ

リはすべての昆虫がそうであるように、6本の脚を持っている。もっと正確にいえば、腹部に3対の脚を持っている。ゴキブリは命が尽きると、その脚を外側に開かずに、内側に折り曲げるような姿勢をとる。つまり、ちょうど電車のパンタグラフのような形になる。それでゴキブリはバランスを崩し、あおむけになってしまう。ゴキブリに限らず、甲虫類の昆虫は、同じ理由から、死ぬとあおむけになる。

　なお、アメリカやアジアにいる大型のゴキブリは体の重心が下にあるので、そうしたゴキブリはうつぶせのまま死ぬこともある。

クロヤマアリの面白い引っ越し術

　クロヤマアリというアリがいる。このアリは地面の下の深いところに巣を作っているが、引っ越すとき、面白い行動をとる。

　新しい巣を見つけたアリが帰ってくる。すると、そのアリは別のアリ（働きアリ）を1匹くわえて新居に案内する。アリ同士、歯と歯をかみ合わせ、案内されるほうのアリはぶら下がる格好で連れていかれる。ぶら下がっているほうは、案内するアリとは頭が逆になっている。

なぜそんな格好で連れていってもらうのか。アリは太陽光線が来る方向を目でとらえながら歩いている。運んでいるアリに左から太陽があたっていれば、ぶら下がっているアリには右からあたっていることになる。つまり、ぶら下がっているアリは頭を逆にすることで、新居からの帰り道を体験しているわけである。だから新居に着いて放されると、ひとりで迷わず古巣へ帰って行く。戻ってきたアリは、別のアリをぶら下げて新居へ行く。それを繰り返し、すべてのアリが引っ越しを完了する。

100年も生きるシロアリの女王

虫類は一般に寿命が短い。たとえばカゲロウは成虫になる前の幼虫の段階では1～3年くらい生存するが、成虫になるとわずか1日で死んでしまう。ホタルは数週間、モンシロチョウは2か月、コオロギは3か月くらいしか生きられない。

しかし長生きする虫もいる。『ギネスブック』には木材の中で47年間の幼虫生活を終えて、這いだしてきたタマムシの一種が紹介されており、これを昆虫界の長寿ナンバー・ワンとしている。だが、もっと長生きの虫もいる。シロアリの女王がそうである。

シロアリの女王の平均寿命は一説に50年くらいといわれているが、オーストラリアにすむシロアリ（ナスティテルメス・シロアリ）の女王は成虫になってから100年くらい生きるという。またそのシロアリの女王は命のあるかぎり卵を産みつづけ、一生の産卵総数は50億個にも達するといわれている。この産卵数も昆虫界のナンバー・ワンらしい。

前後左右、すべてが見えるクモの眼力

クモ（蜘蛛）は脚の数が8本で、眼も8個持っている。種類によっては4個、または6個のものもいるが、多くの種類では眼は8個である。クモの中には網を張って獲物をとらえるものと、歩き回ったり待ち伏せしたりしてとらえるものがいる。後者のクモは視覚が発達しており、中でもハエトリグモの視覚はもっとも発達している。

ハエトリグモは頭部に4つの眼を持ち、背中側に左右にそれぞれ2つの眼を持つ。頭部の4つのうち中央の2つは大きくて、よく発達しており、この2個は主眼、ほかの6個は副眼と呼ばれている。主眼は色や形まで識別することができる。他の6つは主に動きを感知しており、前後左右、すなわち360度の視野をカバーできる。

だから獲物がうしろにいても、クモはそれを見つけることが可能なのだ。6個の副眼のどれかが動くものを見つけると、その方向に向きを変え、主眼でそれが何であるかを確認し、餌にできそうであれば、それをとらえる

わけだ。

アリジゴクはゴミをどう処理するのか

アリジゴクという昆虫をご存知だろうか。ウスバカゲロウの幼虫である。このアリジゴクは面白い生き方をしている。

成長してウスバカゲロウになるまでには2～3年かかるが、そのあいだ一度も排泄しない。だが排泄しないからといって、何も食べないわけではない。

アリジゴクは砂地などに、すり鉢状の穴(巣)を作って棲《す》んでいる。その穴は巣(住居)であると同時に、アリなどの獲物を落としこむための罠でもある。獲物がくるのをじっと待ち、アリなどが穴の中に落ちると、大きなあごではさみ、体液だけを吸いとる。

では体液を吸いとったあとの死骸、すなわちゴミはどうするのか。そのままだとゴミだらけになってしまうはずだが……。彼らはゴミの処理もちゃんと行なっている。どうするかといえば、首の力で巣の外にはじきだす。

アリジゴクは首の力が強い。その力が、穴を作るときにも発揮される。掘った砂を首のあたりにのせ、穴の外へ投げ捨てるのである。

精子を飲み込んで受精する魚とは?

魚類の一般的な生殖方法は、メスが産卵し、オスが精子をふりかけるというやり方である。つまり体外授精である。だが中には体内受精を行なうものもいる。たとえばサメがそうである。サメのオスには腹部にペニスの働きをする突起があり、それをメスの体内に挿入して受精を行なう。ヨツメウオやソードテールも交尾器によって体内受精する。

メスが放出した卵にオスが精子をふりかけるやり方は、水の流れが早いところなどでは受精率が悪くなる。そこで独特のやり方で受精率を高めている魚がいる。アマゾン川に生息している、コリドラス・アエナウスというナマズの一種は、精子を口から飲みこんで受精している。

このナマズのメスは、排泄口（肛門）の横にある2枚の腹ビレで作った袋に卵を産む。産卵直前になると、メスはオスの排泄口に口をつけて精子を飲みこみ、消化管を通過させ、排泄口から排出し、袋に受けとめる。そしてその袋の中に産卵し、受精するのだ。

メスをだましてセックスをやらかす魚

ソードテールという魚をご存知だろうか。グッピーの仲間で、観賞魚としても知られる南米産の魚である。そのオスは剣（ソード＝sword）のような細長い尾ビレをもっている。そこでソードテールと名づけられた。

ソードテールには、いくつかの変わった性質がある。この魚は卵胎生で、卵がメスの体内で孵化して稚魚として生まれてくる。オスの剣のような尾ビレは交尾器官でもあり、それをメスの総排泄腔《はいせつこう》に挿入してセックスをするわけだ。つまりソードテールは交尾を行なうわけだ。その前にオスはメスを誘いこまなければならないが、このときオスはメスをだまして誘う。

どのようにだますかといえば、オスはエラ

ブタを開け、小さくて細長い骨のようなものをだす。その先にカニに似たものがついており、エラを動かすと、カニが泳いでいるように見える。その疑似餌をめがけてメスがやってきて、それを飲みこもうとしているあいだに、オスはメスと交尾してしまうのである。

浮き袋にはどんな気体が入っているのか

魚だけが持っている特別な器官に、浮き袋というものがある。浮き袋は魚の種類によってその働きはまちまちだが、ほとんどの浮き袋は、魚が浮いたり沈んだりするのに大きな役割りを果たしている。浮き袋の中の気体の量を調整することで魚は体重を変え、それによって海水の比重と同一の比重を保っている。このため水圧の変化にも順応できる。

浮き袋の中の気体の成分は主に空気とほとんど同じである。空気の成分は主に窒素と酸素で、このほか二酸化炭素などを含んでいる。魚の浮き袋の中の気体も、それと同じ成分のものが含まれている。ただし窒素や酸素の割合は空気のそれと同じではなく、また魚の種類によっても異なる。

淡水にすんでいる魚の場合、浮き袋の中の気体の成分は酸素が多い。また海にすんでいる魚では、深いところにいるものほど酸素が多量だ。空気中の酸素の割合は体積比で約21%だが、深海魚のなかには、気体の90%までが酸素という魚もいるそうである。

ミルクで子育てをする魚とは?

人間をはじめ犬や猫などは、母親が子供に

乳を与えて育てる。そこで哺乳動物（哺乳類）と呼ばれている。ところが魚の中にも乳（ミルク）を出して、稚魚を育てているものがいる。その魚はディスカスという熱帯魚である。

ディスカスは、南米のアマゾンに原産するシクリッド科の魚だが、この魚はミルク液を出し、母親の体にくっつくように群がっている稚魚たちにそれを飲ませ、育てる。ミルク液を出すからといって、ディスカスは乳房を持っているわけではない。ミルク液は下腹部から分泌する。

そのミルク液はディスカス・ミルクと呼ばれており、その成分は哺乳動物の乳成分とたいへんよく似ている。人間の母乳の生成と分泌にはプロラクチンというホルモンが作用しているが、ディスカスのミルク液の生成と分泌にも同じように、プロラクチンが作用している。その意味ではディスカスは人間に近い動物だともいえる。

口の中で育児をする変わり種

魚の中には親が口の中で稚魚を保育・保護するものがいる。そうした魚は「マウス・ブリーダー」と呼ばれている。アフリカ原産のティラピア（カワスズメ）はマウス・ブリーダーとしてよく知られている。日本近海にもマウス・ブリーダーがいる。本州中部以南の海に分布する、テンジクダイ科のクロホシイシモチも口内で保育する。

マウス・ブリーダーとは「口内保育するもの」という意味だが、ティラピアのように卵のときから口に含み、保育するものもいる。また口で保育するのはメスだけではなく、オスが行なうものもいる。ティラピアはメスが保育するが、クロホシイシモチはオスが保育する。

口に子供を銜《くわ》えていたら、食べものは摂りにくい。マウス・ブリーダーたちは餌はどうしているのか。ティラピアの場合、メスが卵や孵化魚を口の中にかかえて保育する期間は2週間前後。そのあいだ餌はとらない。絶食している。

アユはなぜ〝縄張り〟を作るのか

アユ（鮎）の釣り方の一つに、友釣りがある。そうした釣り方は江戸時代にはすでに行なわれていたようである。アユは美しい姿に似合わず、闘争心が旺盛だ。自分のテリトリー＝縄張りに入ってきたアユに対しては、オス・メスの区別なく、攻撃して排除する。

そんな習性を利用したのが友釣りである。おとりのアユを用いて縄張りに入れると、そこにいるアユが攻撃を加え、釣針にひっかかってしまうというわけである。

ではアユはなぜ闘争心が旺盛なのか。それは藻を餌としているからである。川の中で藻類が生えている場所はそんなに多くない。そこでアユは藻を見つけると、縄張りを確保する。その縄張りの大きさは1平方メートルぐらいといわれている。ただし全部のアユが縄張りをつくるわけではない。群れて生活するアユもいる。アユがたくさんいる川では、すべてのアユが縄張り争いをせずに、群れながら餌を食べ合うという。

電気ウナギに〝停電〟はないのか

魚の中には電気を出すものがいる。アマゾン流域にすんでいる電気ウナギはよく知られている。電気ウナギの発電能力は500ボルト以上で、860ボルトを発電したという記録もある。電気ウナギは筋肉細胞から変化した電気細胞を持っている。それが運動神経の刺激によって興奮し、放電する。電気ウナギの体の4分の3が、発電器によって占められている。

電気ウナギは放電によって身を守るとともに、それを餌の獲得にも利用している。すなわち、小魚などを電気でしびれさせ捕食している。電気ウナギは強い電気を発生することができる。しかしその強い電気を絶えず放電

し続けるというわけにはいかない。しばらく放電を続けると、放電量はしだいに減ってきて、やがて停電する。そして再び充電されるまでには、かなりの時間がかかる。

そこで電気ウナギを捕えるときには、電気ウナギを刺激して放電させてしまってから捕獲する。

フグが体をふくらます仕掛けとは?

フグ（河豚）は古くは濁らずに「フク」と呼んでいた。今でも地方によっては「フク」という。フグは腹をふくらませる。そこで「フク」と呼ばれるようになったらしい。新《あら》井白石《いはくせき》の『東雅《とうが》』（語源辞典）に「フクとは即ちその腹脹《ふく》れぬるをいふ」とある。

フグは猛毒を持っている。それは外敵から身を守る役目をするものと思われる。しかし敵に食われてから、毒で敵をやっつけるのでは手遅れである。そこで敵に襲われたり、身に危険を感じたりすると、体をふくらまし、敵がのみこめないような巨魚《サイズ》へと変身する。

フグが体をパンパンにふくらませることができるのは、胃の特殊な構造による。フグの胃の、その底の部分が伸縮自在の袋になっており、口からのみこんだ水または空気がここにたまる。また胃の入口と出口の括約筋がよく発達しており、水や空気をのみこむと出口をしっかり締める。大形のフグでは1升ぐらいの水をのみこむことができる。

オスがメスにしがみついて暮らす珍魚

夫婦がよく和合していることを夫唱婦随な

どというが、魚の中にもたいへん仲のいいカップルがいる。アンコウ（鮟鱇）の仲間にチョウチンアンコウというのがいる。この魚は文字どおり、夫婦一体となっている。

チョウチンアンコウは世界のほとんどの海域に分布している深海魚だが、その仲間はどの種類でもメスが大きい。オスはメスにくらべて極端に小さく、メスの肛門のあたりにしがみついている。

もっと正確にいえば、しがみつくというより、オスの両顎の付近の皮膚がメスの皮膚に完全に癒着してしまっており、血管もつながっている。すなわちオスはメスに寄生しており、逆にメスのほうからいえば、オスを寄生させ養っているわけである。オスは栄養をメスからもらい、排泄もメスにしてもらう。オスがすることといったら、メスが産卵したときに精子を放出し受精させるだけ。

なんとも不思議で面白いカップルだが、メスの中には1匹だけではなく、複数のオスを寄生させているものもいる。

サケはなぜ生まれた川に戻れるのか

サケ（鮭）は川で生まれ、そこでしばらく過ごしたあと、川を下って海に入り、数年間、海を回遊しながら成長し、ふたたび生まれた川へ戻ってくる。調査によれば、その8割が自分の生まれた川へ戻っていくことが確かめられている。

サケは自分が生まれた川をきわめて正確に見つけて帰ってくる。彼らは一体どうして、そんなことができるのだろうか。その理由としては、川に戻る情報が遺伝子に組みこまれているからとか、あるいは地磁気によるとか、いくつかの説があるが、最近では稚魚期の記憶によって戻ってくるという説が有力のようである。

サケは自分が稚魚のとき過ごした川の匂いを強く記憶していて、その記憶によって生まれた川をキャッチし、そこへ戻ってくると考えられている。サケの嗅覚はたいへん優れており、河口から200〜300km離れた沖合でも、川の匂いを感じとることができるそうである。

空中で産卵する変わった魚

魚は水の中に棲んでいる。そして、ほとんどの魚は水の中で産卵する。

ところが変わった魚がいる。何と空中で卵を産む魚がいるのである。それはアマゾン河に生息している、体長が6センチほどの魚だ。学名をコペラ・アーノルディといい、英名ではジャンピングカラシンと呼ばれている。

このコペラはふだんは水のなかで暮らしているが、産卵期になると、オスとメスのカップルは連れだって岸辺へ向かい、ジャンプして、岸辺に生えている草木の葉に飛び移る。その葉がコペラの産卵場所である。彼らは愛を交わし、葉に卵を産みつける。しかし、空中に卵を放っておけば乾いてしまう。

そこで産卵後、オスのコペラは卵を産みつけた葉の下あたりを離れない。しばしばジャンプして水面を叩き、水しぶきを卵にかけてやる。卵は2日ほどで孵化し、孵化した稚魚は水の中に落ちる。水中には卵を狙う敵が多い。そのためコペラは安全な空中に産卵場所を選ぶのである。

貝にベビーを保育させるチャッカリ屋

ウミタナゴという魚がいる。これはたいへん面白い習性をもっている。ウミタナゴは海水にすみ、淡水にすむタナゴとは別の種類だ。このウミタナゴは腹のなかで子どもを育てる。つまり胎生で、腹のなかで卵をかえし、それを育て、そうして出産する。

淡水のタナゴのほうもまた、面白い習性をもっている。どんな習性かといえば、この魚はドブガイやカラスガイなどの2枚貝に卵を産みつけ、貝に保育させる。その卵を産みつける方法がまた実に面白い。水の中で、しかも貝の中に卵を産みつけるのは容易ではない。

タナゴはどのようにして産みつけるのか。じつはホースで卵を産みつける。メスのタナゴは、腹の下に産卵管という細長い小さな管をそなえている。それをうまくあやつって貝の穴（排水管）に挿入し、卵を産みつける。オスがすぐあとに精液を送りこみ、卵は受精する。そしてこのあと、卵は貝によって育てられ、孵化し、魚となって外に出る。

擬似餌で魚を〝釣る〟魚とは!?

アンコウという海水魚がいる。英語ではアンコウのことを「アングラーフィッシュ」という。アングラーは釣り師、フィッシュは魚。すなわちアングラーフィッシュとは釣りをする魚という意味だ。その名の通り、この魚は釣りをする。

アンコウは背ビレの最先端が長く伸びていて、釣り竿のような形をしており、その先が魚の餌となる虫のような動きをする。アンコウはその釣り竿で他の魚を釣る。すなわち、それで他の魚をおびき寄せてとらえる。

アンコウと親戚関係にあるイザリウオも釣りをする。この魚もアンコウと同じやり方で魚をとらえて食べる。

カメの一種にワニガメというのがいる。このカメも擬似餌で魚を釣る。ワニガメは舌の部分に2本の細長い赤い隆起を持っている。それがちょうど虫のように見え、ワニガメは水中で口を大きく開け、魚がそれを虫と思って食べにくるのを待ち、やってきたらパクリと食べる。

魚の世界にも〝医者〟がいる

病気になると病院にいき、医者にみてもらうが、魚の世界にも〝医者〟がいる。

その医者はホンソメワケベラという名の魚である。ホンソメワケベラはベラ科の小魚だ。この魚は、他の魚についた寄生虫などをとって食べる習性がある。他の魚もそのことをよく知っており、寄生虫などがつくと、ホンソメワケベラのもとへやってくる。

ホンソメワケベラは「海の掃除屋」とも呼ばれているが、掃除屋というより、医者と言ったほうがふさわしい。このホンソメワケベラは寄生虫をとってくれるだけではなく、体のすみずみまで丹念に診察し、異物がついていると取り除いてくれる。

だいたい同じ場所で〝開業〟しており、毎日たくさんの患者の魚がやってくる。患者を診察中、別の患者が順番待ちをしていることもある。

1匹のホンソメワケベラが診察する魚の数は1日で50匹以上、中には6時間に300匹もの〝患者〟を診察したものもいたという。

イカの墨《すみ》吐きにはどんな効果があるのか

イカの特徴の一つに、墨吐きがある。そこでイカに「墨魚」という字を当てることもある。

イカの墨はセピオメラニンというメラニン色素の一種で、それにマグネシウムやカリウムがくっついた塩類化合物である。その墨は墨汁嚢《ぼくじゅうのう》と呼ばれる袋に入っており、出口の括約筋の働きで、自由に噴射量を調節できるようになっている。

イカの墨吐きは外敵から身を守るためのも

のだが、それには一体どんな効果があるのか。イカの墨は自らの姿を隠す煙幕の効果をもっていると思う人もいるだろう。タコの墨吐きはたしかに煙幕としての効果をもたらしている。だが、イカの墨吐きは、いわばダミー効果と考えられている。

イカの墨には粘り気があり、噴射した墨はその場所にしばらく固まっていて散らばらない。それがまるでイカの分身（ダミー）のように見えるため、敵がそれに気をとられているうちに、別のところへ移動するというわけである。

ホタテガイは帆を立てて泳ぐのか

ホタテガイ（帆立貝）という貝がある。この貝の貝殻は一方が平たくて、もう一方が少し深くなっている。

昔の人々は、ホタテガイなるものは、その平たいほうの貝殻をちょうど船の帆のように立てて、海上を帆船のように走ると考えていた。

どうして、そのように考えるようになったかは定かでないが、ホタテガイという名はそこからきている。

そんなことが本当にホタテガイにできるかといえば、それはもちろん不可能である。

では、どのようにして移動するのか。ホタテガイは面白い移動の仕方、つまり泳ぎ方をする。

移動するときには、まず両方の殻を開き、それをすばやく閉じる。そして吸いこんだ水を、ちょうつがいの横にあいた隙間から勢いよく噴射する。その反動で進むわけである。

1回の噴射で1~2m進み、それを何回も繰り返すことで、遠くまで移動することができるのだ。

第14章

植物／未知のワンダーランド

植物は毎年なぜ同じ季節に開花するのか

サクラは春、アサガオは夏、キクは秋に開花する。このように花の咲く時期は植物の種類によって決まっている。それでは植物は、どのようにして春や秋が来たことを知っているのだろうか。春と秋は気温が似ている。しかし、たとえばサクラが春と秋をまちがえて、秋に花を咲かせるということはない。ということは、花の開花には気温（温度）は関係ないのだろうか。

気温ももちろん関係する。だが花にとって、もっとも大きな影響をおよぼしているのは気温よりもむしろ昼と夜の長さである。植物は昼と夜の長さによって季節を感じとっている。冬至を過ぎると昼がしだいに長くなり、夏至で昼の長さは最長になる。そして秋は昼が短くなり、冬至で最短になる。

昼が長くなるとツボミをつけ花を咲かせるものを長日性植物、逆に短くなると花を咲かせるものを短日性植物という。サクラは長日性、キクは短日性である。

植物だってアノとき興奮しちゃう!?

植物はオシベの花粉がメシベに触れることで生殖を行なう。人間の場合、セックスは興奮をもたらす。では植物はどうなのか。じつは植物も例外ではない。人間と同じように植物も興奮する。

オシベの花粉がメシベの頭に触れる。するとメシベの細胞の核が色素で染まるようになり、さらに接触した花粉の周りに細胞が粘液を出しはじめる。つまりオシベの花粉が触れることで、メシベの細胞が興奮し、そうした変化を起こすわけである。その変化を植物学では柱頭《ちゅうとう》反応と呼んでいる。

　ではオシベの花粉のほうはどうかといえば、花粉もまた興奮する。花粉はメシベに触れると興奮し、その表面から水のような液を出しはじめる。これを汗かき現象という。人間の場合、相手によって興奮の度合いが異なったりする。面白いことに植物もそれは同じ。植物にも好みがあり、相手によってメシベは興奮したりしなかったりするそうである。

人が触れると植物は伸びなくなる

　親子が肌の触れ合いを通して愛情の交流をはかることをスキンシップという。幼児期にはスキンシップが大事だといわれている。ところで草や木を自分の子供のように大切に育て、スキンシップしている人がいる。すなわち植物の葉や茎などにしょっちゅう手を触れている人がいるが、触れられると植物は伸びなくなる。

　植物にもホルモンがある。その一つ、エチレンと呼ばれるホルモンは、植物の成熟や老

化を早める働きのほか、植物の生長を抑える働きも持っている。植物に触れると、それが刺激になってエチレンが発生し、植物の生長が抑えられる。

だから植物が伸びるのを抑えたければ、葉や茎などにいつも触れているといい。高山や海岸など、いつも風が吹いている場所に生えている松は背の低いものが多い。これもエチレンの働きによると考えられている。風による物理的刺激がエチレンを発生させ、松が伸びるのを抑えているというわけである。

純白の色素ミステリー

花といったら、あなたはどんな色の花を思いうかべるだろうか。花の色は赤色・黄色・白色・青色などさまざまだが、日本の野生の花の色でもっとも多いのは白色で、32%を占めるという。次が黄色（30%）で、第3位は青色（紫色を含む・23%）。

ところで第1位の白色だが、白い花にも、じつは黄色の色素がわずかであるが入っている。白い花が白く見えるのは、花に白い色素が含まれているからではない。それは、光の反射（乱反射）のせいである。花びらは紫外線によって色素の合成を活性化させ、その色素によって有害な紫外線を吸収・カットしている。だから色素がないと、花は紫外線に弱くなり、生育できなくなる。

花が育つということは、その花が色素をもっていて、紫外線を吸収しているということでもある。白い花も色素をもっているから生きられる。色素をまったく含まない純白の花は、ふつうの状態では存在しえない。

熱帯の植物の花に赤い色が多いわけ

植物の花にはいろんな色があるが、熱帯の植物にはなぜか、赤い色をした花が多い。それはどうしてなのだろうか。赤い色だと、太陽の熱をカットできるからなのだろうか。しかし暑さから身を守るためなら、白い色のほうが効果的と思えるのだが……。

植物にとって花は生殖器である。子孫を残すためには受粉、すなわちオシベの花粉をメシベに付着させなければならない。だが植物は自分で動くことができないので、風や昆虫や鳥などに花粉を運んでもらう。そこで、花たちは色や形や匂いなどで昆虫や鳥をひきつける。

熱帯には赤い色の花が多いが、多くの昆虫は赤い色は識別できない。いっぽうメジロやヒヨドリやハチドリなどの鳥類は赤い色を感じることができ、赤い色を好む。熱帯の国では昆虫が花粉を運ぶより鳥類が運ぶ割合が高く、そうした国には赤い色を好む鳥が多い。つまり、熱帯では植物は赤い花を咲かせたほうが生きやすいわけである。

草いきれの匂いのもとは何か

夏の日、生い茂った草むらに入っていくと、草がむせるような熱気と匂いを放ち、一種の圧迫感を感じる。それを「草いきれ」、あるいは「草いきり」といい、俳句では夏の季語になっている。この「草いきれ」だが、その匂いは草のいったい何なのか。

繁茂した夏草がかもしだす独特の匂い。そ

の正体は、植物だけが作りだすことのできる不飽和脂肪酸の「アルファ・リノレン酸」と「リノール酸」だ。これがいわゆる草いきれの、匂いのもとである。この2種類の酸は葉のなかの酵素の働きによって、発生量がコントロールされている。酵素は気温が高いほど活発に働く。そこで夏になると、それらの酸がたくさん発生し、匂いが強くなる。

では草はどうしてそんな匂いを発するのか。草が発する匂い、すなわち草いきれには殺菌力がある。草はその匂いによって、自分をねらって寄ってくる細菌類や害虫などを防いでいるわけである。

性転換をする植物とは?

男のなかには、女になりたくて、手術をして性転換する人がいる。植物のなかにも性転換するものがいる。たとえば、ヤツデがそうである。

ヤツデは白い小さな花をたくさん開く。その小さな花が50～１００個ほど集まって、ネギ坊主のような球形をなしている。一つ一つの花にはその中心に比較的大きなメシベがあり、その周囲に5本のオシベと5枚の花弁がついている。メシベはその頭から蜜を分泌しており、ハエなどがやってきて蜜をなめる。するとオシベの上についている花粉がハエに付着する。そして2~3日すると、ヤツデはオシベと花弁を落とし、メシベだけになる。つまり、「男・女」から完全に「女」となる。

メシベだけになると再び蜜を分泌し、他のヤツデの花から花粉をつけたハエがやってきて、蜜をなめ、そのとき花粉がメシベにくっつき受粉する。

ヤツデがそのように性転換するのは、自花受粉、すなわち近親結婚をさけるためである。

ダンスをする不思議な植物

動物は動くことができる。だから動物と呼ばれる。一方、植物は動かない。いや正確にいえば、ほとんどの植物は動かないが、動く植物もある。オジギソウはよく知られている。刺激を受けると、その葉が動く。ハエなどをとらえるハエジゴクも、その葉を開いたり閉じたりする。ヒマワリの花も動く。

植物のなかにはダンスをするものもいる。マイハギ（舞萩）がそうである。マイハギはインドやベトナムなど、アジアの熱帯地方に自生するマメ科の多年草で、江戸時代末期に日本に渡来している。この草は温度と湿度が高くなると、その葉や小葉が旋回し、ダンスを踊りはじめる。湿度が高く、温度が30~35度のとき、もっともよく動き回る。ふつうの葉と小葉がそれぞれ旋回する。

マイハギが踊るのは温度と湿度によって、葉の付け値の部分で細胞の液圧が変化するためである。マイハギはその葉が電信のようにツー・トンと動くところから「電信草」とも呼ばれている。

小鳥を食べる凄い植物がいる!?

植物の中にはクモ、チョウ、ハエ、アリなどの昆虫を捕え、それを食べてしまう（その栄養分を吸収する）ものもいる。いわゆる食虫植物、あるいは食肉植物と呼ばれているものである。世界には500種近い食虫植物が存在している。ハエジゴク、ハエトリソウなどはよく知られているが、食虫植物の中には小鳥を食べてしまうものがいる。

ウツボカズラがそうである。ウツボカズラは東南アジア、北オーストラリア、マダガスカルなどに分布し、70種あまりが知られている。ウツボカズラの葉の先端に壺《つぼ》のような形をしたものがついており、その入口のふちは、すべりやすくなっている。この壺の中に落ちた昆虫は脱出することができない。壺の中には酸性の消化液があり、それで中に落ちてきた昆虫を溶かしてしまう。

大型のウツボカズラでは、その壺の中に小鳥やネズミが落ちこむこともあり、落ちた小鳥は消化液で溶かされ食べられてしまう。

植物どうしも〝会話〟している⁉

植物は1本1本が孤立して生きているようにみえる。ところが実際は、植物も人間と同じように、お互いコミュニケーションを交わしているらしい。最近の研究によって、そのことがしだいに明らかになりつつある。

植物の中には、その葉が虫などに食べられると、食べられている葉から、ある種の物質を放出するものがある。そして、その物質は周囲の葉に警戒を呼びかける能力を有するのではないかと考えられている。つまり物質を放出して、周りの植物に虫に食べられないようにしなさい、というメッセージを送っているらしい。その物質＝メッセージが周囲の植物に伝わり、周囲の植物の葉では、虫が嫌う物質の濃度が高くなるということが分かっている。

このように、ある種の物質を放出しながら、コミュニケーションをしている植物としては、ポプラが知られている。そのほかシラカバも同じように物質を放出しながら、コミュニケーションを交わしているといわれている。

植物は〝昼寝〟をするのか

植物はその葉でエネルギー源をつくりだしている。植物の葉には気孔と呼ばれる小さな穴があいている。その気孔から二酸化炭素を取り入れ、太陽の光と水を使ってエネルギー源（糖分）を作りだしている。これを光合成という。

気孔は二酸化炭素の取り入れ口であると同

時に、水分の蒸発口でもある。植物は動物とちがい、動き回ることができない。暑くても場所を移動することはできない。植物は気孔を開き、水分を蒸発させ体温を調整している。だが開いてばかりいると、しおれて枯れてしまう。

植物は一般に午前中、7時から9時ごろに気孔をもっとも大きく開く。つまり、この時間に植物は光合成をもっともさかんに行なうのだ。太陽の光は昼ごろになると葉に十分に当たり、したがって光合成には最適なのだが、そのころには気孔を閉じてしまう。それは「光合成の昼寝」と呼ばれている。植物も昼寝をするのである。

火事を待っている奇妙な植物

火事は人間はもとより植物や動物にも被害をもたらす。とくに動物のように動くことができない植物は、火事(山火事)などが起きると焼け死ぬほかはない。ところが、なかには火事にあっても死なず、むしろ火事の発生を待っている植物もいる。

たとえばオーストラリアのパース地方に生えているバンクシアという植物がそれであ

る。

パースは山火事がたいへん多い。そこにはえるバンクシアは厚い実をもっており、ふつうのときには開かない。ところが山火事が発生すると、その熱で実が少しずつ開き、山火事が終わるころには完全に開き、実からはじき出た種子が地表に落ちて発芽する。

アメリカ合衆国の五大湖の近くにジャックマツの森林がある。それはもとは山火事で発芽したものである。火事の高熱によってその実が開き、種子が地表にまかれ、火事で他の樹木が死んでしまった跡地に発芽し、そして成長し森林をなすに至ったのである。

夜中に交尾するエッチな植物とは!?

ツルドクダミという植物がある。タデ科の蔓《つる》性多年草で、漢名を何首烏《かしゅう》という。中国原産の植物であり、日本へは享保5年（１７２０）に伝わった。何首烏の名の由来について、『和漢三才図会』に次のように記されている。

中国に能嗣《のうし》という人がいた。あるとき、山に入ってこの草を取り、それを服用した。すると60歳を過ぎていた能嗣は初めて子ができ、数年のうち数人の男の子ができた。その子たちはみんな長寿で、その中の延秀《えんしゅう》は１６０歳まで生き、延秀の子の何首烏はこの草を服用し、数人の子をなした。何首烏は１３０歳にして髪が黒々としていた。その名から、この草は何首烏と名づけられた。

この記述（伝説）はあまり当てにならないが、何首烏＝ツルドクダミは「交藤」「夜合藤」とも呼ばれた。それは昔の人々がこの植物は雌雄異株で、遠く離れて生えていても、夜になると蔓を伸ばして交わると考えていたからである。

もちろんそれは誤りだが、昔、何首烏は若返りの薬草とされていた。このため昔の人々はそんな想像をするようになったらしい。

多彩な異名を持つ植物

植物の多くは、いくつもの呼び名（方言、異名）を持っている。たとえば「なずな」は別名「ぺんぺん草」「三味線草」「猫三味線」「三弦草」「相撲取草」、あるいは「ぴんぴん草」「ばち草」ともいう。

「彼岸花」もそうである。彼岸のころに花を咲かせることからそう呼ばれているが、この植物は数多くの異名を持っている。その数は千以上にものぼり、異名の数ではおそらくトップに位置するだろう。

彼岸花は墓地などに多く見られる。そこで「墓花」「幽霊花」「地獄花」「死人花」「葬式花」「霊花」と呼ばれたり、その鱗茎が有毒物質（アルカロイド）を含んでいることから「舌曲り」「しびれ花」「毒花」「手腐り花」「疫病花」ともいわれる。「数珠花」「かんざし花」「狐のちょうちん」などの呼び名もあるが、それらの名は子供の遊びから生まれたものらしい。

彼岸花は花が枯れてから葉が出る。そこで「はみずはなみず」（葉見ず花見ず）ともいう。

タケは花が咲くとなぜ枯れるのか

タケ（竹）はめったに花を咲かせない。タ

ケはイネやムギと同じイネ科の植物で、その花はイネやムギの花によく似ており、花を咲かせると、まもなく枯れてしまう。

タケはふだん花も咲かず、したがって種子もつくらず、地下茎を延ばして子孫をふやしている。逆にいえば、地下茎によって新しいタケを毎年つくりだしているので、花を咲かせて種子（子孫）をつくる必要はない。

だが、その地下茎に問題が起これば、タケの一族は全滅ということになりかねない。たとえば土の中の栄養が不足したりすれば、タケは生きていけなくなる。共通の地下茎を持っている、すべてのタケが、生存の危機に直面するわけだ。

花を咲かせるのは、一説に絶滅をまぬがれるためと考えられている。つまり、そのままでは絶滅しかねないので、枯れる前に花を咲かせて種子（子孫）を残す。花が咲くと枯れるというより、枯れそうだから子孫を残すために花を咲かす、というわけである。

オジギソウがお辞儀をするメカニズム

オジギソウという植物がある。それにさわると、お辞儀をするように、葉の柄《え》が根元から下のほうに垂れてしまう。

それは一体どのようなメカニズムによるのだろうか。

オジギソウの葉の柄の根もとの部分は少しふくらんでいる。それを葉枕《ようちん》という。その葉枕は運動細胞と呼ばれる独特の細胞からなっている。

この葉枕の細胞は、細胞の中の水の入り方によって、ふくらんだり、ちぢんだりする。刺激を受けると、葉枕の下半分の細胞が変形し、葉柄が垂れさがってしまう。

オジギソウの葉は小さな葉がいくつも連なっており、刺激を与えると、その葉も閉じてしまう。

それも同じ理由による。小さな葉の柄の根もとにも葉枕があり、その細胞が水の移動にともなう圧力変化によって変形するために起こるのだ。

アジサイの花の色が変わるのはなぜ

梅雨どきの花として、古くから日本人に愛されているアジサイ（紫陽花）は別名を「七変化」ともいい、色変わりをする。色の変わり方は品種によって違いがあり、色変わりしないものもあるが、ふつうのアジサイは咲きはじめは青く、咲き終わるころになると桃紅色へと変化する。

アジサイの花の細胞はアントシアン色素を含んでいる。アントシアン色素は青、紫、赤、ピンク、オレンジなどの色を出す色素で、アルミニウムと接すると青色を呈する。土にはアルミニウムが含まれており、それがアジサイに吸収されると、アントシアン色素と結び

つく。そこで青色を呈することになる。またアントシアン色素は酸性の液では赤色、中性やアルカリ生の液では青紫になる。
一般に花の細胞液は咲きはじめてから、しだいに酸性に傾くそうだ。その結果、花は徐々に赤味をおび、咲き終わるころにはいっそう赤味が増すことになる。

ほとんどが生殖器だけの植物とは?

生き物にとって、子孫を残すことは重要な仕事の一つである。それは人間はもとより、動物や植物にとっても同じである。

ラフレシアという植物をご存知だろうか。ジャワ、スマトラ、ボルネオなどのジャングルに見られる植物だ。世界最大の花を開くことで知られている。花の大きさは直径が1メートル以上、重さは7キログラムにも達する。

花の大きさもさることながら、ラフレシアは他の植物と比べるとかなり変わっている。どこが変わっているかといえば、全体のほとんどが花である。ラフレシアには葉もなければ茎もない。

この植物はいわゆる寄生植物で、根（寄生

根）だけを持っており、その根を大木の根の中に伸ばし、その木から養分を吸いとって生きている。自分では光合成して栄養を作りだすということはしない。

植物にとって花は生殖器である。そのほとんどが花＝生殖器であるラフレシアは、生殖だけに専念して生きている植物ということができる。

アサガオはなぜ朝になると開花するのか

アサガオはその名のとおり朝になると花を開く。このほか早朝に開花するものにはハス、ツユクサ、リンドウなどがある。

花が開く時刻は植物によってまちまちだが、それぞれの植物の開花時刻は決まっており、アサガオは朝咲き、ユウガオは夕方に開花する。

朝になって開花するアサガオ。どうしてアサガオは朝になると開花するのか。それはアサガオがある一定の時間、暗いところに置かれると、花を咲かせるという性質を持っているからである。

すなわち、アサガオは暗くなると開花の準備をはじめ、約8時間かかってその準備を終える。

アサガオが開花するためには暗い時間が8時間必要だ。夏は午後7時ごろに暗くなるので、翌朝の午前3時ごろから開花しはじめる。アサガオはふつうはまだうす暗い早朝に花を開くが、明るいうちに暗いところに入れておくともっと早く開花し、逆に電灯などをつけて夜中まで明るくしておけば翌朝、明るくなってから開花するようになる。

アサガオのツルが支柱を見つける仕組み

アサガオはそばに棒などがあると、その棒にツルを巻きつける。アサガオのツルはいわゆる茎だが、茎にはたくさんの毛が生えており、高く上昇するには都合がいいようになっている。

それにしてもアサガオに目などはないのに、どうして近くにある棒をさがし当てることができるのだろうか。

アサガオは生長しながらツル（茎）の先を動かし、巻きつくものをさがす。それはまさに手さぐりのようなものだ。近くに棒があることを察知して、そこに近づいていくわけではない。

手さぐりで棒をさがしあてたら、すぐに巻きついていく。物に触れるとそれが刺激となって、触れた反対側のほうが早く生長する。それでうまく巻きつくことができる。

ツルを巻きつける植物にはほかにクズ、インゲンマメ、フジ、スイカズラなどがある。巻き方は植物によって右巻きと左巻きがあり、アサガオは左巻きだ。どうして左巻きなのか。その理由はまだ明らかになっていない。

ヒョウタンの形は本当に面白い

ヒョウタン（瓢箪）は独特な形をしており、昔は酒や水などを入れる容器として用いられた。

ヒョウタンは中央部がくびれ、上と下では大きさが異なり、下のほうが大きい。どうして、そんな形になったのだろうか。

ヒョウタンはカンピョウ（干瓢）に用いられるユウガオと同じ種の植物であり、ユウガオの果実は球形のものや長形のものがある。カンピョウには球形のものが使われている。

ユウガオ（ヒョウタン）の歴史は古く、ペルーでは1万2千年前の遺物が出土している。日本でも縄文時代の遺跡から出土している。

しかし、そのころのヒョウタンは腰がくびれてはいなかったらしい。じつはヒョウタンの中央部のくびれは突然変異だと考えられている。

では、いつごろ突然変異のヒョウタンが出現したのか。それは明らかではないが、近世になってからともいわれている。その変わった形のヒョウタンが人から人へと渡って栽培され、広がっていったらしい。

マリモが日光で水面に浮かび上がる謎

マリモ（毬藻）は緑藻類シオグサ科の淡水藻で、糸状細胞が枝分かれし、もつれて球状をなしている。北海道阿寒湖のマリモはよく知られており、天然記念物に指定されている。

ところで、マリモは日光が当たると水面に

浮かび上がってくる。それは一見、自ら動いて浮かび上がっているかのように思えるが、マリモは植物であり、動物のように自ら動くことはない。では、どうして浮かんだり沈んだりするのだろうか。

マリモが水面に浮かび上がるのは、日光が当たっているときであり、それは光合成によるる。

植物（緑色植物）が緑色をしているのは細胞内の葉緑体にクロロフィル（葉緑素）という色素があるからだが、葉緑体は光エネルギーを用いて、二酸化炭素と水から糖類と酸素を作りだす。これを光合成という。

マリモも光合成によって酸素を作りだす。それが細胞間に生じるために、マリモは全体として軽くなり、水面に浮かび上がるというわけである。

ライオンを殺す植物、ライオンゴロシ

ライオンは「百獣の王」と呼ばれており、動物のなかで最も強いということになっている。たしかにライオンは強い。だが、そのライオンもかなわない生き物がいる。俗に「ライオンゴロシ」と呼ばれている生き物がそうである。

ライオンゴロシとはどんな動物か。じつはそれは動物ではなく植物である。

ライオンゴロシは学名を「ハルパゴフィトン・プロカムベンス」（巨大な逆さに曲がったトゲを持つ植物なる意味）という。この植物には固くて鋭い木質のトゲがはえ、その果実も逆さに曲がったトゲを持っている。

その植物が生えているところをライオンが

歩くと、果実の固いトゲが足に刺さったりする。それを口で抜こうとして、口の中に入ってしまったりすると、唇に強く刺さって抜けなくなり、粘膜が化膿し、ついに食べ物がたべられなくなって、餓死することになる。
ライオンを殺す植物。そこでこの植物はライオンゴロシと呼ばれている。

〝ピストル〟を持った恐ろしい植物

植物のランは植物学的に見て、最も進化したものといわれている。ランは種子植物の中でキク科についで種類が多く、その大部分は熱帯地方に分布しているが、ラン科の植物の中には面白い方法で受粉するものが多い。たとえばドンキーオーキッドというランは自らをマメ科の花に似せることで、昆虫をだまして引きつけ、受粉に利用している。

熱帯アメリカに分布するカタセタム属のランは約110種が知られているが、このランは〝ピストル〟を持っている。正しくいえば、ピストルみたいな仕組みをそなえている。

ふつう植物は昆虫などを誘い、その昆虫が花粉に触れてくれることで受粉している。ところがカタセタム属のランは、昆虫などが花に触れると、自ら花粉のかたまりを発射して、昆虫の体に付着させる。ちょうどピストルを発射するように、花粉のかたまりをはじき出すのだ。そこでカタセタム属のランはピストルランとも呼ばれている。

野菜は収穫のあとも呼吸している

野菜は放っておくと水分を蒸散し、しなびてくる。とくにナス、アスパラガス、キュウリ、ホウレンソウなどは蒸散が激しい。また野菜は熱も発する。野菜が熱を出すなどとは信じられないかも知れないが、これは本当である。

野菜は収穫されたあとでも生きている。呼吸をしている。そして呼吸をするとき、呼吸熱を出している。その熱が箱の中にこもり、温度が上昇し、野菜の品質を悪化させることになるのだ。

呼吸による発熱量は野菜によって異なる。ホウレンソウ、サヤエンドウ、サヤインゲン、カリフラワー、レタスなどは発熱量が大きい。

また呼吸といえば、野菜を切ると呼吸が盛んになる。たとえばキャベツの場合には、もとのものとそれをいろんな大きさにカットしたものを比較すると、呼吸量は4分の1のサイズのときには約1・5倍、3ミリの細切りだと8倍にも達するらしい。

トウモロコシの毛は何のためにあるのか

トウモロコシには馬の尻尾みたいな毛の束がついている。皮をむいたり、食べたりするとき、あの毛はたいへん邪魔になる。一体どうして、あんな毛がついているのか。

トウモロコシは雄花と雌花とを持っている。雄花は穂をなし、茎の先端（頂部）についている。いっぽう雌花の穂は茎の中間の葉のわきについており、何枚もの包鞘《つと》で包まれている。

ふつう植物のメシベは、その下の部分が丸くふくらんでおり（それを子房という）、その上に細く伸びた部分がある。これを花柱と呼ぶ。この花柱の先端は柱頭と呼ばれ、そこでオシベの花粉を受け、受精する。

トウモロコシの毛はじつは花柱が伸びたものである。開花期になると雌花の穂は花柱が伸びて、穂の先に柱頭が出てくる。この花柱はトウモロコシのそれぞれの粒から1本ずつ出ている。その毛（花柱）の頭部（柱頭）に雄花の花粉がつくと、すなわち受精し、実を結ぶことになるのだ。

毒ガスを放出する変わり者キノコ

キノコの中には毒を持つものがある。いわゆる毒キノコと呼ばれるものだ。タマゴテングタケ、ニガクリタケ、ツキヨタケ、フクロツルタケなどは猛毒をもっている。美しい色のキノコには毒があるといわれているが、外見だけではなかなか区別がつかない。

毒を持つキノコがあることは、ほとんどの人が知っている。では毒ガスを出すキノコがあることはご存知だろうか。キノコの中には毒ガス、しかも猛毒のシアンガス（青酸ガス）を放出するものがある。オオホウライタケ、コガネタケ、シバフタケ、アマタケなど

がそうである。それらのキノコの傘の部分を切り刻み、容器に入れ、そのなかにハエなどを放つと、やがてハエは死んでしまう。

これらのキノコがガスを放出するのは、虫などから身を守るためだと考えられている。しかし生えている状態では、キノコが放出する猛毒のガスは拡散してしまうので、虫がキノコに近づいても死ぬということはない。

樹木はどうして長生きできるのだろうか

樹木はじつに長生きである。樹齢1000年なんていう木も珍しくない。人間の何十倍も長生きする。樹木が長生きできる理由は一言でいえば、細胞がさかんに分裂し、新しい細胞を作っていくからである。

樹木の発生は受精から始まる。受精した卵細胞が分裂を繰り返して、やがて茎と根ができる。そして、それぞれの先端部にある、生長点と呼ばれる活発な細胞の集まりが分裂を繰り返して、茎や根を伸ばしていく。では古い細胞はどうなるのか。樹木といえども、その細胞は老化し死んでしまう。しかし樹木は動物のように排泄器官がなく、老廃物を外に出すことができないので、それを落葉や枯れ枝として処理する。落葉や枯れ枝は樹木の排泄行為、すなわち老廃物の処理である。

ただし、幹は老化しても枯れるわけにはいかないから、細胞内のリグニン（木質素）という物質で堅い構造をつくり上げ、そのまま残っている。

高い樹木が水を吸い上げる秘密

樹木の中にはその高さが100mを超えるものもある。人間と同様に、樹木も生きるためには水（水分）が欠かせない。水を木の先端（頂点）まで行き渡らせなければならない。

樹木はどうして100mもの高さまで水をもち上げることができるのだろうか。

樹木が水をもち上げるメカニズムはまだ完全には解明されていないが、根の細胞の持つ水を押し上げる力と、葉の細胞が持つ水を引っぱり上げる力によると考えられている。

水分は導管によって根から木の先端（葉）へと送られる。根は濃度が少しずつ違うたくさんの細胞から成り、濃度の差によって水分を吸い上げ、導管へ送る。導管に入った水分は上に昇るしか行き場がなく、押し上げられることになる。

いっぽう、木の先端の葉は根と同様に濃度の違う細胞からなっており、根とは逆に水分を外に蒸発させている。それによって導管の水分が強い力で吸い上げられることになる。

イチョウは〝生きている化石〟だ！

古い時代に繁栄し、今もなおそのままの姿で存在しているものを「生きている化石」などという。

　魚では「生きている化石」として、シーラカンスがよく知られているが、樹木のなかにも「生きている化石」といえるものがある。それはだれでも知っているポピュラーな樹木なのだが、何だかお分かりだろうか。

その樹木とは与謝野晶子《よさのあきこ》が「金色の小さき鳥のかたちして銀杏《いちょう》散るなり夕日の丘に」とうたったイチョウ（公孫樹）である。

　シーラカンスは約3億5千年前に地球上に現われたといわれているが、イチョウは2億5千年前にもっとも繁栄した植物だ。ほとんど進化せず、そのままの姿で今日まで生きのびている植物の一つである。

　それに、木や草には仲間（種類）があるのに、イチョウだけは一種である。ふつうあまり興味をもって接することはないが、イチョウはじつはたいへん珍しい木なのである。

寒冷地の植物が凍死しないわけ

　生物（動植物）の生体組織の大部分は水で構成されている。水は温度が0度になると凍ってしまう。植物の細胞の70〜90%は水でできている。その水が凍ってしまうと、細胞が破壊され、植物は凍死する。しかし極寒の地にも植物は生息している。一体どのようにして凍死からのがれているのだろうか。

　寒冷地に生きる植物は、細胞の中にある水を凍らせないようにしている。細胞の中の水には栄養として取りこんだ塩類（窒素化合物、リン酸化合物、カリウムなど）が溶けこんでいる。水に塩類が溶けこんでいると、凍りにくくなる。寒冷地の植物は細胞内の水にたくさんの塩類を溶かすことによって、凍らなくしている。また細胞膜を構成している脂質は脂肪酸（飽和脂肪酸、不飽和脂肪酸）からできており、不飽和脂肪酸は凍りにくい。そこで、寒冷地の植物は細胞膜を構成する脂質に含まれる不飽和脂肪酸の量を多くすることによって、低温に適応している。

宿主の木を締め殺す植物!?

木が他の木を締め殺す。そんな木があることをご存知だろうか。木が木を殺すなんて信じられないかもしれないが、本当に実在する。熱帯地域には、他の木に巻きついて伸びていく植物が多く、その中のいくつかは宿主の木を締め殺してしまう。それらの木は、英語では「ストラングラーツリー」（締め殺しの木）と呼ばれている。

締め殺しの木の一つに、たとえばツルイチジクがある。鳥などがこの木の種子を運んできて、他の木に落とす。すると種子は木の枝の上で発芽し、すぐに2種類の根を出す。一つは宿主の枝や幹のまわりに伸び、気根と呼ばれるもう一つの根は空中に垂れさがって、地面へ伸びる。

地面に達した根は地中で分岐し栄養分を吸収する。すると地面へおりていく根がどんどん増え、分岐したり交差したりして、宿主の幹にまとわりつく。こうして根がしだいに太くなっていくと、宿主の幹は締めつけられ、枯れ腐ってしまうのだ。

☆本書の執筆にあたっては、古今東西の多くの書物を参考にさせていただきました。その数は数百冊にのぼるため、書名の列記は省略しました。

平成十二年九月

日本雑学研究会／北嶋廣敏

この作品は一九九四年～一九九七、一九九九年に『名古屋タイムズ』に掲載されたコラム記事をもとに、加筆・改稿し、再構成・再編集したものです。

誰《だれ》かについしゃべりたくなる

話《はなし》のネタ・雑学《ざつがく》の本《ほん》

日本雑学研究会《にほんざつがくけんきゅうかい》

平成12年10月25日　初版発行
平成14年7月10日　6版発行

発行者——見城　徹
発行所——株式会社幻冬舎
〒151-0051東京都渋谷区千駄ヶ谷4-9-7
電話　03(5411)6222(営業)
　　　03(5411)6211(編集)
　　　振替00120-8-767643
印刷・製本—図書印刷株式会社
装丁者——高橋雅之

幻冬舎文庫

ISBN4-344-40033-X　C0176　に-4-1